中国工程院重大咨询研究项目

智能高速铁路战略研究 第一卷

智能高速铁路体系架构与标准体系

王同军／主　编
何华武　田红旗／副主编

SYSTEM ARCHITECTURE AND
STANDARD SYSTEM FOR
INTELLIGENT HIGH SPEED RAILWAY

中国铁道出版社有限公司
CHINA RAILWAY PUBLISHING HOUSE CO., LTD.

内 容 简 介

《智能高速铁路战略研究》系在中国工程院重大咨询研究项目“智能高铁战略研究（2035）”成果基础上凝练形成，分为《智能高速铁路体系架构与标准体系》《智能高速铁路关键技术与技术平台》两卷。

本卷围绕智能高速铁路定义及内涵、战略设计、体系架构、发展技术路线等划分为六章。全书提出以“一主线五目标五能力”为核心的智能高速铁路定义、内涵和特征，系统研究了主要国家和地区铁路数字化智能化发展战略，分析了中国智能高速铁路发展的相关政策要求，明确了中国智能高速铁路发展的战略需求，在此基础上规划提出了中国智能高速铁路的发展蓝图和三阶段发展战略；研究制定了技术、数据、标准体系三位一体的智能高速铁路体系架构，并从智能建造、装备、运营、平台等维度给出了中国智能高速铁路发展的技术路线图。

本书可为政府部门，轨道交通设计、建设和运营企业，科研机构和高等院校中从事轨道交通智能化相关政策制定、规划计划、设计建设、运营管理、科学研究等工作的人员提供参考，也可供高等院校相关专业师生及其他对智能高速铁路感兴趣的读者阅读。

图书在版编目（CIP）数据

智能高速铁路战略研究．第一卷，智能高速铁路体系架构与标准体系／王同军主编．—北京：中国铁道出版社有限公司，2020．11

ISBN 978-7-113-27007-0

Ⅰ．①智… Ⅱ．①王… Ⅲ．①高速铁路-智能系统-工程建设-发展战略-研究-中国②高速铁路-智能系统-系统结构-标准体系-研究-中国 Ⅳ．①F532．3②U238

中国版本图书馆 CIP 数据核字（2020）第 108395 号

书　　名：智能高速铁路战略研究
◎第一卷　**智能高速铁路体系架构与标准体系**
作　　者：王同军

策　　划：崔忠文
责任编辑：邱金帅　　　　**编辑部电话：**（010）51873347
封面设计：潜龙大有
责任校对：苗　丹
责任印制：高春晓

出版发行：中国铁道出版社有限公司（100054，北京市西城区右安门西街 8 号）
网　　址：http://www.tdpress.com
印　　刷：北京盛通印刷股份有限公司
版　　次：2020 年 11 月第 1 版　2020 年 11 月第 1 次印刷
开　　本：787 mm×1 092 mm 1/16　印张：13.25　插页：1　字数：280 千
书　　号：ISBN 978-7-113-27007-0
定　　价：120.00 元

智能高速铁路体系架构与标准体系

主　编

王同军

副主编

何华武　田红旗

审稿组

赵国堂　周　黎　叶阳升　钱征宇　张伯驹　霍保世

罗庆中　赵有明　李学峰　常　山　胡所亭　史天运

朱建生　齐向春　周鹤林　朱　亮　史维峰　贾光智

编写组

马建军　李　平　谭立刚　李　博　王万齐　赵红卫

马小宁　郑金子　张晓栋　邵　赛　郭　悦　卢文龙

王镠莹　潘永杰　李　娜　王雅群　刘玉凤　曹鸿飞

方　凯　季　扬　陈秀明　穆文奇　肖增斌　靳辰琨

钱　进　龙　军　秦　进　谢　芳　钱哲曼　谭宇超

前言

铁路是国家战略性、先导性、关键性基础设施，是重大民生工程和综合交通运输体系骨干。世界上第一条铁路产生至今已有近 200 年历史，为人类社会发展做出了重要贡献。随着科学技术的不断进步，高速铁路因其具有快捷、安全、节能、环保等优势取得了快速发展，对世界多国经济产生了深远影响。近年来，德国、法国、日本等世界主要高速铁路国家顺应全球科技浪潮，围绕列车自动驾驶、位移即服务、预测性维护等领域积极探索高速铁路数字化和智能化应用，智能高速铁路的研究与竞争愈发激烈。

中国高速铁路发展成就举世瞩目。截至 2019 年底，中国高速铁路营业总里程达到 3.5 万 km，动车组最高运营时速达到 350 km，居世界第一。随着高速铁路建设步伐进一步加快，高速铁路网规模日益扩大、成网运营条件逐步成熟，综合采用信息新技术全面提高建造质量和水平、提升运输组织效率和经营效益、优化服务品质、提高安全保障能力的需求日益突出。2016 年 4 月京张高速铁路全线开工，围绕“精品工程、智能京张”的建设目标，中国开启了智能高速铁路建设的新篇章。

中国工程院重大咨询研究项目“智能高铁战略研究(2035)”于 2018 年 1 月启动，研究周期为两年，旨在为中国智能高速铁路提供顶层设计和战略指导。项目组基于对有关研究成果的凝练和优化，结合实际发展需求，创新性地提出了中国智能高速铁路的基本定义、内涵特征、顶层架构与实施路径，编写了《智能高速铁路体系架构与标准体系》一书。本书可为从事轨道交通智能化相关政策制定、规划计划、设计建设、运营管理、科学研究等工作的人员提供参考，也可供高等院校相关专业师生及其他对智能高速铁路感兴趣的读者阅读。

本书共六章。第一章提出了智能高速铁路的定义、内涵和特征，研究了国外铁路数字化智能化发展趋势，分析了中国智能高速铁路发展的政策环境和战略需求，规划了中国智能高速铁路的发展蓝图，提出了智能高速铁路三阶段发展战略。第二章至第五章创新性地提出技术、数据、标准体系三位一体的智能高速铁路体系架构，技术体系涵盖了智能建造、智能装备、智能运营和AI平台，明确了其间相互关系；数据体系涵盖了数据汇集、存储分析和应用展示，明确了数据服务平台结构、功能及全生命周期的数据传递；标准体系涵盖了通用基础与管理标准、智能高速铁路技术标准、平台及支撑技术标准等；提出了智能高速铁路标准体系架构和标准明细表，为中国智能高速铁路发展提供了顶层设计指导。第六章从需求、目标、关键技术、通用技术、应用示范等方面分别设计了智能建造、智能装备、智能运营和AI平台的技术路线图，围绕创新示范、加速突破、全面提升三个阶段提出了中国智能高速铁路发展技术路线图。

本书作者长期从事铁路工程建设、运输组织、科技和信息化等方面管理工作以及智能铁路大数据、铁路信息化、铁路BIM技术应用等领域研究工作；主持完成多项国家和省部级重大科研项目，牵头制定了《铁路信息化总体规划》《铁路大数据应用实施方案》《智能高速铁路体系架构1.0》等指导铁路行业信息化智能化发展建设的纲领性文件；组织完成铁路大数据成套技术应用体系攻关及智能京张、智能京雄、智能浩吉等示范工程。本书是在对上述研究成果进行凝练和总结基础上形成的全面反映中国智能高速铁路顶层设计成果的力作。

在此衷心感谢为本书编写做出直接贡献的中国工程院"智能高铁战略研究(2035)"项目组所有成员，感谢中国铁道出版社有限公司为本书出版提供的重要支持。本书撰写过程中参阅了大量国内外相关文献，在此一并向文献作者表示感谢。

智能高速铁路研究方兴未艾，未来可期。由于作者认知局限，难免有疏漏和偏差，恳请读者批评指正。

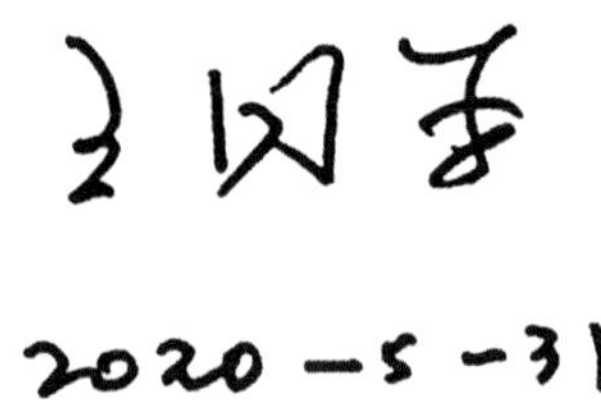

2020-5-31

目录

第一章
中国智能高速铁路发展背景和战略需求

高速铁路具有速度快、安全可靠、运载量大、绿色环保等优势，受到世界各国的普遍重视，成为当前世界铁路行业最重要的发展方向之一。按照党中央、国务院关于加快铁路发展的决策部署，我国大力推进高速铁路建设，取得了举世瞩目的成就，高速路网规模稳步增长，技术水平及信息化程度不断提升。目前，我国已成为世界上高速铁路发展最快、路网规模最大、运营速度最高、运营场景最丰富的国家，高速铁路总体技术水平进入世界先进行列。然而，我国路网独特的规模大、地域分布广、外部环境复杂等特性，对高速铁路的安全性、可靠性和运输效率等提出了更高要求。随着新一轮科技革命和产业变革的兴起，云计算、物联网、大数据、人工智能、移动互联等新技术风起云涌，加快推进高新技术与高速铁路深度融合构建智能高速铁路，成为各国铁路竞相发展的重要方向。本章主要提出智能高速铁路定义、内涵、特征和发展目标，分析国外铁路数字化智能化发展战略，明确中国智能高速铁路发展的政策环境和战略需求，描绘发展蓝图，并制定智能高速铁路总体战略目标和发展阶段。

第一节 智能高速铁路定义、内涵和特征

长期以来，学术界对“智能”的定义进行了广泛而深入的探讨。1956年，来自美国斯坦福大学、麻省理工学院、卡内基梅隆大学、贝尔实验室、IBM公司等学者，在一次会议上首次确立“人工智能”概念：让机器能像人那样认知、思考和学习，即用计算机模拟人的智能。《中国大百科全书》中提出“智能”应具备以下四方面特点，如图1—1所示。

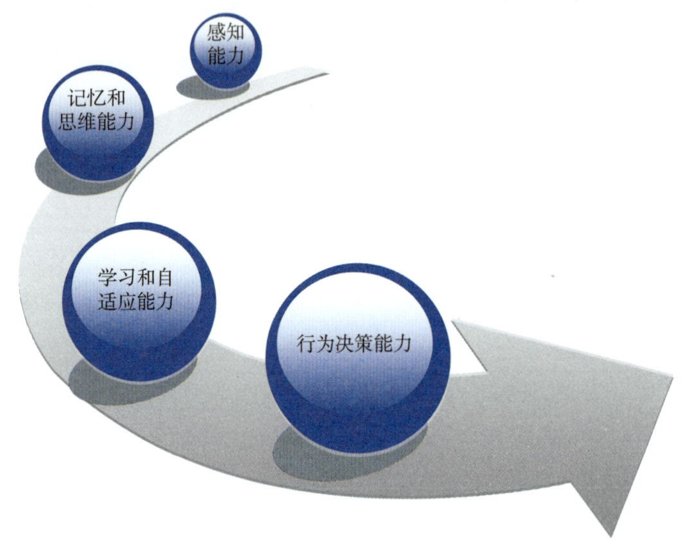

图1—1 智能系统的特点

1. 具有感知能力，即感知外部世界、获取外部信息的能力，这是产生智能活动的前提和必要条件。

2. 具有记忆和思维能力，即存储感知到的外部信息及由思维产生的知识，同时利用已有的知识对信息进行分析、计算、比较、判断、联想和决策等。

3. 具有学习和自适应能力，即通过与环境的相互作用，不断学习并通过学习积累知识，使自身适应环境的变化。

4. 具有行为决策能力，即对外界的刺激做出反应，形成决策并传达相应信息。

具备上述特点的系统统称为智能系统，即智能系统应具有信息的采集、存储、传输、处理、表达和基于信息的决策制定及决策执行能力，这种能力的高低也就决定了一个智能系统的智能水平高低。

随着人工智能技术与产业界的深度融合，智能交通、智能电网、智慧城市等行业智能化快速发展，对于此类智能系统的定义和内涵的界定，有关行业做了大量的研究工作，见表1—1。

表1—1　其他行业智能系统定义

术语名称	术　语　定　义
智能交通	在较完善的交通基础设施之上，在先进的信息、通信、计算机、自动控制和系统集成等技术前提下，通过先进的交通信息采集与融合技术、交通对象交互以及智能化交通控制与管理等专有技术，加强运载工具、载体和用户之间的联系，提高交通系统运行效率，减少交通事故，降低环境污染，从而建立高效、便捷、安全、环保、舒适的综合交通运输体系
智能电网	在传统电力系统基础上，通过集成新能源、新材料、新设备和先进传感技术、信息技术、控制技术、储能技术等新技术，形成的新一代电力系统，具有高度信息化、自动化、互动化等特征，可以更好地实现电网安全、可靠、经济、高效运行
智慧城市	以“发展更科学、管理更高效、生活更美好”为目标，以信息技术和通信技术为支撑，通过透明、充分的信息获取，广泛、安全的信息传递，有效、科学的信息处理，提高城市运行和管理效率，改善城市公共服务水平，形成低碳城市生态圈，从而构建新形态城市

一、智能高速铁路定义和内涵

综合既有研究，基于智能的特征和高速铁路内外部需求，研究得出智能高速铁路的定义如下：智能高速铁路（Intelligent High-speed Railway，简称IHSR）是广泛应用云计算、大数据、物联网、移动互联、人工智能、北斗导航、BIM、5G等新一代信息技术，综合高效利用资源，实现高速铁路移动装备、固定基础设施及内外部环境间信息的全面感知、泛在互联、融合处理、主动学习和科学决策，实现全生命周期一体化管理的新一代高速铁路系统。

智能高速铁路由智能建造、智能装备和智能运营三大板块构成。智能建造（Intelligent Building，简称IB），将BIM、GIS、数字孪生、施工机器人、自动化质量检查、预制化与拼装化等技术与先进的工程建造技术相融合，实现高速铁路勘察设计、工程施工、建设全过程的精细化和智能化管理。智能装备（Intelligent Equipment，简称IE），将全方位态势感知、自动驾驶、运行控制、故障诊断与健康管理（PHM）等技术与先进装备技术相融合，实现高速铁路移动装备和基础设施全生命周期的安全化、高效化和智能化管理。智能运营（Intelligent Operation，简称IO），将泛在感知、智能监测、增强现实、智能视频、事故预测及智联网等技术与高速铁路运营技术相结合，实现个性化服务、预测化运维和智能化运营。

二、智能高速铁路特征和发展目标

智能高速铁路是信息化、智能化技术与高速铁路各领域深度融合的新一代高速铁路系统，在高速铁路所具备的传统特征基础上，信息化、智能化技术又赋予了智能高速铁路新的功能与特征，使其可以对铁路各系统要素进行全面实时感知，不断适应环境进行主动学习，实现各类数据的深度融合与广泛共享，通过对大量数据的挖掘、分析和推理，提出科学合理的决策支持。综上所述，智能高速铁路具有全面感知、泛在互联、融合处理、主动学习、科学决策等特征。

全面感知：通过建设具备多维感知、广泛覆盖的传感器网络，实现高速铁路固定设施、移动装备、自然环境之间的有效通信，对路网、列车、气候、环境、旅客等各种铁路要素进行全面透彻的信息感知，为高速铁路运营管理提供信息支撑。

泛在互联：依托物联网、无线通信、传感探测等技术，实现高速铁路固定设施、移动装备等多类信息之间广泛、深度、安全的信息交互与共享，在全时空动态信息采集与融合的基础上实现路网、车站、列车、人员等对象的泛在连接，实现人—车—流—网—环的协同管理，提高高速铁路运行效率。

融合处理：充分利用不同时间和空间的多源、异构数据资源，实现海量数据的高效融合与智能处理，并与其他运输方式、旅游、餐饮、商务等行业实现信息共享与融合，开展跨专业、跨行业的大数据分析，为综合决策提供科学依据。

主动学习：智能高速铁路具有主动适应环境和根据数据、信息动态学习演进的能力，并实时感知外部环境状态选择最优行为策略，不断自我迭代、完善、优化和更新。

科学决策：基于大数据分析、知识推理等方法，通过对全生命周期的海量异构信息的挖掘提炼、计算分析、推理预测形成最优的决策信息，为决策者提供更加高效、精准的运营管理和经营决策等支持。

智能高速铁路将实现更加安全可靠、更加经济高效、更加温馨舒适、更加方便快捷、更加节能环保的发展目标，如图 1—2 所示。

更加安全可靠：通过对高速铁路固定设施、移动装备、运输过程及自然环境等的状态感知，实现各类风险、隐患、故障等的预测、预警，建立主动感知和超前防范机制，整体提升高速铁路运行安全保障能力。

更加经济高效：通过高速铁路运输组织的智能优化，提高运输效率；通过高速铁路设备设施全生命周期管理，实现“计划修”向“状态修”转变，降低养护维修成本；通过精益化经营管理提高高速铁路经营效益。

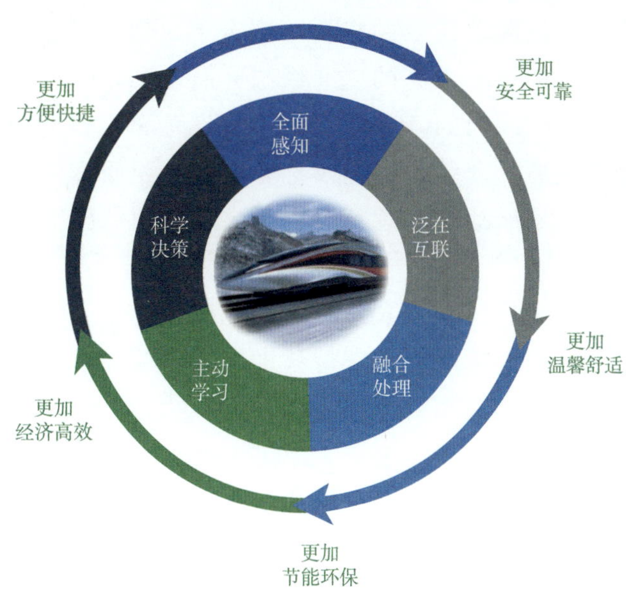

图 1—2　智能高速铁路特征与发展目标

更加温馨舒适：动车组、车站等采用大量人性化设计，为旅客提供全方位、全过程出行服务，满足旅客多样性和个性化服务要求，提升旅客出行体验。

更加方便快捷：通过运输模式创新和业务流程再造，为旅客提供“门到门”的一站式出行服务，实现出行信息透明化、出行服务多样化、出行体验便捷化。

更加节能环保：优化动车组动力结构和列车运行控制方式，实现各环节用电在线监测、智能分析和节能控制，降低高速铁路能源消耗；优化建筑结构、设备性能，降低环境、噪声污染，促进高速铁路绿色发展和可持续发展。

第二节　国外铁路数字化智能化发展趋势

随着移动互联网、大数据、云计算、物联网、人工智能等新一代信息技术的快速发展和日臻成熟，各国铁路企业均在积极探索利用高新技术改造传统铁路运输，以达到增强运输安全保障能力、提升运输服务质量、提高运输效率效益等目的。铁路数字化、智能化已成为全球铁路未来发展方向，多个国家和地区围绕铁路数字化、智能化在不同业务领域进行布局。

一、欧盟铁路数字化智能化发展规划

欧盟十分重视铁路信息化智能化研究，2011 年欧盟委员会（欧盟的常设执行

机构，也是欧盟唯一有权起草法令的机构）制定了《通向欧盟一体化之路——建立更具竞争力、能源利用效率更高的交通系统》白皮书，强调要重点发展铁路运输，提出到 2050 年将发展为具有竞争力和高资源效率的欧洲运输系统。为响应白皮书提出的支持铁路发展的政策，欧洲议会和欧洲铁路研究咨询委员会等机构制定发布了多项铁路科技发展战略和规划，主要包括欧洲铁路系统发展蓝图战略规划和 Shift2Rail（S2R）科研计划。

欧洲铁路系统发展蓝图（Rail Route 2050）战略规划，在智能移动、能源与环境、安保、安全和认证、竞争力和支持技术、战略与经济、基础设施等七个方面，提出了一个有竞争力、高资源效率、面向智能化的 2050 年铁路系统发展蓝图，如图 1—3 所示。规划到 2050 年，欧洲铁路基本实现基础设施维修智能化、运营智能化和自动化、统一互操作认证、快速自主决策、列车无碳运营、旅程服务无缝衔接，充分发挥支持技术，最大化提升铁路竞争力。

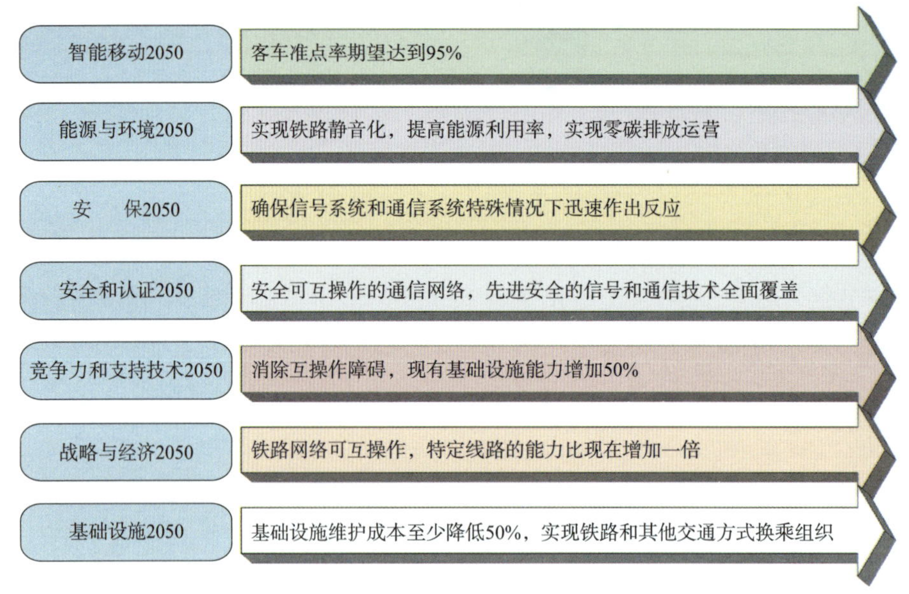

图 1—3　欧洲铁路系统发展蓝图（至 2050 年）

1. 智能移动 2050：通过改进的票务服务、互操作性及旅程规划信息来实现无缝衔接的端到端旅行；提高准时性和可靠性，准点率期望达到 95%。

2. 能源与环境 2050：到 2050 年欧洲铁路将实现静音化；提高清洁能源使用和能源利用率，在 2050 年之前实现零碳排放运营；减轻车体质量，提高轨道牵引力。

3. 安保 2050：充分确保信号系统和通信系统在入侵等破坏行为发生的情况下迅速作出反应。

4. 安全和认证 2050：建成安全可互操作的通信网络，先进安全的信号和通信技术将全面覆盖铁路应用；采用新的自动化检查、维护和基础设施建设方法；为可互操作的欧洲铁路系统提供授权和认证。

5. 竞争力和支持技术 2050：通过创新使用新材料打造更轻的机车车辆结构、增加有效载荷，从而有助于提高线路运输能力；消除互操作障碍，建立无缝衔接的欧洲铁路运输系统；通过技术创新实现基础设施能力增加 50%。

6. 战略与经济 2050：通过改善列车运行和管理模式，实现特定线路的能力比现在增加一倍；欧洲铁路网在可行条件下实现全面互操作，提升铁路对地方、区域和国家经济发展的贡献。

7. 基础设施 2050：通过采用新的维护方法，实现基础设施的维护成本至少降低 50%；改善车站设计和换乘组织，实现铁路与其他交通方式的换乘；通过使用先进的监控和诊断系统及创新解决方案，保证最佳的基础设施质量。

Shift2Rail 科研计划，通过促进铁路部门之间的协作，促进行业、学术界、研究机构之间的协作和知识转移，重点关注生命周期成本降低、路网容量增强、服务可靠性与准时性提高，最终实现欧洲铁路一体化、增强欧洲铁路的吸引力及竞争力、巩固欧洲铁路在全球市场领导地位等目标，如图 1—4 所示。

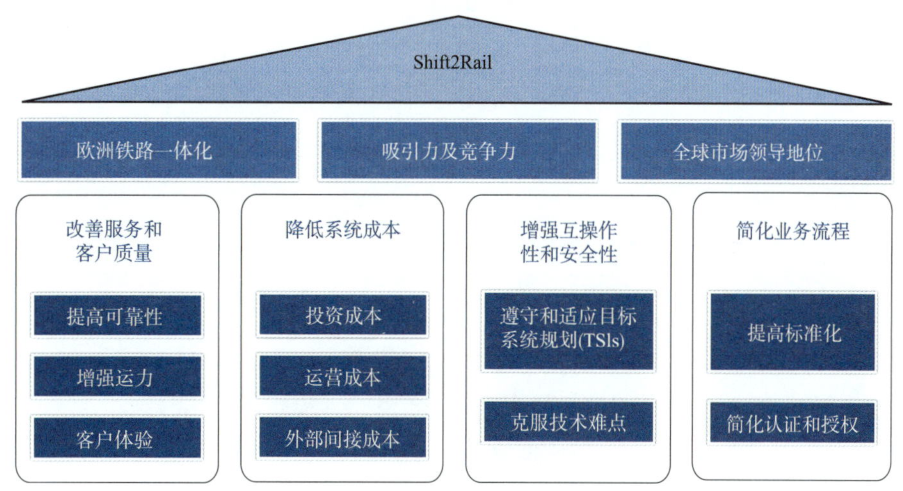

图 1—4　欧洲 Shift2Rail 科研计划

到 2030 年，Shift2Rail 科研计划达成的关键目标包括将铁路服务可靠性和准时性提升 50%；将铁路运输系统运力提升 100%；将铁路运输生命周期成本（即基建和车辆的开发、建造、运行、维护、翻新和报废成本）降低 50%。为实现上述整体目标，Shift2Rail 科研计划的主要工作围绕五个创新计划（Innovation Programme，简称 IP）开展，如图 1—5 所示。除五个创新计划外，Shift2Rail 科研计划的工作还将围绕与每个项目相关的五个交叉主题（简称 CCA）进行构建，CCA 计划专注于各创新计划均需考虑的共性问题和研究方向。

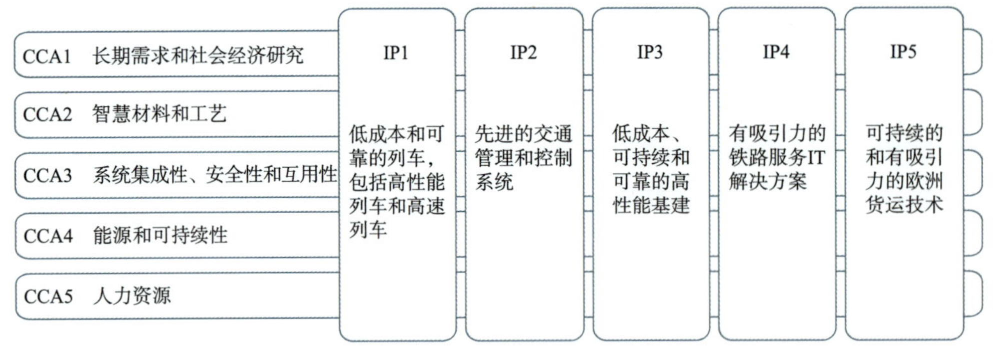

图 1—5　Shift2Rail 科研计划五个创新计划（IPs）

Shift2Rail 的每一个研究计划（IP 和 CCA）又进一步分为数量不等的示范技术（Technology Demonstrators，简称 TDs）作为细分研究方向。具体实施时，每一个创新计划通常设置一个灯塔项目（Lighthouse Project）和多个分年度实施的专题研究项目。

1. IP1：低成本高可靠的列车

IP1 致力于高成本效益和可靠性列车（包括大运力列车和高速列车）的创新研究，由牵引系统、列车控制和监控系统（TCMS）、新一代车体、驱动装置、新型制动系统、创新性车门和内装模块化等示范技术组成，如图 1—6 所示。

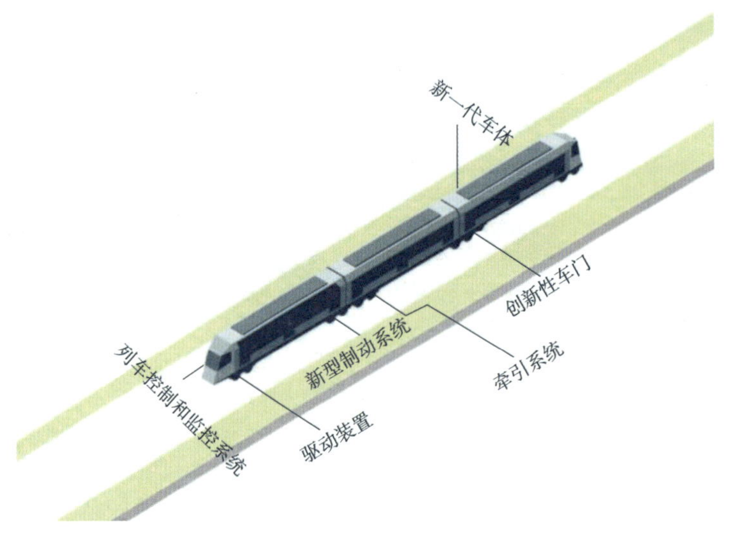

图 1—6　IP1 的主要研究方向

2. IP2：先进的交通管理和控制系统

IP2 致力于先进运输管理与控制系统的创新研究，由新型通信系统、自动列车运行（ATO）、移动闭塞、列车安全定位、列车完整性、新型实验室测试框架、标准化设计和操作规则、虚拟联挂、无线互联智能轨旁设备和网络安全等示范技术组成，如图 1—7 所示。

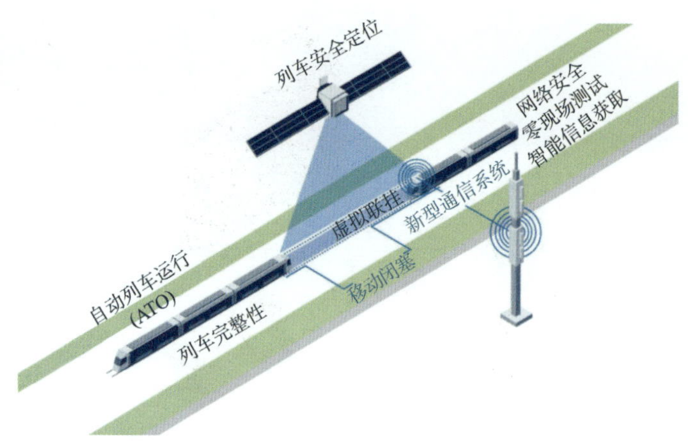

图 1—7　IP2 的主要研究方向

3. IP3：低成本、可持续和可靠的高性能基建

IP3 致力于可持续的高成本效益和可靠性基础设施的创新研究，由增强型转辙机与辙叉系统，轨道系统优化，下一代轨道系统，桥梁与隧道预防性评估、维修与升级系统，轨道交通动态信息管理系统，轨道交通综合监测系统，智能资产管理策略，智能供电，分布式能源智能计量管理系统，以及未来车站等示范技术组成，如图 1—8 所示。

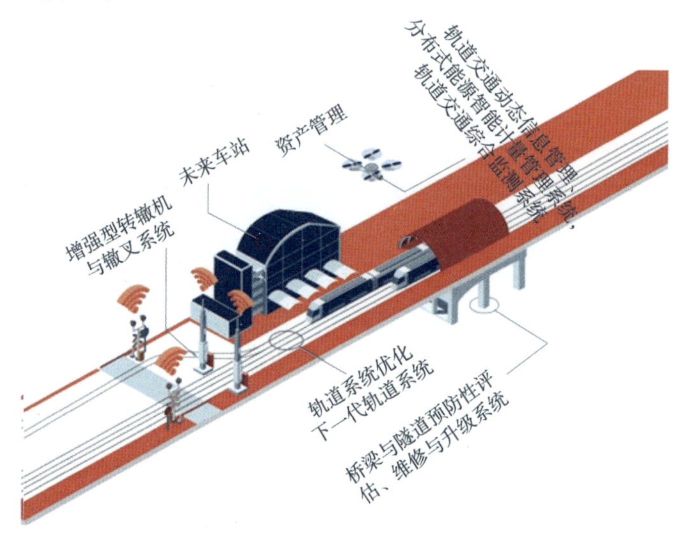

图 1—8　IP3 的主要研究方向

4. IP4：有吸引力的铁路服务 IT 解决方案

IP4 致力于轨道交通 IT 服务解决方案的创新研究，由互操作性框架、旅行购

物、预定及票务、行程追踪、旅行伴侣和业务分析等示范技术组成，如图 1—9 所示。

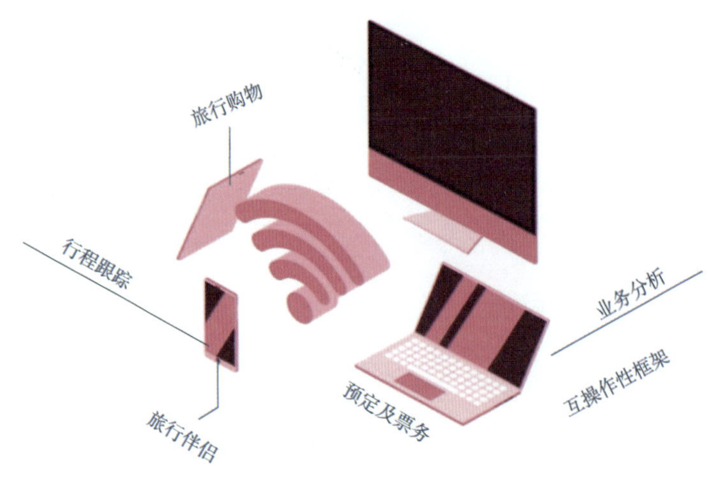

图 1—9 IP4 的主要研究方向

5. IP5：可持续和有吸引力的欧洲货运技术

IP5 致力于可持续并具吸引力的欧洲货运技术的创新研究，由准时交付、列车自动编组和运行、智能环保高效推进、未来货车、货车状态监测与预测性维护、分布式动车的长联挂列车、资产控制等示范技术组成，如图 1—10 所示。

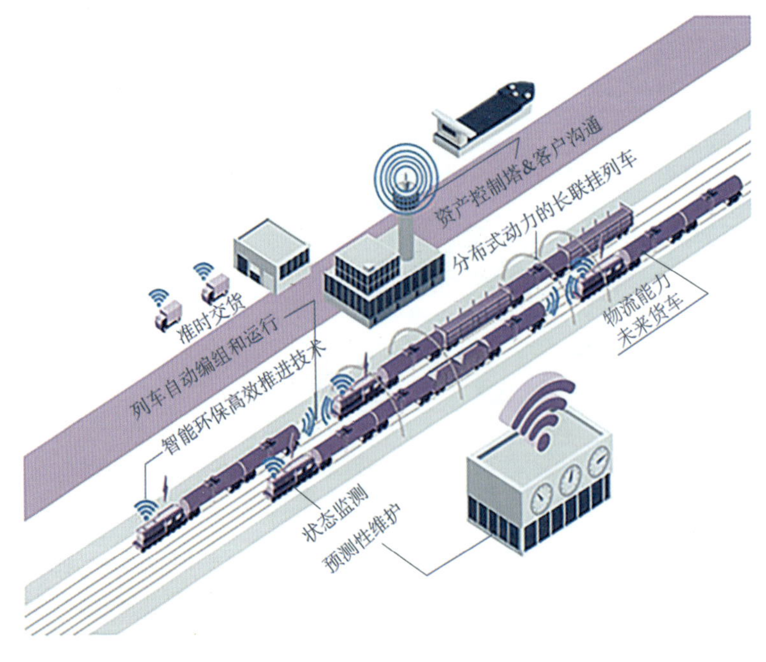

图 1—10 IP5 的主要研究方向

此外，CCA 计划致力于各创新计划交叉活动以及 Shift2Rail 目标实现情况评估方法的创新研究，由长期需求与社会经济研究，关键绩效指标（KPI），安全、标准化、智能维护与智能材料，系统集成、安全和互操作性，能源与可持续性，以及人力资本等六个工作区组成。

二、德国铁路数字化智能化发展规划

在数字化大潮的驱动下，德国铁路将数字化进程视作宝贵的发展契机，实施了一系列数字化举措来推进铁路运输和运营、铁路基础设施的数字化发展，力争成为行业领导者。

德国联邦铁路公司（DB）与德国联邦交通部、德国铁路工业联合会于 2016 年联合发布铁路数字化（铁路 4.0）战略，这是以提升乘客满意度为目标，深入到生产、运营、养护维修、客户交互等铁路系统各环节的技术变革，全面支撑德国运输 4.0 计划。铁路 4.0 战略包括运输 4.0、物流 4.0、基础设施 4.0，并以生产 4.0、工作环境 4.0 和信息技术 4.0 作为支撑。

1. 运输 4.0：为不同的目标客户（包括商务出行者、通勤人员、休闲旅行者、背包客、家庭出游者、学生等）提供出行意向、旅程规划、车票预订、路线选择、乘车出行、意见反馈等与全行程出行有关的产品和服务设计，满足客户已提出的和潜在的各种需求。

2. 物流 4.0：围绕铁路运输和物流数字化，开展数字化工作流程、客户交互界面、数字化平台、电子商务、大数据分析、资产（货物）智能化管理、设备自主化和 3D 打印等。

3. 基础设施 4.0：围绕基础设施养护维修数字化，利用传感器监控的各项指标远程分析设施设备状态及可用情况，预测故障发生概率，及时、有针对性地采取处理措施，开展远程养护维修指导，实现维修的便捷化。

4. 生产 4.0：基于路况实时信息开展预测性维护，进行列车无人驾驶、5G、机器人、3D 打印等技术应用，推进运营过程自动化。

5. 工作环境 4.0：形成工作人员全新的组织和合作模式，注重员工培训，使员工不断提高专业素质。

6. 信息技术 4.0：建立大数据处理中心，提供公共的大数据分析、人工智能、数据安全等服务，积极开展区块链、5G 等前瞻性技术研究。

为实现铁路 4.0 战略，德国联邦铁路公司启动了一系列项目推动铁路运输和运营的数字化发展（图 1—11），主要包括建立多模式约车平台、为物流业务提供基于 APP 的下一代电子服务、为旅客提供智能行程和列车线路规划等服务；推出机车在线诊断工具 TechLoc、基础设施建设项目智能规划与管控系统、使用智能设备进行维护工作等，逐步形成智能化运营体系；通过建立相关实验室、组织“创业夏令营”等措施促进铁路研究创新工作发展。

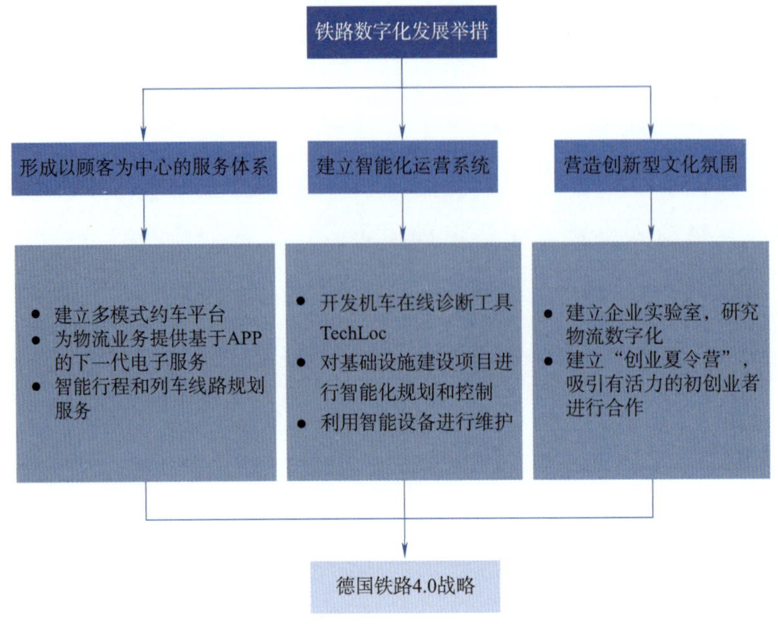

图 1—11　德国铁路数字化发展举措

德国铁路 4.0 战略制定了近期、中期、远期三阶段发展目标，如图 1—12 所示。近期（至 2025 年）的目标是实现半自动化列车无线分配、提供下一代电子行程服务、通过列车独特设计使乘客的移动设备与基站信号直连、在 2020 年底实现所有铁路建设项目应用建筑信息模型（BIM）技术。中期（2025—2035 年）的目标是实现列车无人驾驶、提供更灵活和个性化交通方式、机器人小汽车（Cab）研制成功并投入使用。远期（2035—2045 年）的目标是形成新型数字化车间，实现电子商务、3D 打印维护、运营过程全自动化，广泛采用智能型设备等。

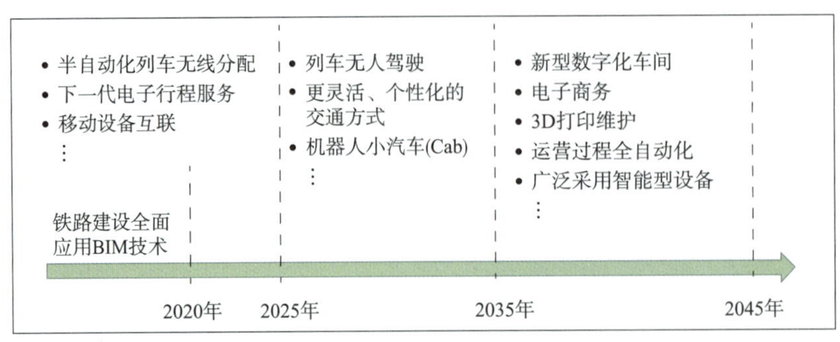

图 1—12　德国铁路 4.0 战略发展展望

三、法国铁路数字化智能化发展规划

法国国家铁路公司（SNCF）于 2015 年推出数字化法铁战略，计划依靠工业互联网手段，将列车、路网、站房三大区域用网络连接起来，形成连接的设备、连接的列车、连接的路网、连接的站房。

1. 连接的设备：使用 3D 打印、设备传感器、能源传感器、机器人、数字化测试等技术，实现机车车辆数字化、可维修零部件数字化、信息流数字化，如图 1—13 所示。

图 1—13　法国铁路连接的设备示意

2. 连接的列车：在运营列车上部署传感器进行数据采集，并对采集到的列车数据进行智能分析，如图 1—14 所示。

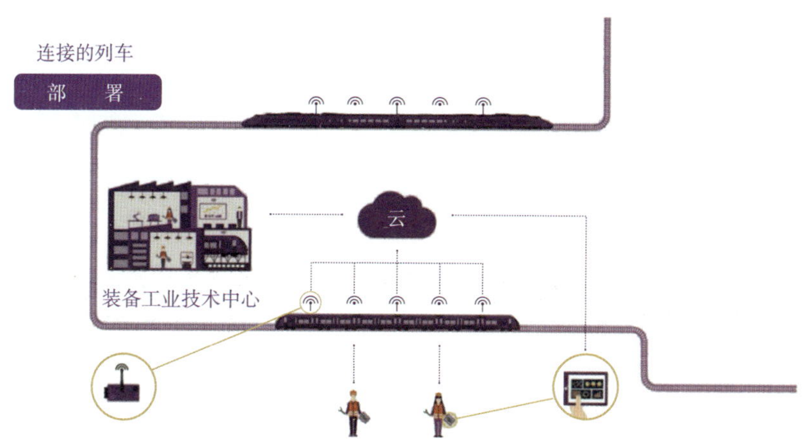

图 1—14　法国铁路连接的列车示意

3. 连接的路网：通过实时远程监测路网运行状态，开展智能评估与预测，提高基础设施检修维护现代化水平，如图 1—15 所示。

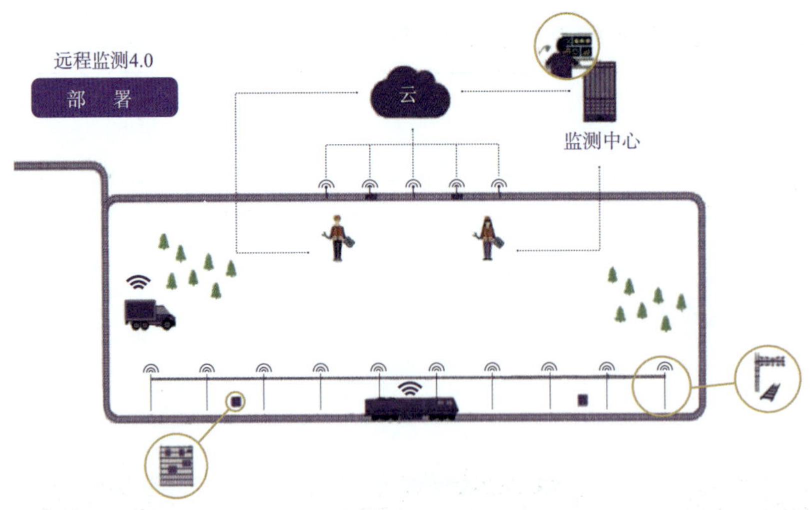

图 1—15　法国铁路连接的路网示意

4. 连接的站房：在车站电梯、站台等设施设备上安装传感器，达到提升设施设备有效利用率、节约能源等目的。

数字化法铁战略总体目标是为客户建立一个有竞争力、便捷、可持续、与未来运输紧密结合的铁路系统，如图 1—16 所示。近期（至 2020 年）的发展目标是对现有铁路系统改进，在郊区线路引入自动驾驶；推进 3D 打印技术，减少 20% 零件制造时间和成本。中期（2021—2030 年）的发展目标是构建颠覆性创新的铁路系统，功能包括列车实时定位、"门到门"运输、客流智能管控、路网运力自适应等。远期（2031—2040 年）的发展目标是为客户实时提供满足需求、可靠安全、易于访问的服务；实现路网和资源利用率的最大化，并降低成本；实现系统简化和标准化，缩短新技术实际应用时间；通过优化资源利用和限制碳排放，完成公共服务使命；将铁路系统纳入全球"门到门"运输服务，使车站变成集成服务和各项运输方式的场所。

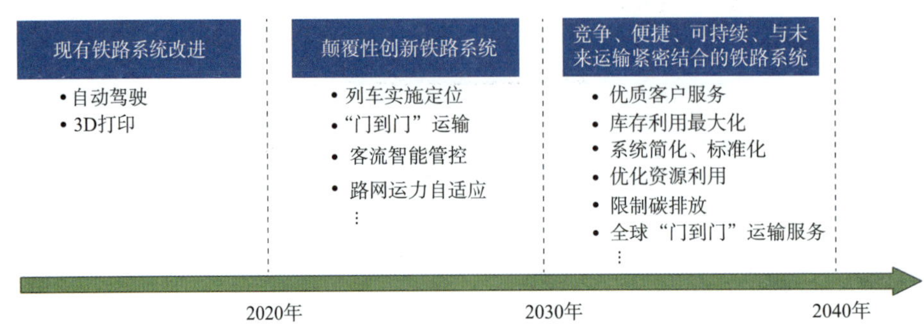

图 1—16　法国铁路数字化法铁战略发展展望

四、英国铁路数字化智能化发展规划

为了布局数字铁路未来规划，英国于 2018 年制定了数字铁路战略（Digital Railway Strategy），重点关注人才技术与业务能力、列车运行控制、列车自动驾驶、交通管理与可靠性、移动通信数据互联、智能基础设施等领域，如图 1—17 所示。数字铁路战略制定了三阶段发展蓝图，短期目标（至 2019 年）是基于当前铁路发展成就，对既有线路进行更新与扩展；同时借鉴国内外类似领域先进技术成果，开展创新技术应用。中期目标（2019—2027 年）是重点关注安格利亚、伦敦东北、东南、威塞克斯和西部等五大铁路线，部署其发展规划；通过数字化方式大幅提高受限的运力，并以较低的运营成本为铁路用户和英国经济带来更广泛的利益。长期目标（2027 年之后）是将数字化技术进一步与铁路应用场景深度结合，预期在数字信号、智能基础设施和列车控制等方面降低成本。

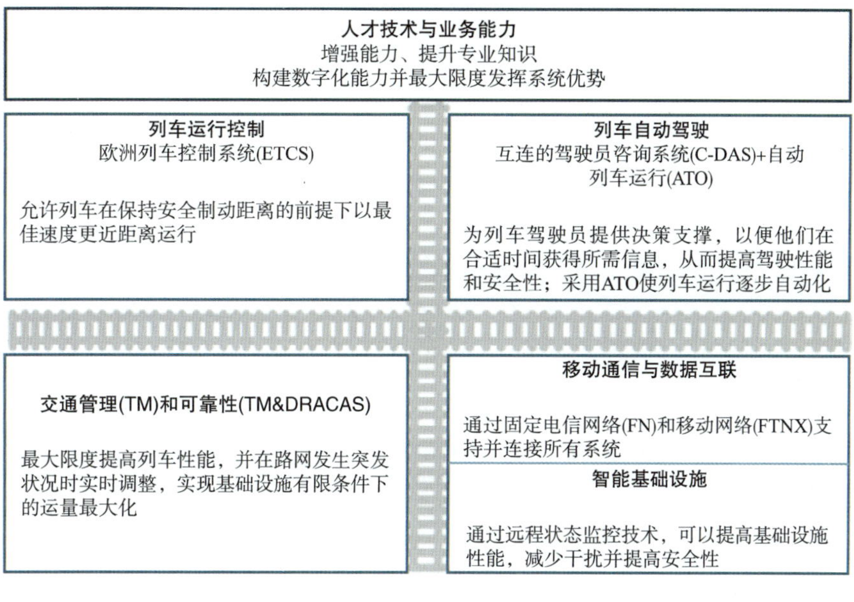

图 1—17　英国数字铁路战略关键组成

五、瑞士铁路数字化智能化发展规划

为了通过数字化和新技术应用提高铁路运营效率，瑞士联邦铁路公司于 2017 年提出了 SmartRail 4.0 战略，从成本、能力、可用、安全、服务五个方面提出面向企业与客户的战略目标，如图 1—18 所示。成本方面，计划将每年的运营成本降低三分之一，为客户提供更优的价格和更好的服务质量；能力方面，计划增加

15%～30%的运输能力，提高运行的灵活性；可用方面，将信号系统性能提升50%，减少行程干扰，提高准时率；安全方面，减少 90%的铁路运营故障，为客户提供更安全的环境；服务方面，铁路企业内部实现互联互通，为客户提供更好的在线旅行体验。

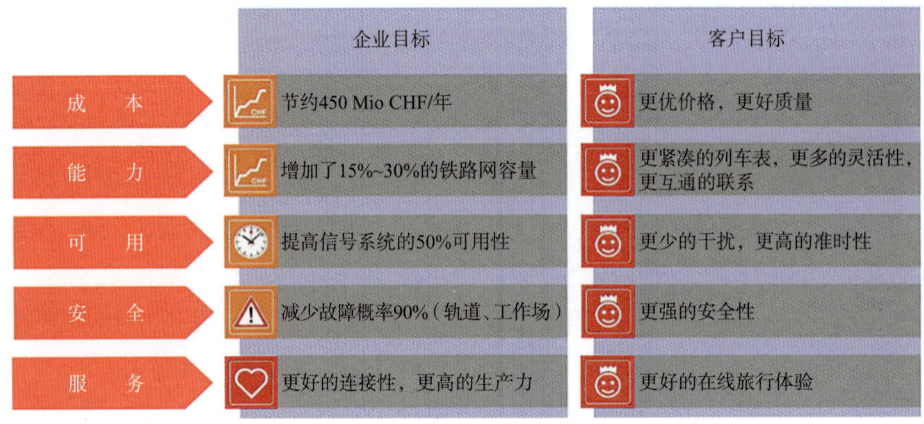

图 1—18　瑞士 SmartRail 4.0 战略目标

SmartRail 4.0 主要基于 ETCS 2/3 的既有逻辑，并将继续应用 ETCS 记录数据；与 ETCS 应用不同的是，SmartRail 4.0 将降低设备的复杂程度。SmartRail 4.0 包括以下功能模块。

1. 物理铁路基础设施：实施 SmartRail 4.0 后，地面信号设备无需设置，线路占用显示设备减少 70%，由此减少维护和建设成本。

2. 列车自动驾驶系统（ATO）：持续发展自动驾驶系统，当前目标是实现有人值守的 GoA2 级自动驾驶。在个别应用场景下，试验完全无人的自动驾驶。ATO 可实现对速度的精确控制，进而可优化运输能力、提高准点率、节省能耗。

3. 精确定位：所有列车都可实现精准、连续和安全性的自我定位，由此实现对列车运行的精确控制，取消线路占用的报警装置。

4. ETCS 联锁：新联锁设备基于几何安全逻辑，简化当前的联锁设备，并提高安全性。

5. 运输管理系统（TMS）：可实现列车运行的连续计划和控制，进一步提升运行图铺画和列车运行控制的自动化程度，当出现特殊情况时可自动优化运行图，由此实现铁路装备运用效率最大化。

6. 模块化车辆架构：ETCS 的模块化设计降低了成本，并为车辆技术的进一步创新创造了条件。

SmartRail 4.0 将战略实施过程划分为三个阶段，明确每阶段目标任务，近期（至 2020 年）发展目标是简化集中联锁设备，标准化关键接口等；中期（至 2030

年）发展目标是实现ATO列车模块化，提升车辆设计技术含量，实现列车运行、信号预警自动化，实现列车精准定位和自动识别轨旁异物；远期（至2040年）发展目标是实现铁路与其他交通方式无缝对接，降低50％铁路系统成本，实现铁路基础设施建设自动化，如图1—19所示。

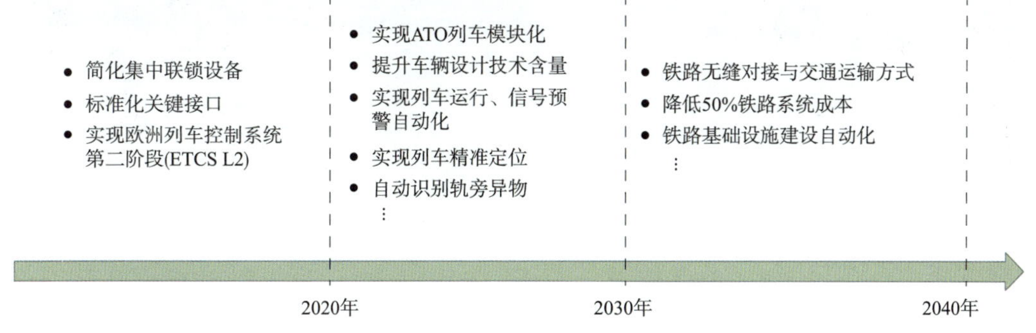

图1—19　瑞士SmartRail 4.0战略发展展望

六、日本铁路数字化智能化发展规划

日本JR东铁路公司于2016年制定了面向未来20年的《技术创新中长期规划》，如图1—20所示，旨在从安全保障、强化服务和营销、优化运用维护、注重能源和环境等四个方面，实现基于物联网、大数据、人工智能等新技术的“运输革命”，研究构建创新技术研发平台，实现由“定期修”到“状态修”的转变，提供“门到门”和个性化信息服务，构建新一代能源管理网络平台，推动业务数据的共享、分析处理和应用。

1．安全保障：利用物联网、大数据、人工智能等技术，研判事故的预兆，挖掘难以预知的风险，开展人为因素安全管理，实现旅客和员工零死亡率的目标。

2．强化服务和营销：开展基于人工智能的运行管理、新一代售检票系统、新媒体和新营销方法等研究，为旅客提供“门到门”一站式个性化服务，实现运输服务品质的提升。

3．优化运用维护：利用物联网、大数据、人工智能技术，推进基础设施“状态修”体系的建立和运用，确立高效养护维修方法；开展自动驾驶和司机辅助驾驶技术的深化研究。

4．注重能源和环境：开展新一代能源管理网络、车—地协调的自律节能列车运行控制系统等研究，综合利用可再生能源和节能蓄能技术，实现供电与行车相协调的节能化列车运行控制，实现2030年（以2013年为基准）铁路能耗降低25％、二氧化碳排放量减少40％的目标。

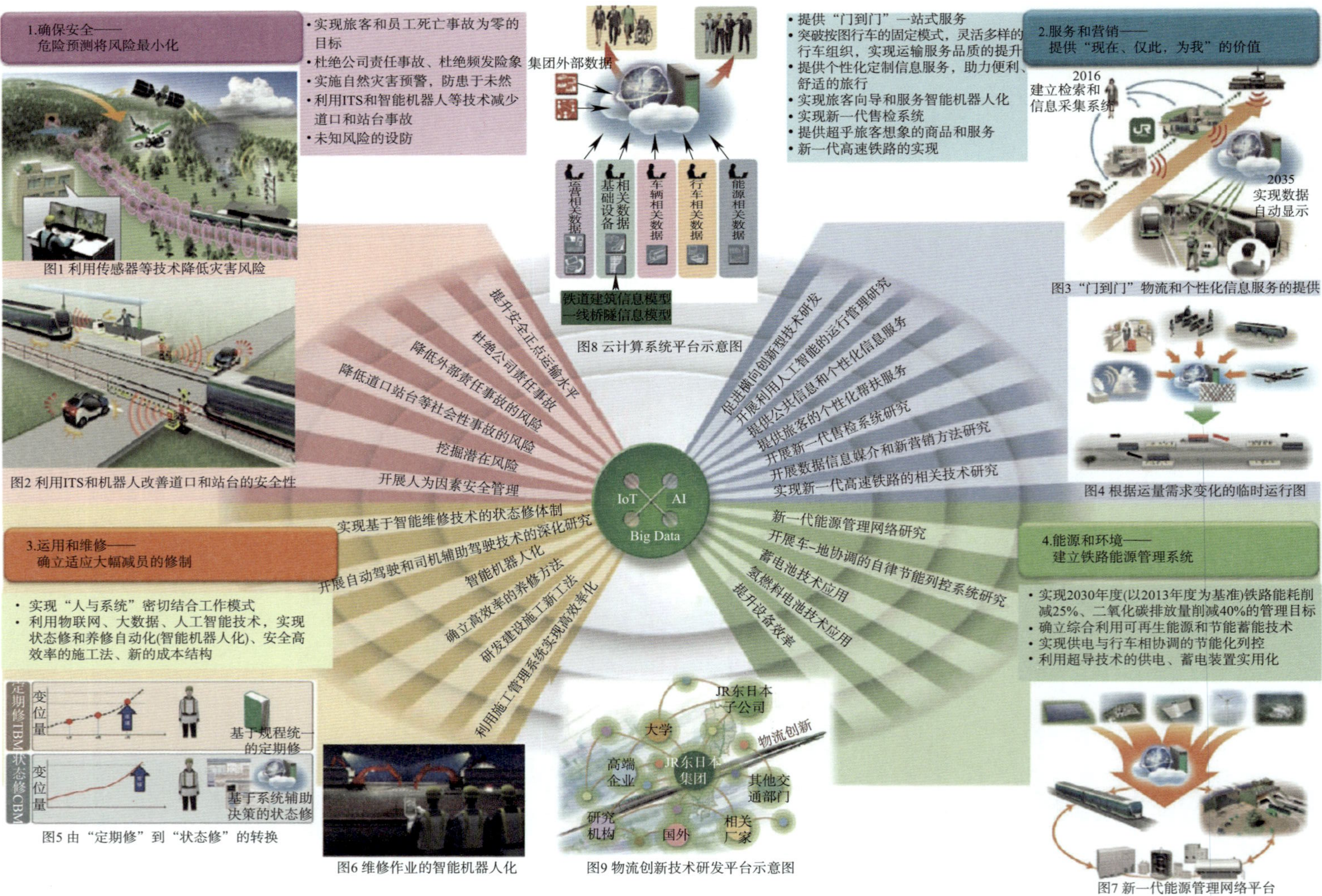

图 1—20　日本 JR 东铁路公司《技术创新中长期规划》发展展望

日本铁道综合技术研究所为实现“以技术创新贡献于铁路发展和社会进步”的愿景，制定了2020—2025年度科研发展规划（图1—21），旨在通过科技创新，进一步提升铁路安全性，同时推进数字化技术在各专业领域的广泛应用，从而提升日本铁路技术的国际影响力。围绕安全性提升、低成本化、环境友好性、便利性提升的战略目标，该规划制定了科技发展的重点任务：一是紧密围绕社会变化趋势和未来铁路发展需求，深入开展前瞻性技术研究；二是面向当前铁路运营实际需求，开展实用性技术创新；三是深化铁路基础性研究，开展气象灾害预测、车辆走行安全性、老化损伤机理与检查方法、摩擦磨耗与长寿命化等方面的研究。

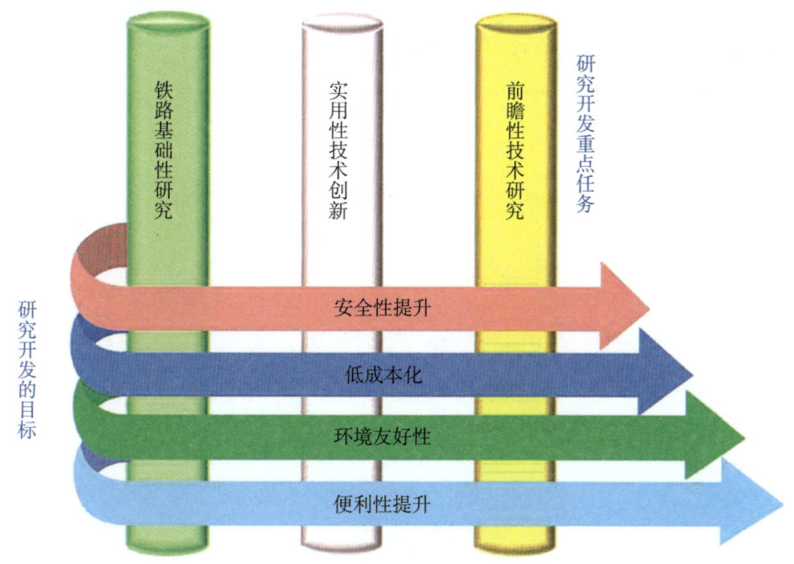

图1—21　日本2020—2025年度科研发展规划

其中，前瞻性研究的重点任务包括以下六方面。

（1）应对自然灾害强韧化：依据实时气象数据开展灾害风险评价，为列车运行提供辅助支持，提高铁路运输效率。

（2）列车运行自动化：开展基于卫星定位的列车实时位置监测技术研发，深化铁路路内和沿线异常监测技术创新，推进地面设备无线控制技术、车辆实时运行状态监控技术研究；同时，开展提高城市圈列车正点率、节能驾驶模式等运行控制关键技术研究。

（3）养护维修省力化：实施数字化养修，开展基于车上测试方式的线桥隧状态的自动诊断技术研究，构建工电供设施设备数据综合分析平台，推进基于电网监视的高阻抗接地故障等早期异常检测监测技术研究。

（4）能源消耗低碳化：研究与外部电力协调控制技术，构建铁路用蓄电系统，开展高性能整流器等节能装置研发，推进列车节能驾驶模式研究，实现铁路电网低碳化。

（5）试验仿真集成化：利用虚拟铁路试验线，开展车辆运动、弓网关系、轮轨滚动接触等耦合动力学仿真研究；研发受电弓离线拉弧时受流材料损耗状态评价仿真软件以及高速排雪走行车辆安全性评价仿真软件，开展新材料显微结构仿真技术研究，构建以数值计算模拟大型低噪声风洞试验的数字化风洞系统。

（6）高速线路降噪化：利用低噪声列车模型走行试验台和高速弓网试验台，开展走行部气动力噪声和隧道微气压波的降噪技术研究，研发适应更高速度和具有高受流、低噪声性能的受电弓。

七、国外铁路数字化智能化发展趋势

通过对国外铁路智能化发展战略的梳理和分析可以发现，国外铁路数字化智能化发展的总趋势是将 BIM、大数据、物联网、人工智能、现代通信等先进技术与铁路基础设施、运输装备、调度指挥、运输服务、养护维修等各领域进行深度融合，实现工程建设的可控化、数字化，运输装备的自动化、智能化，调度指挥的灵活化、综合化，运输服务的个性化、舒适化，以及安全监测的实时化和运维预见化，并在此基础上，通过通信数据的互联，将高速铁路各环节、各领域有机结合，使资源配置最优化、综合效能最大化，如图 1—22 所示。

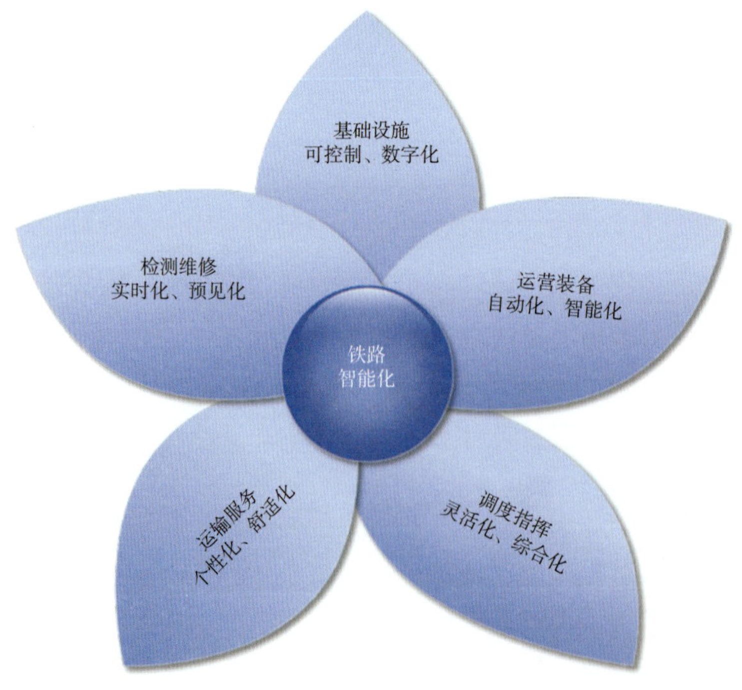

图 1—22　国外高速铁路智能化发展态势

1. 基础设施可控化、数字化

积极利用先进的信息技术及数字化技术，加强对基础设施建设成本及施工过程的控制，确保铁路基础设施的质量和可靠性，降低基础设施全寿命周期成本，提升铁路工程建设项目的可控性。利用数字化技术，将轨道、道岔等重要基础设施转化为数码模块，实现运行线路的快速和高效规划，提升线路使用效率。

2. 运营装备自动化、智能化

研发集事物识别、分析判断、自动控制等功能于一体的计算机系统，实现列车自动运行；研究具有自检测、自诊断、自决策功能的智能感知系统，利用各种传感器、监测装置及列车信息传输与控制技术，对影响列车运行安全性、服役可靠性的重要部件工作状态进行监测，实现列车持续高速条件下安全、可靠运行。

3. 调度指挥灵活化、综合化

充分利用大数据等新技术，在科学预测客货运量、综合分析铁路各设施运行状况、天气气候条件等各因素的前提下，灵活、动态制定列车开行方案，实现运能与运量最佳匹配，最大限度地提高列车使用效率，降低运营成本。

4. 运输服务个性化、舒适化

围绕旅客出行及站车服务全过程，开发新型购票、支付、购物、商务、资讯、安检、进站等旅客服务系统，完善旅客信息服务系统，不断提升铁路服务便捷化程度。同时，着力研究舒适性技术，开发娱乐性设施，满足旅客日益提升的出行舒适性和娱乐性需求。

5. 检测维修实时化、预见化

探索基于传感器、通信网络等技术手段对基础设施及移动装备状态进行实时监测，应用大数据、智能化技术对数据进行深度分析，对设施设备的运营状态进行故障诊断及趋势预测，从而实现由修复性、预防性维修体系向预测性维修或状态修转变。

第三节　中国智能高速铁路发展政策环境和战略需求

世界正在进入以信息产业为主导的经济发展时期，把握数字化、网络化、智能化融合发展的契机，以信息化、智能化为杠杆培育新动能十分必要。作为国民经济结构中的基础产业，交通运输作用十分明显，智能化发展需求强烈。因此，国家制定了一系列推动行业智能化发展的相关政策，引导以铁路为主的交通运输行业智能化升级转型。

一、中国智能高速铁路发展政策环境

（一）交通强国战略

建设交通强国是党的十九大作出的重大战略决策。2019 年 9 月中共中央、国务院印发实施《交通强国建设纲要》，从基础设施、交通装备、运输服务、科技创新、安全保障、绿色发展、开放合作、人才队伍、治理体系和保障措施等十个方面对我国交通运输发展进行了全方位规划，旨在推动交通发展由追求速度规模向更加注重质量效益转变，由各种交通方式相对独立发展向更加注重一体化融合发展转变，由依靠传统要素驱动向更加注重创新驱动转变，构建安全、便捷、高效、绿色、经济的现代化综合交通体系，打造一流设施、一流技术、一流管理、一流服务，建成人民满意、保障有力、世界前列的交通强国，为全面建成社会主义现代化强国、实现中华民族伟大复兴中国梦提供坚强支撑。

《交通强国建设纲要》规定从 2021 年到 21 世纪中叶，分两个阶段推进交通强国建设。第一阶段是到 2035 年，基本建成交通强国。现代化综合交通体系基本形成，人民满意度明显提高，支撑国家现代化建设能力显著增强；拥有发达的快速网、完善的干线网、广泛的基础网，城乡区域交通协调发展达到新高度；基本形成“全国 123 出行交通圈”（都市区 1 小时通勤、城市群 2 小时通达、全国主要城市 3 小时覆盖）和“全球 123 快货物流圈”（国内 1 天送达、周边国家 2 天送达、全球主要城市 3 天送达），旅客联程运输便捷顺畅，货物多式联运高效经济；智能、平安、绿色、共享交通发展水平明显提高，城市交通拥堵基本缓解，无障碍出行服务体系基本完善；交通科技创新体系基本建成，交通关键装备先进安全，人才队伍精良，市场环境优良；基本实现交通治理体系和治理能力现代化；交通国际竞争力和影响力显著提升。第二阶段是到 21 世纪中叶，全面建成人民满意、保障有力、世界前列的交通强国。基础设施规模质量、技术装备、科技创新能力、智能化与绿色化水平位居世界前列，交通安全水平、治理能力、文明程度、国际竞争力及影响力达到国际先进水平，全面服务和保障社会主义现代化强国建设，人民享有美好交通服务。交通强国战略目标与战略路线图如图 1—23 所示。

《交通强国建设纲要》中对智能铁路的发展也提出了明确要求，包括广泛应用智能高速铁路、智能道路、智能航运、自动化码头、数字管网、智能仓储和分拣系统等新型装备设施，开发新一代智能交通管理系统；推动大数据、互联网、人工智能、区块链、超级计算等新技术与交通行业深度融合；推进数据资源赋能交通发展，加速交通基础设施网、运输服务网、能源网与信息网络融合发展，构建泛在先进的交通信息基础设施；构建综合交通大数据中心体系，深化交通公共服务和电子政务发展；推进北斗卫星导航系统应用。

图 1—23　交通强国战略目标与战略路线图

为深入贯彻党的十九大作出的建设交通强国的重大决策部署，落实党中央、国务院印发的《交通强国建设纲要》，在交通强国建设中当好先行，推动新时代铁路事业高质量发展，中国国家铁路集团有限公司制定了《新时代交通强国铁路先行规划纲要》，指出从 2021 年到本世纪中叶，分两个阶段目标推进。

第一阶段：到 2035 年，率先建成服务安全优质、保障坚强有力、实力国际领先的现代化铁路强国。基础设施规模质量、技术装备和科技创新能力、服务品质和产品供给水平世界领先，运输安全水平、经营管理水平、现代治理能力位居世界前列，绿色环保优势和综合交通骨干地位、服务保障和支撑引领作用、国际竞争力和影响力全面增强。

1. 现代化铁路网率先建成。铁路网内外互联互通、区际多路畅通、省会高效连通、地市快速通达、县域基本覆盖、枢纽衔接顺畅，网络设施智慧升级，有效供给能力充沛。全国铁路网 20 万 km 左右，其中高速铁路 7 万 km 左右。20 万人口以上城市实现铁路覆盖，其中 50 万人口以上城市高速铁路通达。

2. 创新引领技术自主先进。铁路自主创新能力和产业链现代化水平全面提升，铁路科技创新体系健全完善，关键核心技术装备自主可控、先进适用、安全高效，智能高速铁路率先建成，智慧铁路加快实现。

3. 运输服务供给品质一流。高效率的全程服务体系和高品质的产品供给体系更加完善，全国 1、2、3 小时高铁出行圈和全国 1、2、3 天快货物流圈全面形成，人享其行、物畅其流，安全优质、人民满意。

4. 铁路运输安全持续稳定。人防、物防、技防“三位一体”的安全保障体系健全有力，本质安全水平、安全预防及管控能力、应急处置及救援能力全面提升，高速铁路和旅客列车安全得到可靠保障，铁路交通事故率、死亡率大幅降低。

5. 运营效率效益更加优良。运输效率、资源配置效率、资本运营效率持续提升，市场规模、经营发展质量不断跃升，主要运输经济指标保持世界领先，主要经营效益指标位居世界前列，国铁资本做强做优做大，国铁集团成为世界一流企业。

6. 铁路治理体系健全高效。党对铁路的全面领导坚强有力，铁路管理体制机制更加健全，制度更加完备，人才队伍精良，市场环境优良，发展活力增强，国铁企业的行业主体作用突出，治理体系和治理能力实现现代化。

7. 绿色骨干优势充分发挥。铁路与其他交通运输方式实现深度融合、优势互补，铁路比较优势更好发挥，铁路的客货运输市场份额持续提升，在现代综合交通运输体系中的骨干作用和地位明显增强。

8. 支撑引领作用全面增强。铁路服务经济社会发展的作用更加显著，应对突发事件及自然灾害、完成急难险重任务、服务重大战略、维护国家安全的能力全面提升，铁路成为社会主义现代化建设的重要支撑。

9. 国际竞争力影响力跃升。中欧班列成为具有国际影响力的世界知名铁路物流品牌，中国成为全球铁路科技创新高地，铁路走出去的产业链和价值链向中高端聚集，中国铁路国际竞争力和影响力显著提升。

第二阶段：到 2050 年，全面建成更高水平的现代化铁路强国，全面服务和保障社会主义现代化强国建设。铁路服务供给和经营发展、支撑保障和先行引领、安全水平和现代治理能力迈上更高水平，智慧化和绿色化水平、科技创新能力和产业链水平、国际竞争力和影响力保持领先，制度优势更加突出。形成辐射功能强大的现代铁路产业体系，建成具有全球竞争力的世界一流铁路企业。中国铁路成为社会主义现代化强国和中华民族伟大复兴的重要标志和组成部分，成为世界铁路发展的重要推动者和全球铁路规则制定的重要参与者。

（二）中国制造 2025

2015 年 5 月，国务院印发《中国制造 2025》，全面推进实施制造强国战略，是中国制造业未来十年的顶层规划和路线图，旨在实现中国制造向中国创造、中国速度向中国质量、中国产品向中国品牌三大转变，推动中国到 2025 年基本实现工业化，迈入制造强国行列。

《中国制造 2025》行动纲领指出，要立足国情，立足现实，力争通过“三步走”实现制造强国的战略目标，如图 1—24 所示。第一步，力争用十年时间，迈入制造强国行列。到 2020 年，基本实现工业化，制造业大国地位进一步巩固，制造业信息化水平大幅提升；掌握一批重点领域关键核心技术，优势领域竞争力进一步增强，产品质量有较大提高；制造业数字化、网络化、智能化取得明显进展；重点行业单位工业增加值能耗、物耗及污染物排放明显下降。到 2025 年，制造业整体素质大幅提升，创新能力显著增强，全员劳动生产率明显提高，两化（工业化和信息化）融合迈上新台阶；重点行业单位工业增加值能耗、物耗及污染物排放达到世界先进水平；形成一批具有较强国际竞争力的跨国公司和产业集群，在全球产业分工和价值链中的地位明显提升。第二步，到 2035 年，制造业整体达到世界制造强国阵营中等水平；创新能力大幅提升，重点领域发展取得重大突破，整体竞争力明显增强，优势行业形成全球创新引领能力，全面实现工业化。第三步，到新中国成立一百年时，制造业大国地位更加巩固，综合实力进入世界制造强国前列；制造业主要领域具有创新引领能力和明显竞争优势，建成全球领先的技术体系和产业体系。

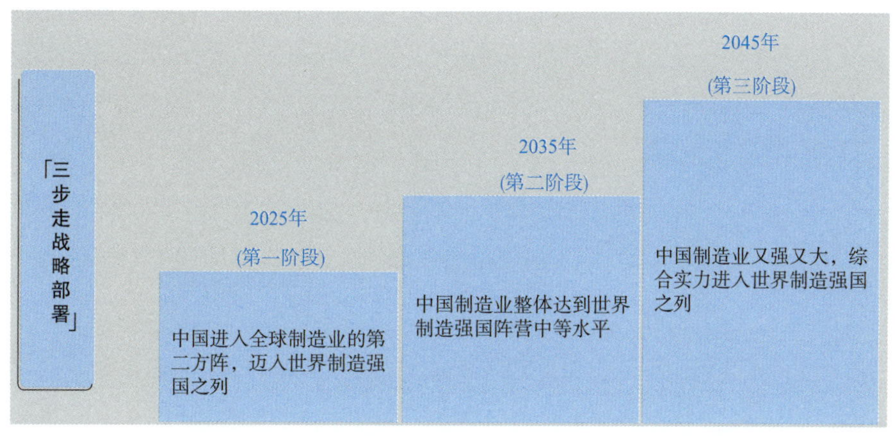

图 1—24　《中国制造 2025》“三步走”战略部署

围绕实现制造强国的战略目标，《中国制造 2025》明确了九项战略任务，包括提高国家制造业创新能力、推进信息化与工业化深度融合、强化工业基础能力、加强质量品牌建设、全面推行绿色制造、大力推动重点领域突破发展、深入推进制造业结构调整、积极发展服务型制造和生产性服务业、提高制造业国际化发展水平，并提出了十个重点发展领域，包括新一代信息技术产业、高档数控机床和机器人、航空航天装备、海洋工程装备及高技术船舶、先进轨道交通装备、节能与新能源汽车、电力装备、农机装备、新材料、生物医药及高性能医疗器械。在先进轨道交通装备领域明确提出研发新一代绿色智能、高速重载轨道交通装备系统，围绕系统全寿命周期，向用户提供整体解决方案，建立世界领先的现代轨道交通产业体系。

（三）新一代人工智能发展规划

2017 年 7 月，国务院印发《新一代人工智能发展规划》，确立了“三步走”

战略目标，如图 1—25 所示。第一步，到 2020 年人工智能总体技术和应用与世界先进水平同步，人工智能产业成为新的重要经济增长点，人工智能技术应用成为改善民生的新途径，有力支撑进入创新型国家行列和实现全面建成小康社会的奋斗目标；第二步，到 2025 年人工智能基础理论实现重大突破，部分技术与应用达到世界领先水平，人工智能成为带动我国产业升级和经济转型的主要动力，智能社会建设取得积极进展；第三步，到 2030 年人工智能理论、技术与应用总体达到世界领先水平，成为世界主要人工智能创新中心，智能经济、智能社会取得明显成效，为跻身创新型国家前列和经济强国奠定重要基础。

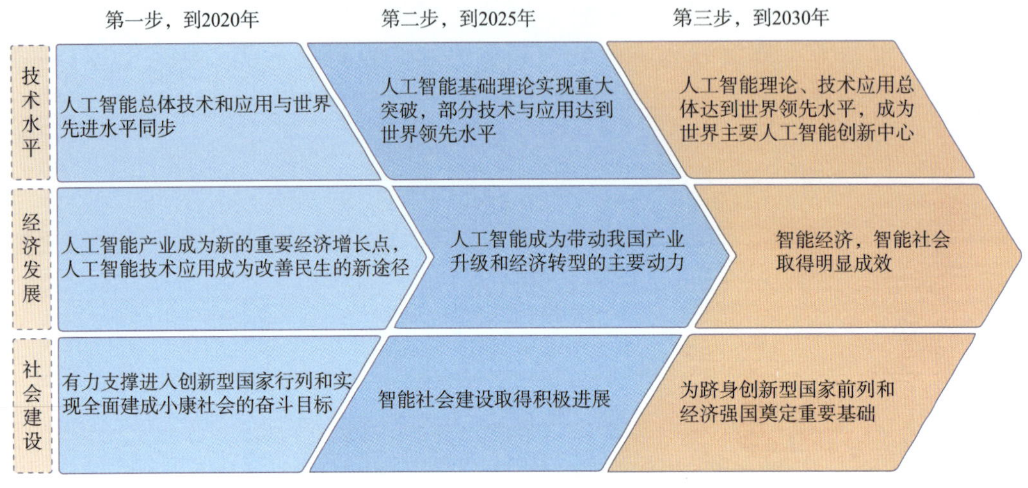

图 1—25　《新一代人工智能发展规划》重要任务

针对我国人工智能发展的迫切需求和薄弱环节，《新一代人工智能发展规划》提出设立新一代人工智能重大科技项目，加强整体统筹，明确任务边界和研发重点，形成以新一代人工智能重大科技项目为核心、现有研发布局为支撑的“1＋*N*”人工智能项目群，如图 1—26 所示。

“1”是指新一代人工智能重大科技项目，聚焦基础理论和关键共性技术的前瞻布局，包括研究大数据智能、跨媒体感知计算、混合增强智能、群体智能、自主协同控制与决策等理论，研究知识计算引擎与知识服务技术、跨媒体分析推理技术、群体智能关键技术、混合增强智能新架构与新技术、自主无人控制技术等，开源共享人工智能基础理论和共性技术。持续开展人工智能发展的预测和研判，加强人工智能对经济社会综合影响及对策研究。

“*N*”是指国家相关规划计划中部署的人工智能研发项目，重点是加强与新一代人工智能重大科技项目的衔接，协同推进人工智能的理论研究、技术突破和产品研发应用。加强与国家科技重大专项的衔接，在“核高基”（核心电子器件、高端通用芯片、基础软件）、集成电路装备等国家科技重大专项中支持人工智能软硬件发展。

加强与其他“科技创新 2030—重大项目”的相互支撑，加快脑科学与类脑计算、量子信息与量子计算、智能制造与机器人、大数据等研究，为人工智能重大技术突破提供支撑。国家重点研发计划继续推进高性能计算等重点专项实施，加大对人工智能相关技术研发和应用的支持；国家自然科学基金加强对人工智能前沿领域交叉学科研究和自由探索的支持。在深海空间站、健康保障等重大项目，以及智慧城市、智能农机装备等国家重点研发计划重点专项部署中，加强人工智能技术的应用示范。其他各类科技计划支持的人工智能相关基础理论和共性技术研究成果应开放共享。

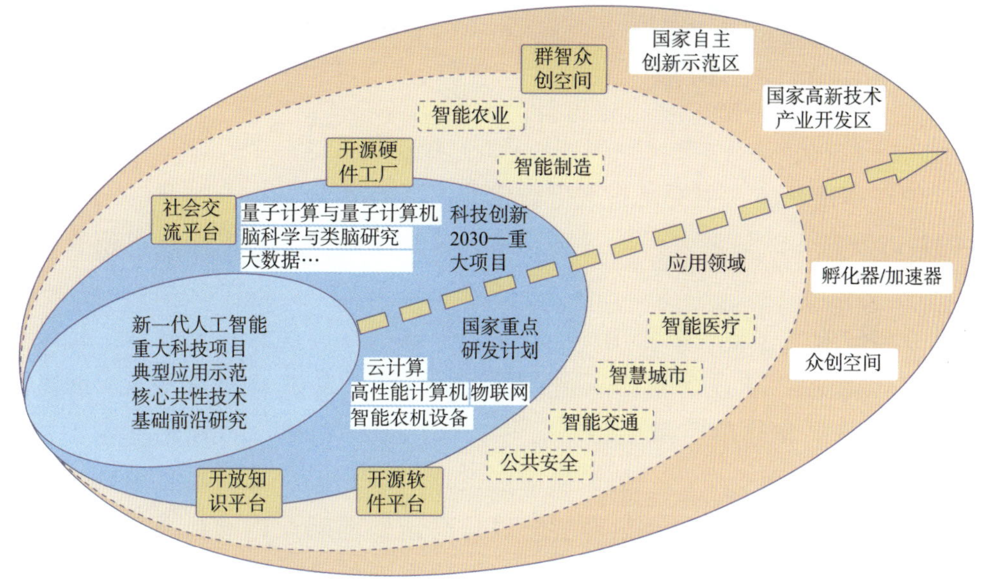

图 1—26 《新一代人工智能发展规划》布局

（四）新型基础设施建设

2018 年 12 月中央经济工作会议首次提出新型基础设施的概念。2020 年 3 月中共中央政治局常务委员会会议强调：加快 5G 网络、数据中心等新型基础设施建设进度。2020 年 4 月 20 日国家发展和改革委员会明确提出新型基础设施的范围，如图 1—27 所示，主要包括三方面内容。

1. 信息基础设施：主要是指基于新一代信息技术演化生成的基础设施，例如以 5G、物联网、工业互联网、卫星互联网为代表的通信网络基础设施，以人工智能、云计算、区块链等为代表的新技术基础设施，以数据中心、智能计算中心为代表的算力基础设施等。

2. 融合基础设施：主要是指深度应用互联网、大数据、人工智能等技术，支撑传统基础设施转型升级，进而形成的融合基础设施，例如智能交通基础设施、智慧能源基础设施等。

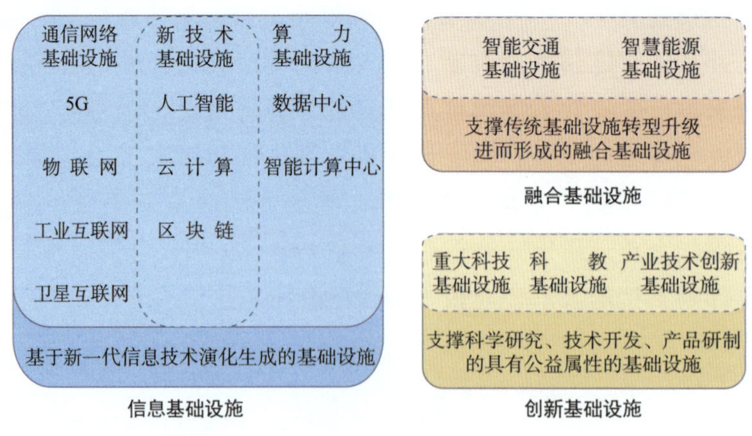

图 1—27　新型基础设施建设三个方面

3. 创新基础设施：主要是指支撑科学研究、技术开发、产品研制的具有公益属性的基础设施，例如重大科技基础设施、科教基础设施、产业技术创新基础设施等。

2020 年政府工作报告中指出："加强新型基础设施建设，发展新一代信息网络，拓展 5G 应用，建设充电桩，推广新能源汽车，激发新消费需求、助力产业升级。"国家发展和改革委员会将联合相关部门，深化研究、强化统筹、完善制度，重点做好四方面工作。一是加强顶层设计，研究出台推动新型基础设施发展的有关指导意见。二是优化政策环境，以提高新型基础设施的长期供给质量和效率为重点，修订完善有利于新兴行业持续健康发展的准入规则。三是抓好项目建设，加快推动 5G 网络部署，促进光纤宽带网络的优化升级，加快全国一体化大数据中心建设；稳步推进传统基础设施的"数字＋""智能＋"升级；同时超前部署创新基础设施。四是做好统筹协调，强化部门协同，通过试点示范、合规指引等方式，加快产业成熟和设施完善；推进政企协同，激发各类主体的投资积极性，推动技术创新、部署建设和融合应用的互促互进。

铁路既是传统基础设施的重要组成部分，也是新型基础设施的重要主体。新型基础设施中明确指出建设城际高速铁路，此外铁路也是 5G、工业互联网、人工智能、数据中心的重要应用领域，在新型基础设施建设背景下推进智能高速铁路建设具有更为深远的意义。

二、中国智能高速铁路发展战略需求

当前，以云计算、大数据、物联网、人工智能、5G 等信息技术为代表的新一轮科技革命方兴未艾，成为创新驱动发展的先导力量。信息技术与交通、新能源、新材料等交叉融合，正在引发以绿色、智能、泛在为特征的群体性技术突破，促进工业经济向信息经济转型，全球铁路信息化进入全面覆盖、跨专业融合、加速创新、引领发展的新阶段。世界主要国家积极推进信息化与工业化融合，我国相继发布了“中国制造 2025”、“互联网＋”行动计划、“促进大数据发展行动纲要”、“新一代人工智能发展规划”和“交通强国建设纲要”等多项政策，基于大数据、人工智能、5G 等新技术与铁路行业的深度融合构建智能高速铁路系统已成为引领铁路创新发展的重要方向。

近年来我国高速铁路从无到有，从跟随到引领，取得了世界瞩目的成就。由于我国高速铁路网规模大、分布广，跨越高寒、冻土、湿热、岩溶等不同地带，在建设和运营中面临许多复杂地质、气候、自然环境的考验，对高速铁路的安全性、可靠性、高效性、高品质服务等提出了新的要求。当前及未来一段时间中国智能高速铁路发展的战略需求主要来源于运输效率提升、服务品质提升、安全水平提升、装备智能化提升和基础设施智能化提升等五个方面，如图 1—28 所示。

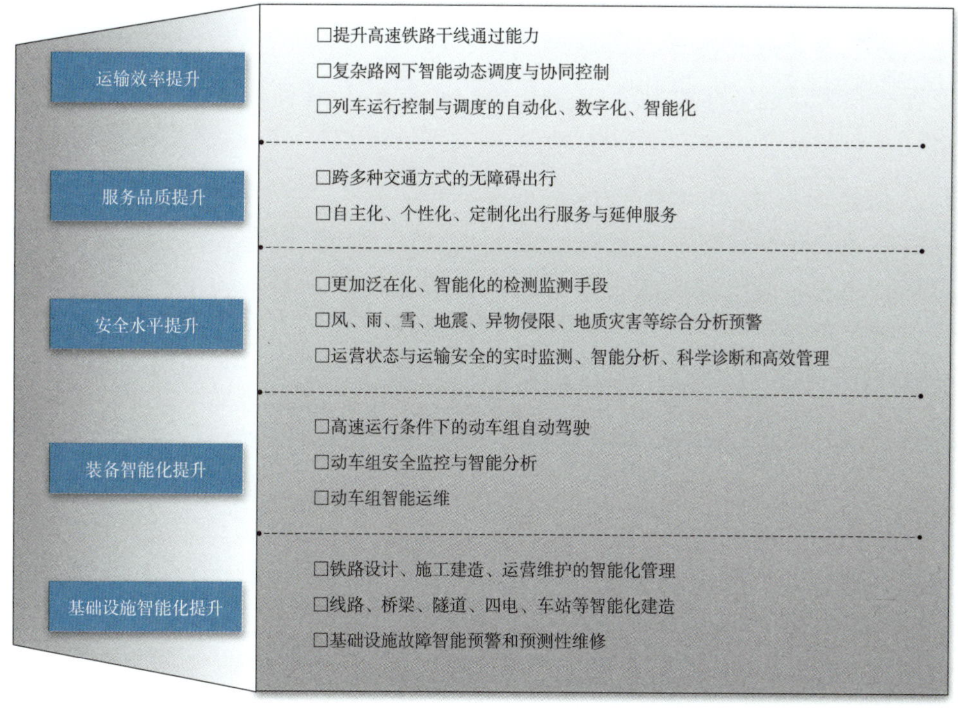

图 1—28　中国智能高速铁路未来发展需求

1. 运输效率提升

由于成网条件下我国高速铁路具有网络结构复杂、运营里程长、区域环境差异大、客流量大且出行需求多样等特点，面临着如何更加有效地利用高速铁路资源、提升高速铁路干线通过能力等挑战。此外，随着我国各种交通运输方式的不断融合发展，面临着网络型运输组织模式和技术创新的要求，亟须研究复杂路网下智能动态调度与协同控制以提高高速铁路调度指挥效率和运输组织水平，推进高速铁路列车运行控制及调度指挥的自动化、数字化和智能化，提高列车的开行效率和基础设施的使用效率。

2. 服务品质提升

随着我国社会经济不断发展和人民生活水平的提升，旅客不再满足于大众化、单一化的出行方式，道路、航空等行业通过积极发展智能交通、智慧民航等大幅提升了出行体验及服务品质。当前高速铁路旅客出行需求已发生深刻变化，出行目的更加多样、区域化特征更加突出、个性化需求和延伸需求更加丰富，迫切需要解决旅客安全、快捷、舒适、绿色出行需求与铁路运输服务发展不充分、不平衡和不丰富之间的矛盾。此外，铁路旅客出行也体现出更复杂的时空特性，比如多地域差异、多群体差异、客流动态波动等，迫切需要从旅客个性化要求出发，推进大数据、物联网、人工智能等新技术与高速铁路深度融合发展，着力提供跨多种交通方式的无障碍出行，为旅客购票、进站、候车、乘车、换乘、出站等出行全流程提供自助化、个性化、定制化的出行服务与延伸服务，更好地满足新时代人们日益增长的美好旅行生活需要。

3. 安全水平提升

随着高速铁路网规模和客流量的快速增长，为确保高速铁路运行安全，在基础设施和移动装备的检测监测、安全评估等方面面临着重要挑战。此外，我国高速铁路环境条件和运营场景复杂多样，外部安全风险日益增多，如何利用积累多年的自然灾害、异物侵限等海量大数据揭示风险—隐患—故障—事故机理，以降低高速铁路外部环境风险极为必要。综上所述，随着路网规模持续扩大、新技术装备大量投入使用，高速铁路安全保障压力不断增大，迫切需要加快发展更加泛在化、智能化的基础设施和移动装备检测监测手段，构建涵盖地质灾害、自然灾害、外部环境等在内的防灾预警系统，实现对高速铁路运营状态和运输安全的实时监测、智能分析、科学诊断和高效管理。

4. 装备智能化提升

研发高速动车组自动驾驶技术及自主化成套技术体系，研制动车组车载安全监控系统、基于故障树和智能诊断技术的智能分析系统等，形成多参量、多系统、多学科融合的智能诊断体系，掌握动车组智能运维关键技术实现健康管理，集成采用物联网、大数据、云平台、人工智能等先进技术实现高速动车组的自动驾驶、智能监控、智能诊断、智能服务、智能运维等。

5. 基础设施智能化提升

将BIM、GIS、物联网、云计算、移动互联网、大数据等信息技术与先进工程建造技术高效融合，构建高速铁路基础设施的预测性维修、故障诊断预警、主动运维和资产全生命周期管理体系，实现铁路设计、施工建设、运营维护各阶段的全生命周期智能化管理，并实现线路、桥梁、隧道、轨道、四电、车站等基础设施的智能化施工。

第四节　中国智能高速铁路发展蓝图和战略阶段

一、中国智能高速铁路发展蓝图

全面分析影响智能高速铁路发展的相关内外部影响因素，并分析各影响因素之间的相互作用关系，为制定智能高速铁路战略提供科学依据。

1. 智能高速铁路内部市场需求强烈

从国家对基础设施智能化发展需求来看，智能高速铁路不仅实现了铁路运输效率和服务质量的提升，还将对我国制造业、服务业等产业结构的调整带来巨大的示范与促进作用，将以更高效率、更经济出行赋能生产要素，形成倍增放大效应推动供应链、产业链整体发展。从服务对象侧需求看，我国城镇化率持续增加，区域间、城际间居民快速出行需求将进一步增加，交通供需矛盾还将日益突出。智能高速铁路的发展有利于促进综合交通体系融合，提供“门到门”的高效便捷出行服务，助力我国城镇化发展。从服务供给侧需求看，我国铁路运营里程、旅客发送量连年增加，对铁路运营、基础设施建设及铁路装备等方面提出更高要求，高速铁路智能化是上述问题的理想方案。同时，铁路行业正在进行供给侧结构性改革，向高质量发展方向迈进。综合上述因素，迫切需要抓住智能高速铁路发展机遇，全面提升铁路智能化水平。

2. 智能高速铁路全球竞争愈加激烈

多国铁路围绕数字化、智能化积极开展战略布局，在不同业务领域进行重点推进，竞争日益激烈。法国、德国、英国等国家都制定了铁路数字化发展战略。法国2015年提出了数字化法铁战略，德国2016年发布了铁路数字化（铁路4.0）战略，英国2018年公布了数字铁路战略等，分别将BIM技术应用、基础设施建设自动化、电子行程服务、“门到门”旅客运输、列车自动驾驶、3D打印、基础设施预测性维修、智能绿色动车组等列为关键任务。智能化总体发展趋势是实现工程建设数字化、运输装备智能化、调度指挥综合化、运输服务个性化、安全监测泛在化、运营维护预见化。这就要求中国智能高速铁路战略规划内容站在全球的角度上进行全局统筹。

3. 智能高速铁路交叉领域发展蓬勃

以深度学习为代表的人工智能技术在语音识别、数据挖掘、自然语言处理等领域快速发展，未来将在智能交通、智能制造、智慧城市及医疗等领域实现新的应用突破。相关的交叉领域规划发展为智能高速铁路战略的制定提供了有益参考和借鉴。

4. 智能高速铁路生产要素强劲有力

人工智能等新技术的涌现为智能高速铁路提供了新型生产要素。在路网规模方面，中国高速铁路已经建成“四纵四横”的庞大高速铁路网络，而“八纵八横”的雄伟蓝图也将在2025年基本成形，极大地促进了智能高速铁路的规模化发展，为其提供了广阔的发展空间。在投资方面，国家在未来一个时期内将加大投资力度，持续推进传统铁路基础设施建设和新型基础设施建设。在技术方面，大数据、云计算、物联网、新能源和新材料等智能高速铁路支持技术将会日臻成熟与广泛应用。上述因素均为我国智能高速铁路的规划与发展提供可靠的生产要素。

5. 智能高速铁路发展机遇千载难逢

大数据、物联网、人工智能等新一代信息技术深刻改变了世界，也让世界各国站在科技革命的同一起跑线上，历史机遇千载难逢。智能高速铁路是新一代信息技术与高速铁路技术的深度融合，打造更加安全可靠、更加经济高效、更加温馨舒适、更加方便快捷、更加节能环保的新一代高速铁路，有利于中国高速铁路抢占先机，赢得未来，持续领跑全球高速铁路的发展。

6. 智能高速铁路政策措施有效可靠

交通强国战略、中国制造2025、新一代人工智能发展规划等国家战略均明确将智能高速铁路的发展作为重要任务之一，“数字化、网络化、智能化”和“新基建”等创新发展理念与铁路领域交集突出。国家相关政策为智能高速铁路提供有效可靠地政策保障，有利于推动中国智能高速铁路的高质量发展。

综上所述，智能高速铁路战略设计极其必要而又现实可行。中国智能高速铁路应瞄准世界铁路发展前沿，集成应用相关领域最新技术成果，提出既符合中国发展又能普遍适用于其他国家的智能高速铁路发展战略。

未来的智能高速铁路蓝图是一个基于智能数据分析的信息空间和物理空间高度融合的复杂系统，即典型的信息物理融合系统（CPS）。信息物理融合系统通过集成先进的感知、计算、通信、控制等信息技术和自动控制技术，构建物理空间与信息空间中人、机、物、环境、信息等要素相互映射、适时交互、高效协同的复杂系统，实现系统内资源配置和运行的按需响应、快速迭代、动态优化。其本质就是构建一套信息（Cyber）空间与物理（Physical）空间之间基于数据自动流动的状态感知、实时分析、科学决策、精准执行的闭环赋能体系，解决生产制造、应用服务过程中的复杂性和不确定性问题，提高资源配置效率，实现资源优化。近年来信息物理融合系统得到了发达国家的高度重视，纷纷列入重点研究方向。德国工业 4.0、美国工业互联网、中国制造 2025 的两化深度融合战略，其共同点和核心愿景均是信息物理融合系统。

在智能高速铁路信息物理融合系统 CPS 中，C 是信息高速铁路网，P 是物理高速铁路网，智能高速铁路则是两个空间的深度融和。物理高速铁路网是由动车组、线路、桥梁、通信、供电等多个可见的物理实体构成的真实世界；信息高速铁路网是由物理实体对应的精确数字模型、基于数据的知识发现体系、自感知自认知自决策的能力输出体系组成的不可见的数字世界。两个空间相互连接、相互映射、相互操作、深度融合，通过信息高速铁路空间中对数据和知识的综合利用指导物理高速铁路空间的具体活动，最终形成一个相互迭代的闭环系统，可以有效地提高物理高速铁路空间中实体的服务质量。

物理高速铁路网中的实体收集来自真实世界的感知信息，并通过通信技术将它们发送到信息高速铁路网中的数字模型，如图 1—29 所示。由知识发现体系处理这些数据并将结果通过能力输出体系反馈到物理高速铁路网中，具体的反馈内容包括发送控制命令对物理高速铁路网进行必要的优化完善或对系统参数进行重新配置，实现基于信息物理融合系统的智能高速铁路蓝图的三大关键属性分别是

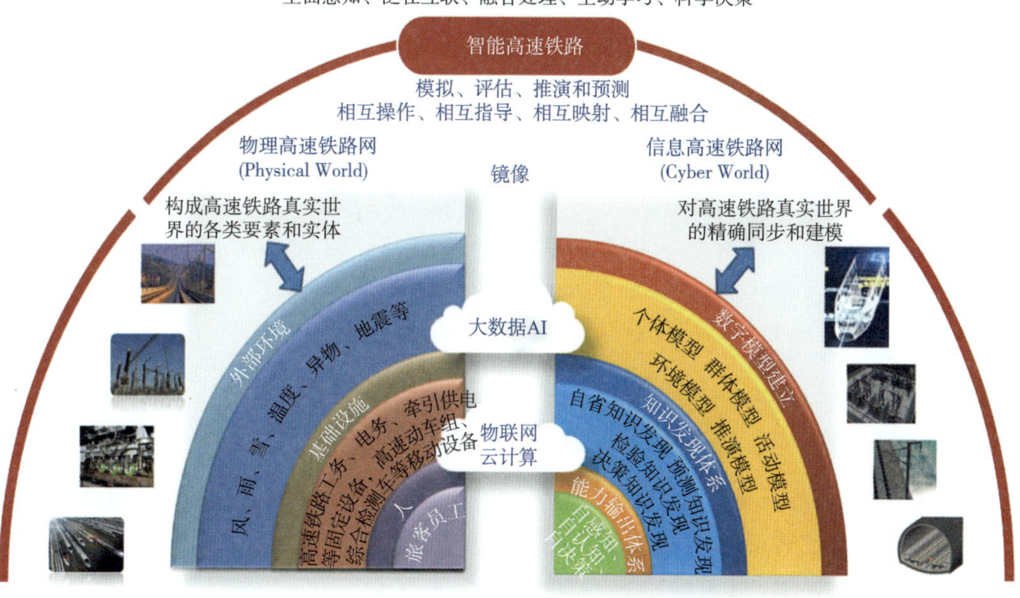

图 1—29　基于信息物理融合系统的智能高速铁路蓝图

通信、计算、控制。物理高速铁路网中的实体和信息高速铁路网中的数字模型是一一对应并且相互通信的。实体具备数据收集、计算和数据传输能力，实时将物理高速铁路网中获取的信息传送给信息高速铁路网中的数字模型，通过将低成本计算放在物理高速铁路网中和将高成本计算放在信息高速铁路网中形成混合计算，实现智能高速铁路整体计算能力的高效利用。通过改造数字模型，可以使物理实体更智能地理解问题和处理问题，最终达到全面感知所有物理实体的状态，实现实体和实体间、实体和模型间、模型和模型间的泛在互联，使每一个物理设备都具有计算、通信、精确控制、远程协调和自我管理等功能。通过信息空间和物理空间的融合处理，使得智能高速铁路整体系统具备主动学习和科学决策能力，实现高速铁路的全生命周期一体化和智能化管理。

基于物理高速铁路网和信息高速铁路网的融合互操作，未来的智能高速铁路将围绕全生命周期一体化管理构建智能建造、智能装备、智能运营、AI 平台等成套理论和技术体系，构建新一代高速铁路系统。

二、中国智能高速铁路战略阶段

基于智能高速铁路蓝图，通过智能高速铁路发展的战略目标分解得到三十三项主要战略任务，见表 1—2。智能建造领域的主要任务包括八项，即基于 BIM 的智能建造标准体系；基于 BIM&GIS 融合的智能选线、测绘与勘察；基于 BIM 的智能化施工；BIM 的三维协同辅助设计；建设与运维一体化的全生命周期管理体系；BIM 与工程机械的深度融合，智能建造技术广泛应用；无人自主智能机械施工、无人智慧工地，实现精准施工，绿色节能；更高速度高速铁路智能建造技术。智能装备领域的主要任务包括十项，即自学习、自适应谱系化智能动车组；虚拟化、稀疏化轨旁设备信号系统；列车移动闭塞；全面感知的全自动驾驶；全方位智能安全保障体系；探索基于智能设计与制造的自我修复型智能动车组；探索全自动无人驾驶；动态近距离的列车移动追踪；可储能源的绿色无线供电技术；基于量子等新技术的智能安全体系。智能运营领域的主要任务包括八项，即复杂路网综合协同指挥的智能调度；智能化、柔性化、多样化的客运列车开行方案；全方位、全过程信息综合无干扰主动服务；融合多种交通模式的全程畅行；跨专业一体化运维；无人条件下站车智能服务；极端复杂情况下高速铁路智能容错理论与技术；装备自主智能检修。AI 平台领域的主要任务包括七项，即智能高速铁路体系架构；物理铁路-数字铁路融合互操作；铁路人工智能平台；大数据资源湖；云计算与边缘计算融合；全连接铁路智联网；知识自学习与自思考。

表 1—2　智能高速铁路战略任务详情

序　号	三大板块	智能高速铁路战略任务
1	智能建造	基于 BIM 的智能建造标准体系
2		基于 BIM&GIS 融合的智能选线、测绘与勘察
3		基于 BIM 的智能化施工
4		BIM 的三维协同辅助设计
5		建设与运维一体化的全生命周期管理体系
6		BIM 与工程机械的深度融合，智能建造技术广泛应用
7		无人自主智能机械施工、无人智慧工地，实现精准施工，绿色节能
8		更高速度高速铁路智能建造技术
9	智能装备	自学习、自适应谱系化智能动车组
10		虚拟化、稀疏化轨旁设备信号系统
11		列车移动闭塞
12		全面感知的全自动驾驶
13		全方位智能安全保障体系
14		探索基于智能设计与制造的自我修复型智能动车组
15		探索全自动无人驾驶
16		动态近距离的列车移动追踪
17		可储能源的绿色无线供电技术
18		基于量子等新技术的智能安全体系
19	智能运营	复杂路网综合协同指挥的智能调度
20		智能化、柔性化、多样化的客运列车开行方案
21		全方位、全过程信息综合无干扰主动服务
22		融合多种交通模式的全程畅行
23		跨专业一体化运维
24		无人条件下站车智能服务
25		极端复杂情况下高速铁路智能容错理论与技术
26		装备自主智能检修
27	AI 平台	智能高速铁路体系架构
28		物理铁路-数字铁路融合互操作
29		铁路人工智能平台
30		大数据资源湖
31		云计算与边缘计算融合
32		全连接铁路智联网
33		知识自学习与自思考

对 33 项战略任务进行分析，以得出其三阶段发展战略内容。

1. 智能高速铁路战略任务阶段划分

根据每项战略任务智能化水平和技术成熟度情况，标定出该任务在智能高速铁路阶段矩阵图中的位置，如图 1—30 所示。横轴表示战略实施能力，纵轴表示战略前景潜力，按照高、中、低标准，将坐标图分成九个象限和三个区域，将智能高速铁路任务按照对应情况分别划分至相应区域。

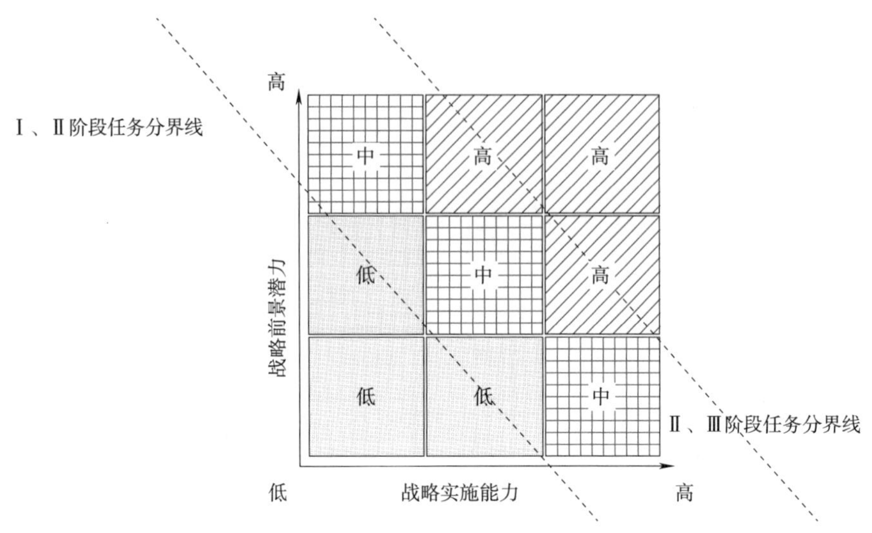

图 1—30　智能高速铁路阶段矩阵评价

根据任务与九象限三区域对应分析，分解定义出各任务的实施先后顺序，应在不同的时域对其进行重点研究。智能高速铁路战略任务经分析后处于“Ⅰ、Ⅱ阶段任务分界线”左侧的部分属于实施难度低，能在较短时间内实施完成并取得阶段性成果，定义为Ⅰ阶段任务；处于“Ⅰ、Ⅱ阶段任务分界线”与“Ⅱ、Ⅲ阶段任务分界线”之间的部分属于有一定实施难度且需要一段时间的发展和沉淀才能取得阶段性成果，定义为Ⅱ阶段任务；处于“Ⅱ、Ⅲ阶段任务分界线”右侧的部分属于实施难度大，需要相当长的时间发展才能取得阶段性成果，定义为Ⅲ阶段任务，如图 1—31 所示。

2. 智能高速铁路战略时域划分

智能高速铁路的发展离不开人工智能、大数据、云计算等信息新技术的支撑，以及智能交通、智慧民航、智能电网等交叉领域提供的实践参考，以时间为横坐标，以战略发展水平为纵坐标，对人工智能、新一代信息技术、信息通信、智慧城市、智能交通、智慧民航、智能电网、新型能源、先进材料等九大交叉领域的发展趋势进行分析，如图 1—32 所示。

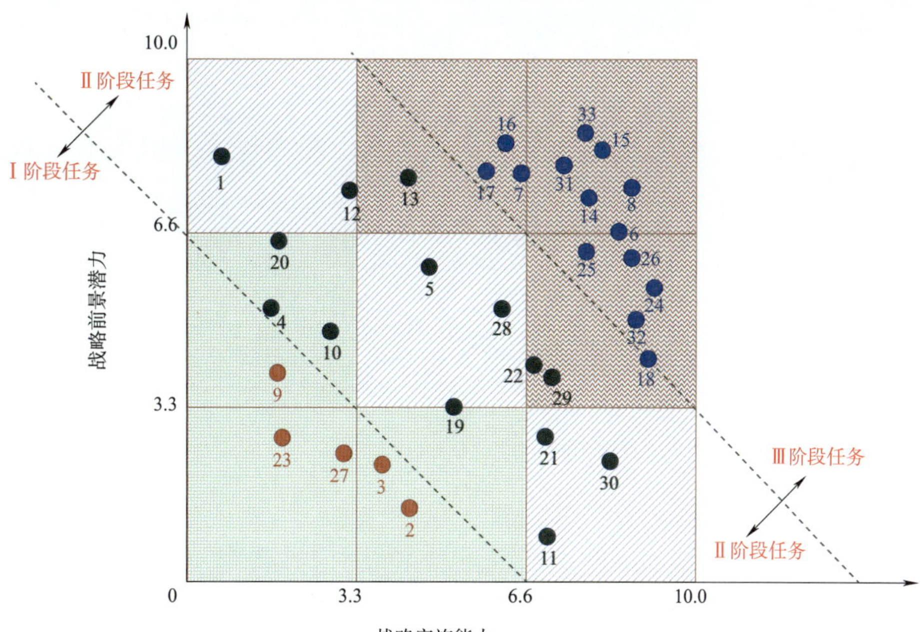

1.基于BIM的智能建造标准体系
2.基于BIM&GIS融合的智能选线、测绘与勘察
3.基于BIM的智能化施工
4.实现BIM的三维协同辅助设计
5.建设与运维一体化的全生命周期管理体系
6.BIM与工程机械的深度融合，智能建造技术广泛应用
7.无人自主智能机械施工、无人智慧工地，实现精准施工、绿色节能
8.更高速度高速铁路智能建造技术自学习
9.自学习、自适应谱系化智能动车组
10.虚拟化、稀疏化轨旁设备信号系统
11.列车移动闭塞
12.全面感知的全自动驾驶
13.全方位智能安全保障体系
14.探索基于智能设计与制造的自我修复型智能动车组
15.探索全自动无人驾驶
16.动态近距离的列车移动追踪
17.可储能源的绿色无线供电技术
18.基于量子、区块链等新技术智能安全体系
19.复杂路网综合协同指挥的智能调度
20.智能化、柔性化、多样化的客运列车开行方案
21.全方位、全过程信息综合无干扰主动服务
22.融合多种交通模式的全程畅行
23.跨专业一体化运维
24.无人条件下站车智能服务
25.极端复杂情况下高速铁路智能容错理论与技术
26.装备自主智能检修
27.智能高速铁路体系架构
28.物理铁路-数字铁路融合互操作
29.铁路人工智能平台
30.大数据资源湖
31.云计算与边缘计算融合
32.全连接铁路智联网
33.知识自学习与自思考

图 1—31　智能高速铁路阶段矩阵评价结果

在智能高速铁路的交叉领域发展趋势平面中出现了三个聚集点，分别为 2020 年前后、2025 年前后与 2035 年前后，每个聚集点表明不同的交叉领域将在该时间段出现较为显著的突破。其中，在 2020 年左右，我国坚强电网初步建成，5G 商用日趋成熟，量子技术实现突破，三网融合推广范围持续扩大，人工智能技术快速发展；在 2025 年左右，我国基本实现工业化，重点领域制造业迈入先进行列，智慧民航、新能源汽车蓬勃发展，基本建成绿色、智慧交通体系，人工智能应用范围继续扩大；在 2035 年左右，智慧城市等新型城市持续发展，车联网体系逐渐形成，人工智能基础理论实现重大突破。

全域规模期
创新实践期
建设发展期
概念启动期
1990年代
2000
2010
2018
2020
2025
2035
2050
扩大投资规模
全球占比超16%
市场份额95%
世界人工智能核心
车联网体系
宽带中国量子技术
中国制造2025
新型城市发展
基础理论重大突破
移动用户规模扩大
坚强电网
规模建设
高端材料自主创新
大规模建设
人工智能大量应用
可再生能源法
可再生能源中期规划
民航智慧化发展
新一代信息技术
先进材料
智能交通
智慧城市
人工智能
智慧民航
新型能源
智能电网
信息通信

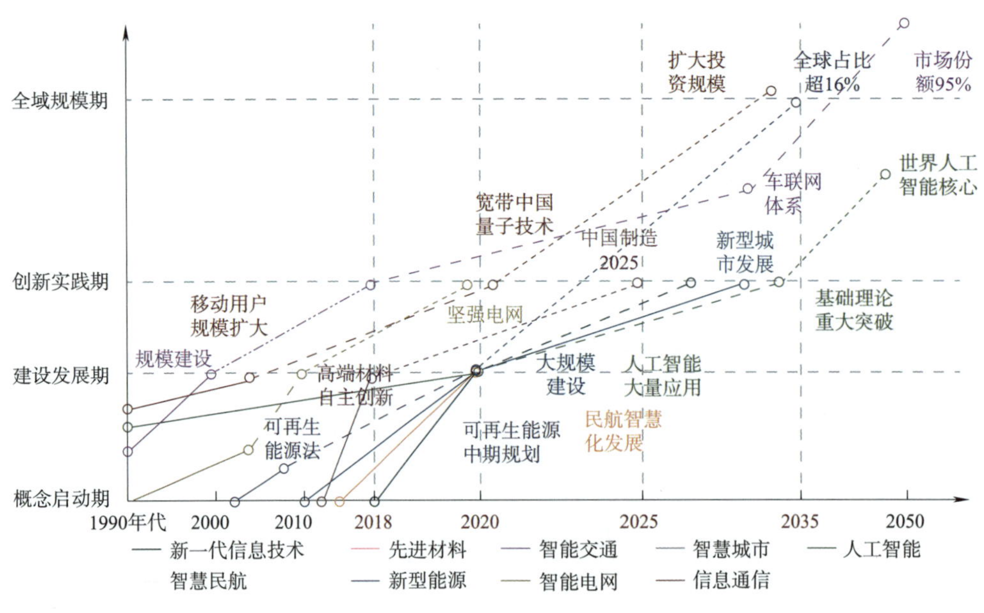

图 1—32　智能高速铁路交叉领域发展规划

综上所述，2020 年、2025 年、2035 年三个聚集点之间形成了三个较为连续、完整的发展阶段区间，以此为依据划分战略时域，从智能建造、智能装备、智能运营、AI 平台等四个方面制定发展路线图，有利于合理划分智能高速铁路的发展阶段。

3. 智能高速铁路三阶段发展战略

综合以上分析，结合任务实施难度和技术发展趋势，智能高速铁路可按照以下三个阶段推进实施，即近期（2018—2020 年）、短期（2021—2025 年）、远期（2026—2035 年）三个阶段，如图 1—33 所示。

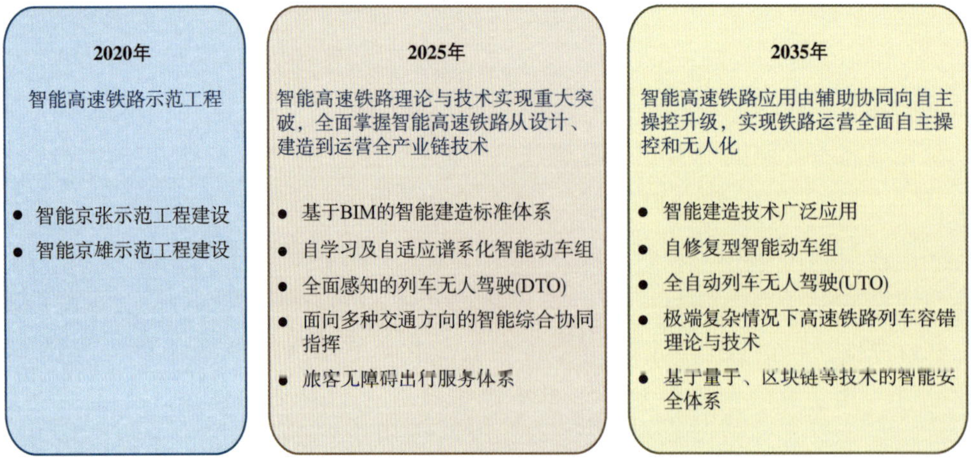

2020年
智能高速铁路示范工程
智能京张示范工程建设
智能京雄示范工程建设
2025年
智能高速铁路理论与技术实现重大突破，全面掌握智能高速铁路从设计、建造到运营全产业链技术
基于BIM的智能建造标准体系
自学习及自适应谱系化智能动车组
全面感知的列车无人驾驶(DTO)
面向多种交通方向的智能综合协同指挥
旅客无障碍出行服务体系
2035年
智能高速铁路应用由辅助协同向自主操控升级，实现铁路运营全面自主操控和无人化
智能建造技术广泛应用
自修复型智能动车组
全自动列车无人驾驶(UTO)
极端复杂情况下高速铁路列车容错理论与技术
基于量子、区块链等技术的智能安全体系

图 1—33　中国智能高速铁路阶段战略

（1）智能高速铁路创新示范阶段：2018—2020 年。重点打造智能高速铁路示范工程，以智能京张、智能京雄为依托，探索智能高速铁路建造、装备、运营三大板块智能化技术，智能高速铁路创新应用格局初步形成。

（2）智能高速铁路加速突破阶段：2021—2025 年。智能高速铁路理论与技术实现重大突破，全面掌握智能高速铁路从设计、建造到运营的全产业链技术。重点围绕基于 BIM 的智能建造标准体系、自学习及自适应谱系化智能动车组、全面感知的列车无人驾驶、面向多种交通方式的智能综合协同指挥、旅客无障碍出行服务体系等方面开展技术攻关与应用实践。

（3）智能高速铁路全面提升阶段：2026—2035 年。智能高速铁路应用由辅助协同向自主操控升级，实现铁路运营全面自主操控和无人化。重点围绕智能建造技术广泛应用、自修复型智能动车组、全自动列车无人驾驶、极端复杂环境下高速铁路列车容错理论与技术、基于量子等技术的智能安全体系等方面开展技术攻关与应用实践。

三、中国智能高速铁路战略与世界其他国家对比

中国智能高速铁路战略呈现出总体设计引领、示范应用先行、成套技术创新、适时迭代优化等特点，与世界其他国家数字化智能化战略相比，呈现出以下三方面特点，如图 1—34 所示。

1. 与其他国家的单项设计不同，我国更重视智能高速铁路系统顶层设计对实践的引领作用。由于智能高速铁路是一个以信息新技术与高速铁路深度融合、赋能赋智为主线，涵盖多个专业、多个部门、全生命周期的复杂系统，优先做好顶层设计极为重要。顶层设计的任务即采用系统整体思维，把复杂智能高速铁路系统分解为一组相互关联的组成部分，确定各组成部分及其形式与功能、各组成部分间关系以及与外部系统的边界关系。此外，顶层设计不是一成不变的，而是根据新技术的不断发展和应用需求的动态变化而迭代优化。而其他国家尚没有关于数字化智能化铁路体系架构的设计，多集中在单项系统的设计。

2. 在时间维度上早于其他国家，率先依托重大工程开展智能高速铁路应用示范。顶层设计和应用示范相辅相成，通过完整清晰的顶层设计指导试验验证和工程示范，此外通过试验和示范的效果反馈来驱动体系架构的优化，形成认识-实践-认识的完整反馈，更有利于发挥顶层设计对落地实践的指导作用。中国智能高速铁路计划在 2020 年前完成京张、京雄的工程示范，从时间维度上早于世界其他国家。京张高速铁路是 2022 年北京冬奥会的重要交通基础设施，京雄城际是千年大计雄安新区的重要交通保障，依托这两项重大工程将系统开展智能高速铁路的应用示范。

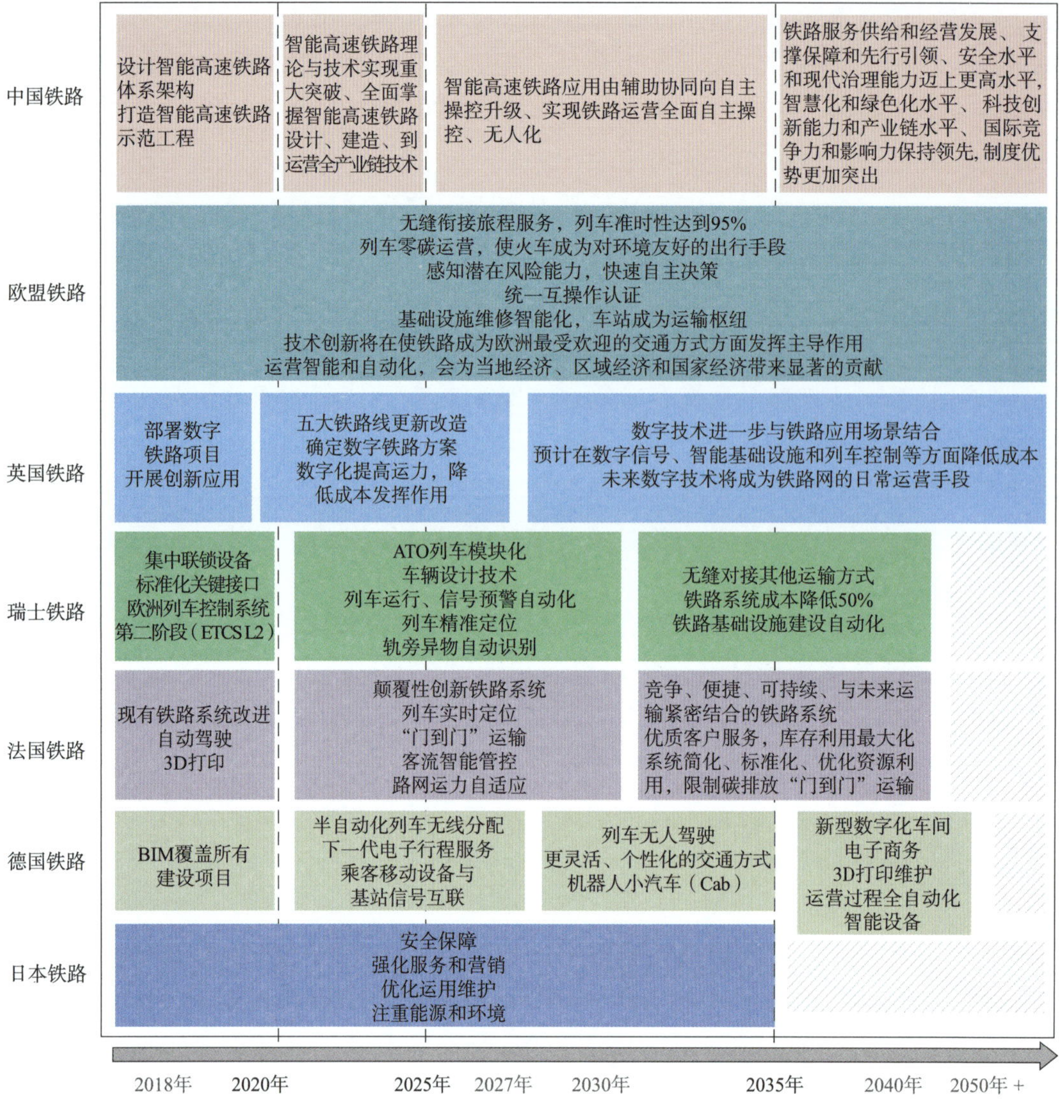

图 1—34 中国与其他国家（或地区）铁路数字化智能化发展战略对比

3. 与其他国家的局部应用不同，中国智能高速铁路更强化成体系技术的创新应用。其他国家主要集中于单项或某几项应用，中国智能高速铁路的顶层设计和应用实践都呈现出体系性和完整性特征，围绕智能建造、装备和运营等领域，系统安排多项相互关联、相互支撑的技术，在智能建造领域开展参数化协同设计、BIM+GIS工程管理平台、路桥隧轨智能施工、四电智能施工和客站智能施工等五类典型示范。智能装备领域开展智能动车组、高速列车自动驾驶系统、智能牵引变电所、智能灾害监测、一体化综合视频和基于BIM的智能综合检测六类典型示范。智能运营领域开展智能票务、智能站车CPS、智能调度集中系统（CTC）、工电供一体化运维系统、北斗应用和大数据中心等六大典型示范。

第二章
中国智能高速铁路体系架构

国内外大型复杂系统的建设经验表明，体系架构的研究和制定是系统建设的起点和依据。智能高速铁路系统作为一个涵盖建造、装备、运营多个业务领域、由多个子系统构成的复杂信息物理系统，集成了大量的监测、控制、管理等功能，大量的时间、空间、静态、动态信息，以及大数据、人工智能、物联网、下一代移动通信等多类高新技术，其通信需求、资源共享需求等也是广泛多样、无处不在。鉴于复杂系统的研发通常具有时空性和阶段性特征，既有按业务划分、分别建设、忽视资源共享的系统建设模式已无法适应新时期的挑战，因此迫切需要制定统一的体系架构来构建一个开放、可互操作、可定制、兼顾稳定性和灵活性的智能高速铁路系统。

第一节　体系架构概述及目的

一、智能高速铁路体系架构概述

智能高速铁路是在先进的信息、通信、控制等领域新技术的支撑下，研制智能设备和各类相关智能应用系统，并实现系统间的相互协作与协同，形成具备自感知、自诊断、自决策、自学习、自恢复等能力的新一代高速铁路系统，在业务范围上涵盖战略决策、运输生产、经营开发、资源管理、建设管理等高速铁路全部业务，在用户范围上包括了决策部门、业务部门、合作伙伴、其他交通方式、旅客等多角色主体。智能高速铁路不是先进信息、通信、控制技术在高速铁路各专业独立应用的简单叠加，而是通过不同业务领域、面向高速铁路生命周期不同阶段系统的集成融合，形成功能更强、效率更高、稳定性更好、集成度更高的信息物理系统。智能高速铁路系统的规划和建设需要一个较长的过程，在这一过程中需坚持可持续发展的原则和理念，因此构架系统时需对系统的服务对象、用户需求、功能定位、数据结构、安全保障等有较全面的考虑和规划，还要做到各子系统间、子系统与整体间的协调。

智能高速铁路体系架构为智能高速铁路的规划和建设提供了总体蓝图及顶层设计，它规定了系统的组成要素，确定了各要素之间的相互关系，为大系统的集成、研发、测试、运营等提供指导。体系架构作为一种重要的设计思想和方法论，能够为大型复杂系统提供强有力的总体设计手段，从顶层到底层、从整体到局部地优化系统内部各组成要素并进行系统设计，从而实现系统及系统组件间的功能协调、标准统一和资源共享，已在航天工程、智能交通、智慧城市等领域的复杂系统建设中得到了广泛应用。

国际标准化组织（IX-ISO）于2011年发布的《系统和软件工程　架构描述》（ISO/IEC/IEEE 42010：2011）将系统架构定义为：系统在其环境中的基本概念或属性，体现在其元素、关系以及设计和进化的原则中。

美国交通部在1997年1月公布的报告《The US National ITS Architecture》中对智能交通系统（Intelligent Transportation System，简称ITS）体系架构的内涵做了如下描述："国家的智能交通系统体系架构为智能交通系统的设计提供共同的结构。它不是系统设计，也不是设计概念。它所做的是定义一个平台，当需要维护上述共同的体系架构的利益时，围绕该平台能够开发出多种满足用户各自需要的经过修改的设计方法。体系架构定义了各种能够实现给定用户服务的功能、这些功能依托的物理实体（或子系统）、物理实体间的接口和信息流以及信息流对通信的要求。另外，体系架构还确定和解释了支持全国和区域互操作性的标准需求，以及在实施中支撑经济规模所需的产品标准。”

中国智能交通系统体系框架定义为：智能交通系统体系框架（也称为构架、框架、框架结构）是一个系统的体系和规格说明，它决定系统如何构成，确定功能模块以及允许模块间进行通信和协同的协议和接口。

国家标准《智慧城市　顶层设计指南》（GB/T 36333—2018）中规定：智慧城市总体架构包括业务架构、数据架构、应用架构、基础设施架构、安全体系、标准体系、产业体系等设计内容。

综上所述，结合智能高速铁路的特点和建设需求，提出智能高速铁路体系架构的定义，即智能高速铁路体系架构（IHSR System Architecture，简称 IHSR-SA）是从技术、数据、标准等维度对智能高速铁路包含的各组成部分及其相互关系进行的体系化、层次化、规范化设计。

二、智能高速铁路体系架构构建必要性

智能高速铁路体系架构构建的必要性主要包括以下四个方面。

1. 智能高速铁路是在我国铁路既有信息化建设基础上发展起来的，研究智能高速铁路体系架构对于引导我国智能高速铁路规划和建设，提高既有各类资源的利用率，避免重复研究和开发具有重要意义。

2. 智能高速铁路体系架构定义了中国智能高速铁路的建设范围和发展蓝图，确立了技术体系、数据体系和标准体系，为智能高速铁路发展战略和技术路线图的制定等提供指导。

3. 智能高速铁路体系架构明确了标准体系构成和核心标准要素集，为智能高速铁路相关标准的研究和制定提供了重要依据和指导，有利于确保标准的完备性、唯一性和一致性。

4. 智能高速铁路体系架构为智能高速铁路的设计、研发、试验和实施等提供了一个指导性文件，便于统一认识和系统协同，保证智能高速铁路的兼容性、可控性、可互操作性，提高智能高速铁路建设在时间、空间上的一致性和灵活性。

三、智能高速铁路体系架构构建原则

构建智能高速铁路体系架构应遵循先进性、可迭代优化性、开放性、可互操

作性、可定制性、可维护性、安全性等原则。

1. 先进性

智能高速铁路体系架构应当符合国际上先进技术发展的方向，能够满足中国高速铁路快速发展的需要。

2. 可迭代优化性

智能新技术的发展日新月异，由此带来的用户需求也多种多样，智能高速铁路体系架构应能集成应用不断出现的新技术，满足不断变化的需求，确保各组成系统向更高级阶段优化升级。

3. 开放性

智能高速铁路体系架构应具有开放性，使得符合智能高速铁路标准规范的系统易于互连。

4. 可互操作性

智能高速铁路是由多个系统构成的复杂信息物理系统，各子系统间存在着大量的信息交互和流程交互，智能高速铁路体系架构必须确保系统的可互操作性。

5. 可定制性

智能高速铁路体系架构应能根据不同领域用户的需求灵活定制，具有适应不同规模的版本，提高体系架构的适应性。

6. 可维护性

智能高速铁路系统是一个庞大的系统，而且是一个与人、社会相关的开放性系统，运行过程中难免出现故障，因此在制定体系架构时必须考虑到系统的可维护性。

7. 安全性

安全是智能高速铁路最为重要的问题，体系架构设计中应考虑物理、网络、数据、应用等层面的安全需求。

第二节　智能系统体系架构研究分析

一、典型行业智能系统体系架构现状

（一）智能交通

随着社会经济的发展、城市化进程的加快，交通拥挤、交通事故、环境污染、能源短缺等问题已经成为世界各国面临的共同问题。传统的依靠增加道路供应来

解决交通问题的方法是不可持续的，在此背景下构建智能交通系统，把交通基础设施、交通运载工具和交通参与者综合起来系统解决交通问题，成为交通领域的重要发展方向。

国际范围内有关智能交通系统的研究可以追溯到20世纪90年代末期，经过多年的探索和发展，美国、日本、欧盟、中国等国家和地区均开展了智能交通系统的体系架构设计和应用实践。

1. 美国

美国对智能交通系统的定义为：将信息处理、通信、控制及电子等技术应用于运输系统，以减少交通事故及拥挤，并提高运输效率。1993年美国交通部正式启动了智能交通系统体系架构开发计划，用于指导智能交通系统产品和服务的配置，在保持地区特色和灵活性的同时为全国范围内的智能交通系统兼容和协调提供保证。美国在1996年5月发布第一版国家智能交通系统体系架构V1.0以来，经过不断修改和完善，2019年10月发布了国家智能交通系统体系架构V8.3版本，如图2—1所示。

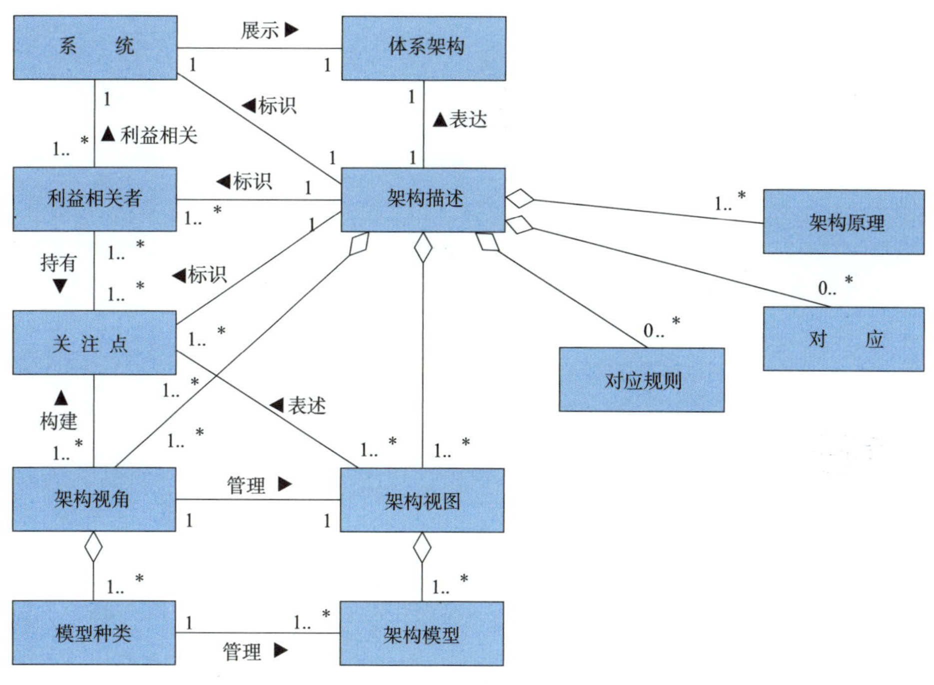

图2—1　架构描述概念模型

美国在不断完善智能交通系统体系架构修订工作的同时，也注重加强对体系架构的应用、推广以及与传统交通规划的结合。美国联邦公路局、联邦运输安全管理局于2001年4月规定各联邦资助的智能交通系统项目必须在国家智能交通系统体系架构和标准的基础上开展，并且各地区需要在国家体系架构指导下制定区域智能交通系统体系架构，对于未实施智能交通系统项目的地区，其区域智能交通系统体系架构要在其首个智能交通系统项目设计结束后四年内完成，以使各系统相互协调，减少系统重复建设。

美国国家智能交通系统参考架构 ARC-IT 8.3（The Architecture Reference for Cooperative and Intelligent Transportation）是基于《系统和软件工程　架构描述》（ISO/IEC/IEEE 42010：2011）的相关规定而建立的，在原有智能交通系统体系框架基础上融合了“连接车辆参考执行架构”（CVRIA）部分内容。该架构描述标准规定了系统架构描述（Architecture Description）的组织和表达方式，并详细说明了用于系统架构描述的关键要素，包括关注点（Concern）、利益相关者（Stakeholder）、架构框架（Architecture Framework）、架构视角（Architecture Viewpoint）、架构视图（Architecture View）、模型种类（Model Kind）、架构原理（Architecture Rationale）、模型描述语言（Architecture Description Languages）等。

ARC-IT 8.3 架构包括企业视图、功能视图、物理视图和通信视图四个视图，每个视图提供了不同的视角来描述体系架构，如图 2—2 所示。

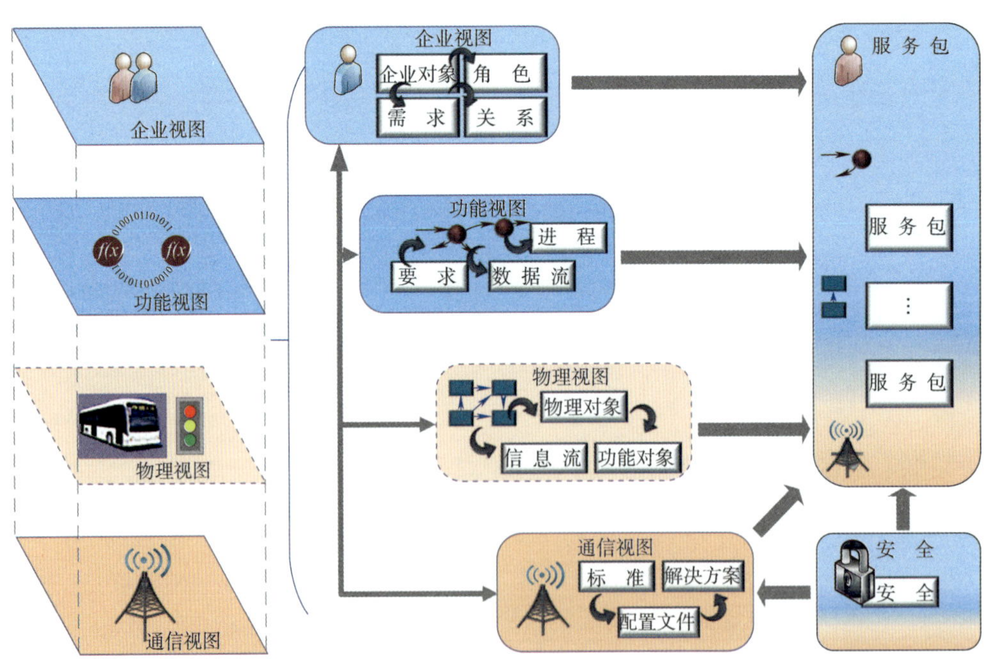

图 2—2　美国智能交通系统参考架构 ARC-IT 8.3

（1）企业视图从组织的视角描绘智能交通系统。它定义了与智能交通系统利益相关的组织机构或企业对象（规划、开发、运营、维护和使用智能交通系统的人和机构），并定义了利益相关者在智能交通系统中的角色和相互关系。此外，企业视图定义了各利益相关的机构及其客户对智能交通系统的需求。

（2）功能视图从功能的视角描绘智能交通系统。它定义了用以满足用户需求的功能要求，并以进程和数据流的形式结构化地描述为响应要求的功能和交互关系。

（3）物理视图定义了提供智能交通系统功能的物理对象，并以信息流表示物理对象间的信息交互。功能对象是物理视图子系统的构建模块，它将子系统分解为可部署大小的部分，并更具体地定义支持特定服务包所需的功能和接口。

（4）通信视图定义了物理对象间是如何交互的。它定义了组合到通信解决方案中的通信标准和配置文件，这些通信解决方案指定了如何在物理对象之间可靠和安全地共享信息。

2. 欧盟

欧洲对智能交通系统的定义为：将信息、运输和通信等技术应用于车辆及道路基础设施，以改善运输机动性，同时增进运输安全、减少交通拥挤及提高行车舒适程度，并降低环境影响。欧盟于 1998 年 4 月开始 KAREN（Keystone Architecture Required for European Networks）项目，奠定了开发欧盟智能交通系统体系架构的基础，如图 2—3 所示。

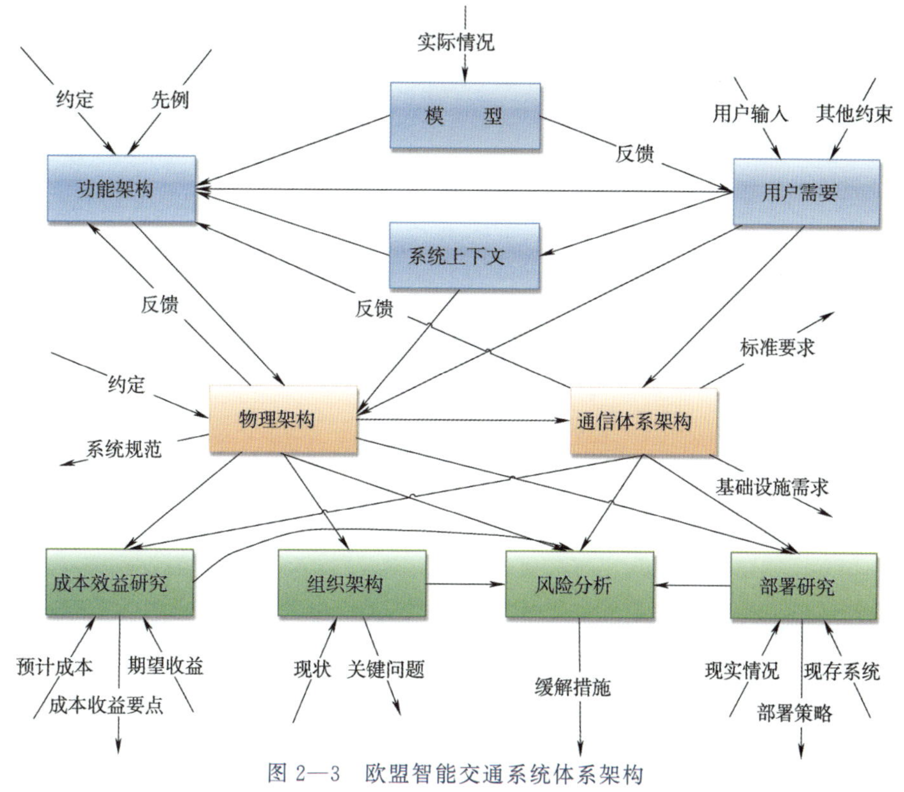

图 2—3　欧盟智能交通系统体系架构

欧盟智能交通系统体系架构也是从用户服务出发，针对系统模块进行组合得到具体可实施的系统。在欧盟智能交通系统体系架构发布后，意大利、法国等欧盟国家在此基础上也构建了适合本国国情的智能交通系统体系架构。

3. 日本

日本对智能交通系统的定义为：使用先进信息与通信技术，建立一个包括人、车辆及道路设施的综合系统。1996 年 7 月联合制定的《推进 ITS 总体构想》中提出了日本未来二十年智能交通系统的长期构想、智能交通系统开发和实施计划，以及智能交通系统功能目标的基本概念，定义了智能交通系统在九个领域的二十项服务，明确了政、产、学、研的合作开发机制。

日本于 1998 年 1 月着手制定国家智能交通系统体系架构，并于 1999 年 11 月完成。在 2003 年，推出了地区智能交通系统体系架构开发辅助支持系统，并以东京作为示范进行了应用。日本智能交通系统体系架构制定流程如图 2—4 所示。

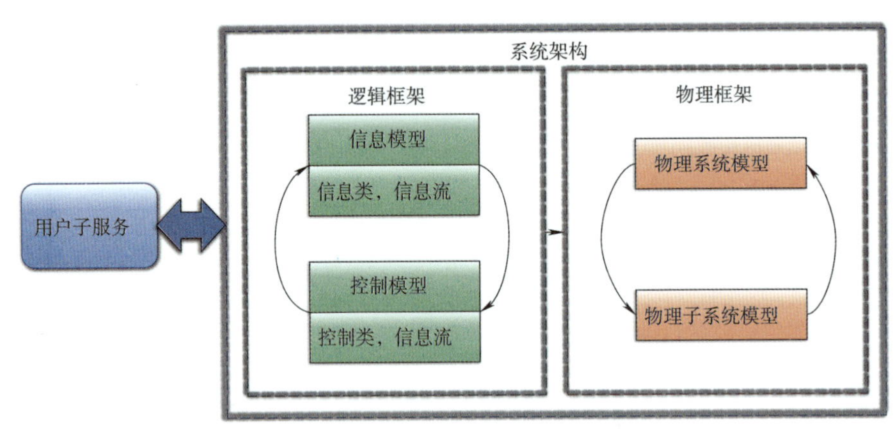

图 2—4 日本智能交通系统体系架构制定流程

日本智能交通系统体系架构的设计原则是所建立的体系结构应具有足够的灵活性，能适应社会需求变化和技术进步带来的剧烈变革，保障智能交通系统在信息和通信技术与设施基础上的社会相容性和关联性。日本智能交通系统体系架构最大特点是强调智能交通系统信息的交互和共享，整个智能交通系统建设是社会信息化（e-Japan）的一部分。体系框架总体内容上分为用户服务、应用逻辑视图、物理框架三大部分。在逻辑架构构建中，通过对智能交通系统抽象，建立信息模型描述智能交通系统涉及的各对象间信息交互关系，通过建立控制模型实现各项用户服务，包括先进的导航系统、自动收费系统、安全驾驶支持、交通管理最优化、道路管理效率化、公共交通支持、商用车辆运营效率化、行人支持、紧急车辆的行驶支持等；在物理框架构建中，针对智能交通系统中每项用户服务给出相应的物理实现系统。

（二）智慧城市

智慧城市是运用物联网、云计算、大数据、空间地理信息集成等新一代信息技术，促进城市规划、建设、管理和服务智慧化的新理念和新模式。智慧城市的内涵主要体现在三个方面：一是整合与优化资源配置，通过收集、跟踪、集成、共享及分析城市中的各类信息，有效整合、规划、管理城市中的各类资源；二是应对和解决现代城市问题，通过智能感知、分析和优化处理水资源短缺、环境污染、能源紧张、土地约束、人口膨胀和道路拥堵等现代城市问题，实现城市的可持续发展；三是提升城市综合竞争力，采用智慧众筹、开放创新和智慧服务等理念，改进、优化城市经济，提升产业能级，改善城市生活服务，提升市民健康指数、安全度和幸福感等，全面提升城市文明程度和生活品质。

2018 年 6 月，国家市场监督管理总局、中国国家标准化管理委员会联合发布国家标准《智慧城市　顶层设计指南》（GB/T 36333—2018），规定了智慧城市顶层设计的总体要求、基本过程及需求分析、总体设计、架构设计、实施路径设计等，如图 2—5 所示。

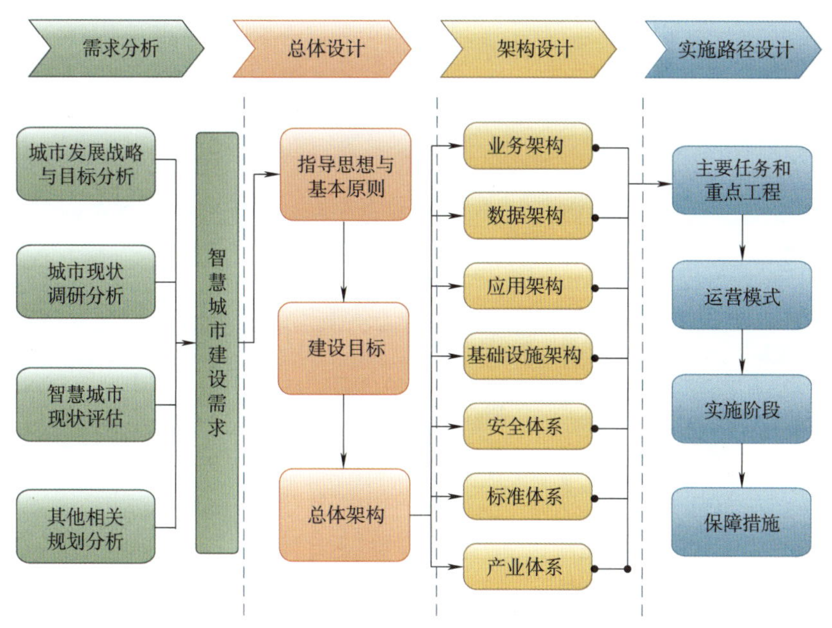

图 2—5　中国智慧城市顶层设计基本过程

依据智慧城市建设的业务需求，分析业务方、服务对象、业务渠道等因素，梳理、构建形成智慧城市的业务架构。业务架构为多级结构，从城市功能、政府职能、行业领域划分等维度进行层层细化与分解，如图 2—6 所示。

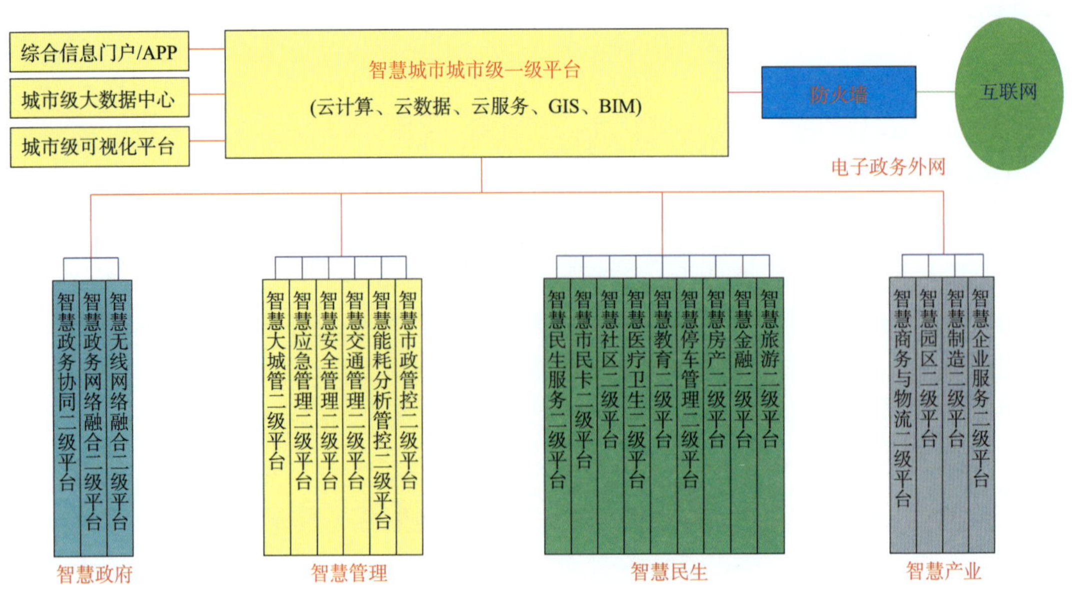

图 2—6　智慧城市业务架构

按照业务架构进行分级分类构建智慧城市数据架构，包括一级大数据库、行业二级主题数据库、业务三级应用数据库，实现三级数据库架构的分层、分类、综合、一体化的数据交换与共享体系，如图 2—7 所示。

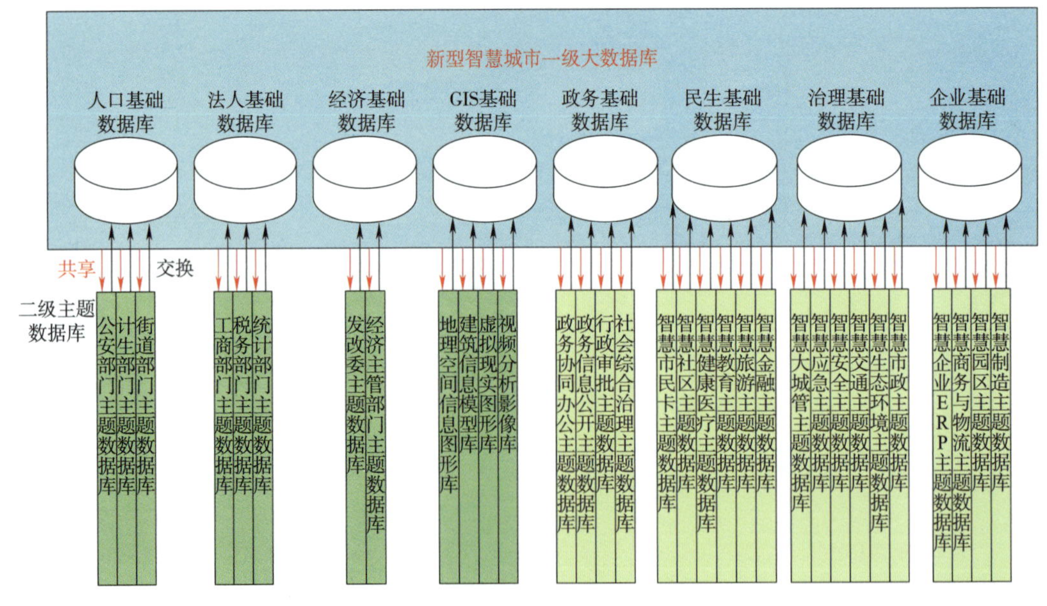

图 2—7　智慧城市数据架构

按照业务架构和数据架构进行分级分类构建智慧城市应用架构，包括智慧城市业务平台与数据库之间的系统、节点、接口、互联互通、共享交换、业务协同应用架构的规划和设计，如图 2—8 所示。

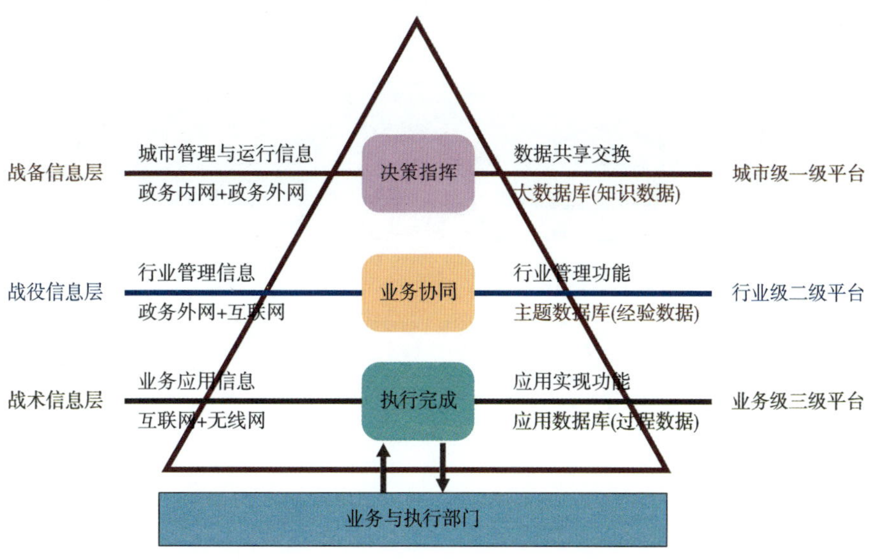

图 2—8　智慧城市应用架构

（三）智能电网

坚强智能电网是以特高压电网为骨干网架、各级电网协调发展的坚强网架为基础，以通信信息平台为支撑，具有信息化、自动化、互动化特征，包含电力系统的发电、输电、变电、配电、用电和调度各个环节，覆盖所有电压等级，实现“电力流、信息流、业务流”的高度一体化融合的现代电网。坚强智能电网主要特征如下所述。

（1）坚强可靠：是指拥有坚强的网架、强大的电力输送能力和安全可靠的电力供应，从而实现资源的优化调配、降低大范围停电事故的发生概率。在故障发生时，能够快速检测、定位和隔离故障，并指导作业人员快速确定停电原因恢复供电，缩短停电时间。

（2）经济高效：是指提高电网运行和输送效率，降低运营成本，促进能源资源的高效利用。

（3）清洁环保：在于促进可再生能源发展与利用，提高清洁电能在终端能源消费中的比重，降低能源消耗和污染物排放。

（4）透明开放：是指为电力市场化建设提供透明、开放的实施平台，提供高品质的附加增值服务。

（5）友好互动：是指灵活调整电网运行方式，友好兼容各类电源和用户的接入与退出，激励电源和用户主动参与电网调节。

中国坚强智能电网的基本架构立足于系统化、体系化、全方位的设计理念，其体系架构主要由发展基础体系、技术支撑体系、智能应用体系和标准规范体系四大部分构成，如图 2—9 所示。

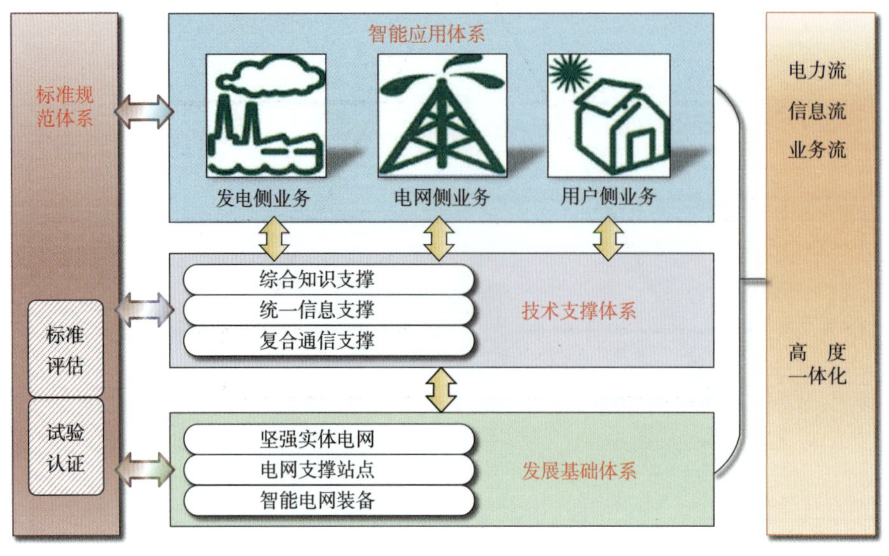

图 2—9　坚强智能电网基本架构

1. 发展基础体系

发展基础体系指电网系统的物理载体，是实现“坚强”的重要基础。发展基础体系主要由三大部分组成，一是特高压电网为骨干网架、各级电网协调发展的实体电力网络；二是电网支撑站点（包括变电站/换流站、电网储能点、电网补偿点、配网控制点等），是实现坚强智能电网各项应用功能的基础，也是支撑实体坚强智能电网的关键；三是电网设备和满足电网安全经济运行、灵活可靠的各种坚强智能电网装备。三者将构成坚强智能电网的物理基础。

2. 技术支撑体系

坚强智能电网实现电力流、信息流、业务流一体化的支撑前提在于信息的无损采集、流畅传输、有序应用。各个层级的通信支撑体系是坚强智能电网信息运转的有效载体，是坚强智能电网坚实的信息传输基础。通过充分利用坚强智能电网多元、海量信息的潜在价值，挖掘其背后所蕴含的知识，服务于坚强智能电网生产流程的精细化管理和标准化建设，提高电网调度的智能化和科学决策水平，提升电力系统运行的安全性和经济性。

3. 智能应用体系

智能应用体系应涵盖发电侧、电网侧、用电侧的相关业务，推动技术创新与进步，促进清洁环保能源发展，提高能源投资及利用效益，增进电网与环境、社会和用户之间的和谐发展。

4. 标准规范体系

标准规范体系指技术、管理方面的标准、规范，以及试验、认证、评估体系，是建设坚强智能电网的制度保障。

二、智能系统体系架构构建方法分析

智能交通、智慧城市、智能电网等复杂系统体系架构的设计方法主要基于两类基本方法论，即信息系统开发方法和企业架构（EA）方法，智能交通系统的体系架构大多基于信息系统架构设计，我国智慧城市、国家电网体系架构主要在EA架构基础上构建。

（一）信息系统架构方法

在信息系统开发领域，主要有两种用于复杂信息系统建模的方法，即面向过程方法和面向对象方法。

面向过程方法主要运用抽象模型的概念，按照系统内部信息的传输关系，从系统中数据流的角度来刻画系统的功能，采用自顶而下、逐步分解的方法对系统进行结构化分析，设计出与各类用户服务相应的一系列结构相互独立、功能单一的功能模块，这些模块之间通过数据流来实现相互联系。通常采用数据流图的方法描述该过程。面向过程方法适合于需求分析阶段的建模，其优点是以功能为中心、结构清晰、易于理解和把握，而且便于实际部署和实现；缺点是功能和数据的分离会导致灵活性有些欠缺。

面向对象方法借鉴面向对象软件工程的方法，将完成系统功能的组成部分抽象成具体实体、属性和行为能力的对象，将功能（方法）与数据（属性）封装在一起，通过对象之间的协同工作实现系统功能。采用统一建模语言（UML）及相应的开发工具进行开发和表达。面向对象方法的优点是实现了功能与数据的统一，使对象之间的依赖达到最小，具有较好的适应性及伸缩性；缺点主要是过于抽象，可理解性相对不足。

1. 面向过程方法

在智能交通系统体系架构开发过程中，借鉴软件工程中系统分析方法对智能交通复杂系统进行分析。按照结构化方法步骤，采用结构化分析方法对系统需求和功能进行系统分析，采用面向数据流的结构化设计方法构建系统结构，逐步对用户服务进行功能分解，对功能实现进行模块化，从而得到智能交通系统体系架构。美国和欧盟考虑到面向过程方法在易用性、可理解性、精确性等方面有较大优势，因此率先在进行智能交通系统体系架构设计时采用面向过程方法。

美国国家智能交通系统架构开发以面向过程方法为指导，利用系统分析思想融合了智能交通系统规划、建设、运营经验，制定了智能交通系统体系架构设计方法，即智能交通系统合作开发方法论（ITS Cooperative Development Methodology，简称 ITS-CDM），如图 2—10 所示。

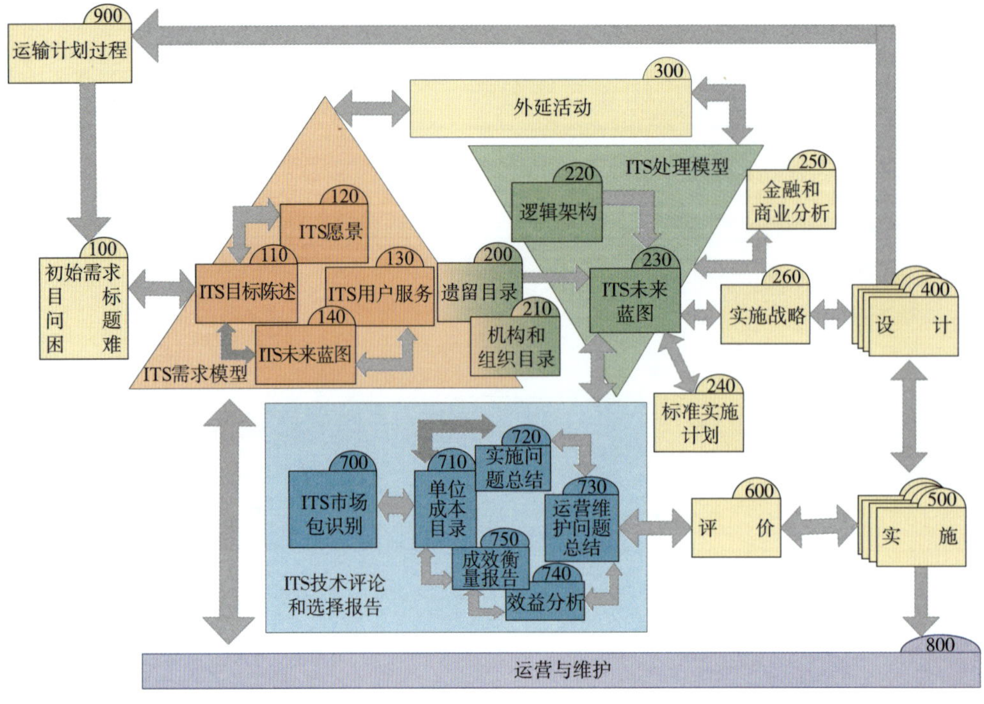

图 2—10 美国智能交通系统合作开发方法论

ITS-CDM 从初始需求开始，通过智能交通系统需求模型和智能交通系统处理模型之间的迭代优化，输出较为稳定的实施战略与设计方案，对其实施和评估，并在实际生产经营过程中总结经验以持续优化。智能交通系统体系架构包括用户服务、逻辑架构、物理架构、相关标准等内容，如图 2—11 所示。

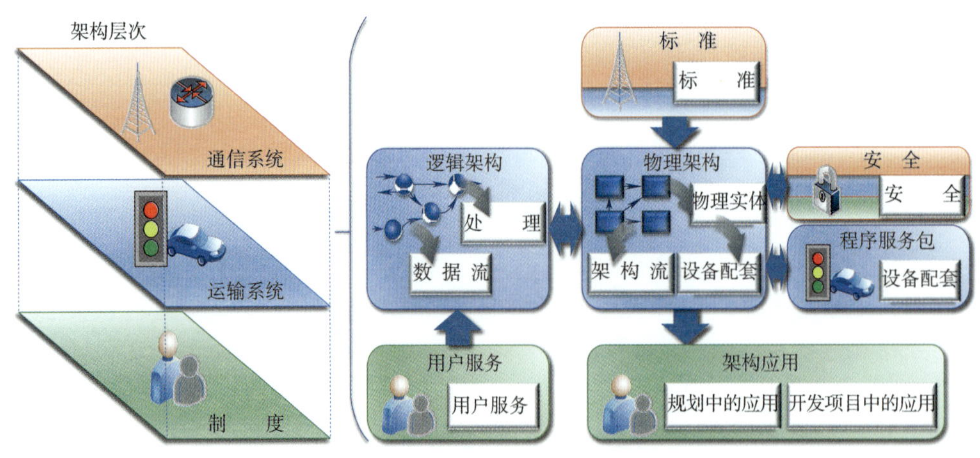

图 2—11 美国智能交通系统体系架构主要构成

（1）用户服务（User Services）：从用户的角度描述了智能交通系统应该做什么。

（2）逻辑架构（Logical Architecture）：确定为了满足用户服务而应当具备的功能。

（3）物理架构（Physical Architecture）：将逻辑架构中的过程和数据流模型化、实体化，把功能相近的物理实体归结为具体的系统和子系统；主要由物理实体和框架流组成，物理实体包括构成智能交通系统的子系统和终端，各物理实体间通过框架流将智能交通系统连接成为整体。

2. 面向对象方法

面向对象方法的出发点是尽可能模拟人类习惯的思维方式，使信息系统开发方法与过程尽可能接近人类认识世界、解决问题的方法和过程，使描述问题的问题空间与现实解法的解空间在结构上尽可能一致。因此，在面向对象方法指导下的系统分析，不是把系统组成看作是工作在数据上的一系列过程或函数的集合，而看作是相互协作而又彼此独立对象的集合。

面向对象方法同样是建立在需求分析的基础上，在系统设计阶段，分析和设计之间的界限并不像面向过程方法那样明确。日本智能交通系统体系架构是在对美国和欧盟的智能交通系统体系架构进行适当裁减的基础上形成的，系统的功能需求相对明确，因此采用了灵活性好的面向对象方法，其设计方法为：针对智能交通系统涉及的人、物、组织等进行分析抽象，得到“类-对象”，进而构建对象模型。此模型的构建需要对智能交通系统进行细致的分析，其模型的准确程度直接影响到智能交通系统体系架构的构建。日本智能交通系统应用逻辑视图中建立了详细的对象模型，包括整体模型（针对整体智能交通系统或几个服务领域共有的内容）和详细模型（针对单个服务），分别从总体和动态两个视角进行分析，给出对应于整体模型、详细模型的核心模型、细节模型，如图 2—12 所示。

3. 面向过程与面向对象方法比较

面向过程方法与面向对象方法本质是一致的，其核心都是对系统功能进行详细的描述分析。两种方法主要是在思维方式上存在差异，使得不同方法所得到的智能交通系统体系架构是从不同的角度对系统的描述，具有不同的特点。两种方法对比分析见表 2—1。

面向过程和面向对象设计方法各有优劣，面向过程方法比较简单实用，但对于比较复杂的系统，当需要新增用户服务时，修订比较麻烦；面向对象方法需要针对各服务逐一进行逻辑分析，前期工作量大，但后期更新维护相对方便。

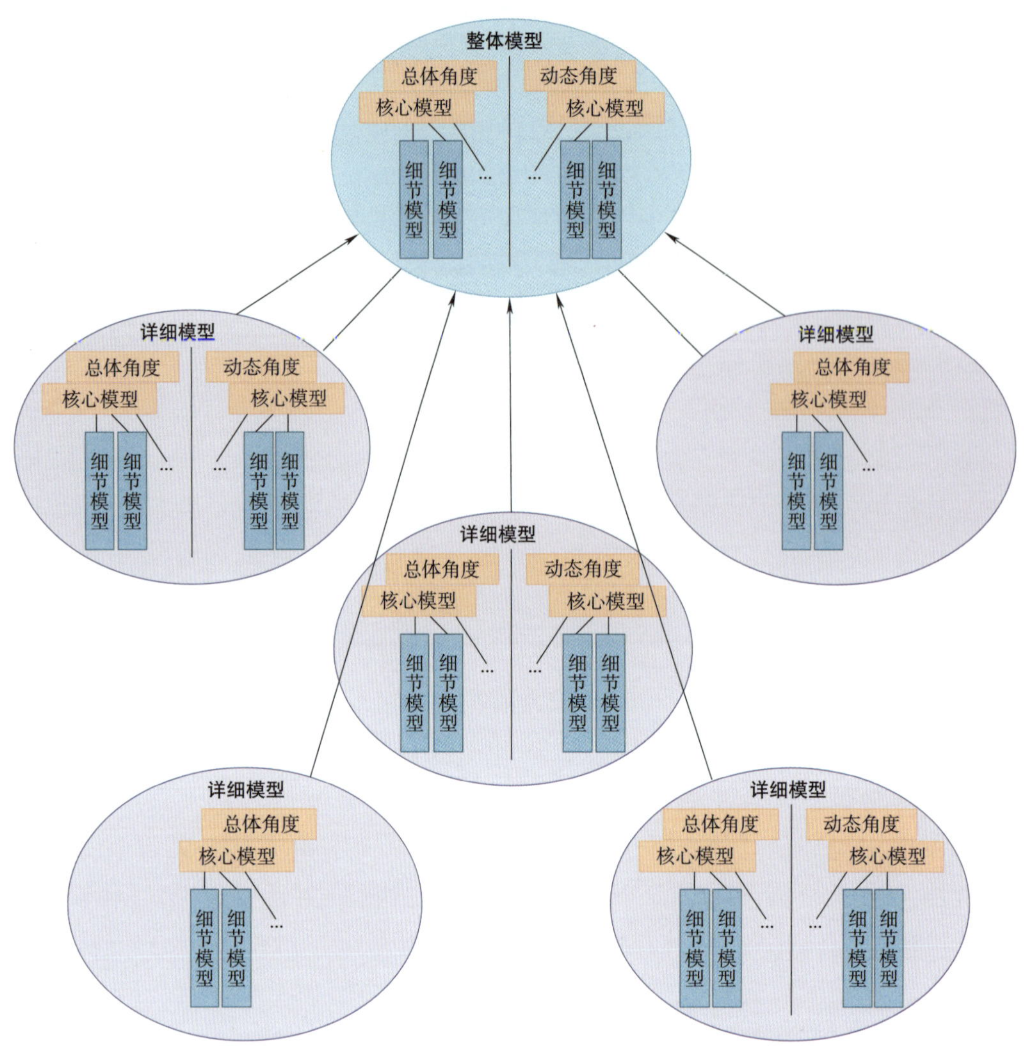

图 2—12　日本智能交通系统应用逻辑视图信息模型

表 2—1　面向过程方法与面向对象方法对比分析

比较内容	面向过程方法	面向对象方法	比　　较
思维方式	从功能进程的角度对各项服务进行分析，认为系统由各功能共同作用完成	从系统涉及对象角度分析，认为系统由对象及其之间关系组成	面向过程方法适用于数据处理领域的问题，把系统组成看作是工作在数据上的一系列过程或函数的集合；面向对象方法符合人类认识世界的习惯，把系统看成是相互协作而又彼此独立的对象集合
更新维护	当修改、新增服务时，需要按照框架开发步骤进行，并要与有关内容相融合	当修改、新增服务时，找出相关的对象类等，对其中的内容进行修改	面向过程方法更新需要涉及整个框架内容，容易遗漏；面向对象方法仅需更改相关对象类的局部内容

续上表

比较内容	面向过程方法	面向对象方法	比　较
应用逻辑视图建模简易程度	主要通过数据流图表现其逻辑功能元素及其关系	需要建立对象模型、动态模型、功能模型来描述逻辑功能元素	面向过程方法较为简单；面向对象方法逻辑建模相对复杂
物理模块化便利性	—	针对每项用户服务对应的逻辑功能元素进行分析，分析工作量较大	面向对象方法对逻辑功能元素进行模块化，需要对各逻辑功能元素的物理实现进行多方面分析，工作量较大

（二）企业架构方法

企业架构是针对复杂系统中具有的体系性、普遍性问题而提供的通用解决方案。1987 以来世界范围内很多组织与专家都试图对企业架构的内涵进行定义，目前国际上主流的企业架构方法主要包括开放组体系结构框架（如 TOGAF）、Zachman 架构框架、联邦总体架构框架（如 FEAF/CIO 协会框架）等。

1. 开放群组架构框架 TOGAF

开放群组架构框架（The Open Group Architecture Framework，简称 TOGAF）是一个架构框架或工具，用来指导架构的创建、使用和维护；它基于一个迭代的过程模型，由一些最佳实践和一套可重用的已有架构资产支持，由国际标准权威组织 The Open Group 制定，描述了如何定义业务架构、数据架构、应用架构和技术架构。业务架构、数据架构、应用架构和技术架构之间的逻辑关系如图 2—13 所示。

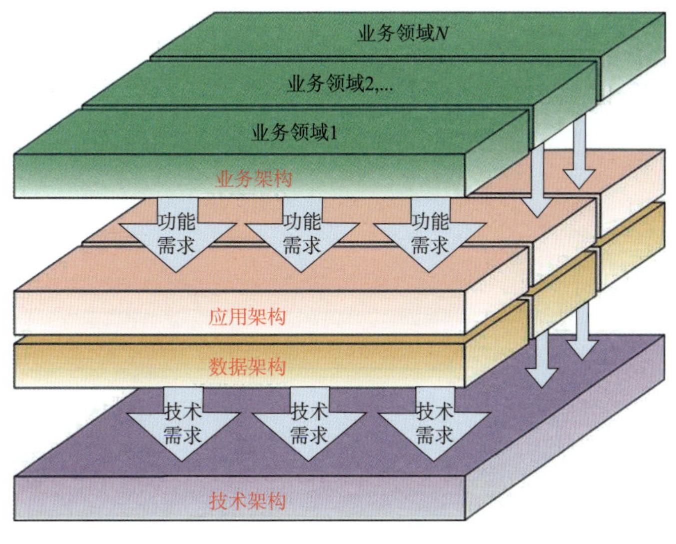

图 2—13　四个架构间逻辑关系

（1）业务架构：业务战略、治理、组织和关键业务流程。

（2）数据架构：组织的各类逻辑和物理数据资产及数据管理资源的结构。

（3）应用架构：描述被部署的单个应用系统、系统之间的交互，以及它们与组织核心业务流程之间关系的蓝图。

（4）技术架构：对于支持业务、数据和应用服务部署必需的逻辑软、硬件能力，包括 IT 基础设施、中间件、网络、通信、部署处理和相关标准等。

开放群组架构框架利用其核心架构开发方法 ADM（Architecture Development Method）来实现对上述架构的构建。ADM 是一套经过高度抽象的方法论，用来指导企业建立和维护其企业架构的一套流程化方法，指导企业在不同层次（业务、应用、数据、技术）上进行架构设计。ADM 定义了十个步骤，除“需求管理”位于各个步骤中心作为其他步骤的驱动和管理办法外，其他九个步骤具有先后关系，即前面步骤的输出作为后面步骤的输入。ADM 实施过程如图 2—14 所示。

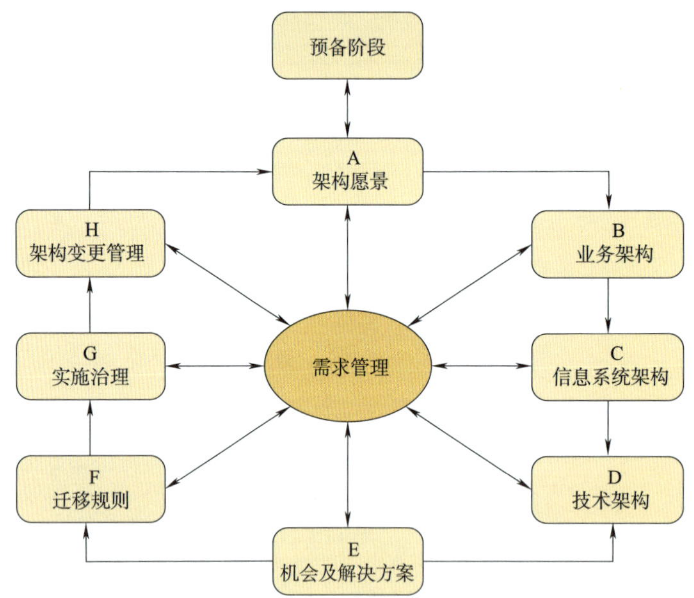

图 2—14　ADM 实施过程

2. Zachman

Zachman 框架是由约翰·扎科曼（John Zachman）在 1987 年创立的全球第一个企业架构理论，如图 2—15 所示。

Zachman 框架模型横向维度采用 6W（What、How、Where、Who、When、Why）进行组织，分别由数据、功能、网络、人员、时间、动机对应回答 What、How、Where、Who、When 与 Why 这六个问题；纵向维度反映了 IT 架构层次，从上到下分别为范围模型、企业模型、系统模型、技术模型、详细模型、功能模型。

	数据 什么(What)	功能 如何(How)	网络 哪里(Where)	人 谁(Who)	时间 何时(When)	原因 为什么(Why)
范围模型 (上下文的) 规划者	对业务具有重要意义的事务的列表 实体=业务事务的分类	业务所执行流程的列表 实体=业务流程的分类	业务运行所在的地点 节点=主要的业务位置	对业务重要的组织列表 人员=主要组织单元	对业务的事件或周期 时间=主要的业务事件和周期	业务目标和战略列表 结果/方式=主要业务目标和战略
企业模型 (概念上的) 拥有者	例如：语义模型 实体=业务实体 限制=业务关系	例如：业务流程模型 流程=业务流程 输入/输出=业务资源	例如：业务物流系统 节点=业务位置 连接=业务联动关系	例如：工作流模型 人员=工作单元 工作=工作产品	例如：主进度表 时间=业务事件 周期=业务周期	例如：业务规划 结果=业务目标 方式=业务战略
系统模型 (逻辑的) 设计师	例如：逻辑数据模型 实体=数据实体 限制=数据关系	例如：应用架构 流程=应用功能 输入/输出=用户视图	例如：分布系统架构 节点=信息系统功能 连接=连接性质	例如：人机接口架构 人员=角色 工作=交付物	例如：处理结构 时间=系统事件 周期=处理周期	例如：业务规则模型 结果=结构断言 方式=行为断言
技术模型 (物理的) 建造者	例如：物理数据模型 实体=字段、表等 限制=指针、键值	例如：系统设计 流程=计算机功能 输入/输出=数据元素、集合	例如：技术架构 节点=硬件、系统软件 连接=连接规范	例如：展现架构 人员=用户 工作=屏幕格式	例如：控制结构 时间=执行 周期=组件行为周期	例如：规划设计 结构=条件 方式=行为
详细模型 (上下文之外的) 分包者	例如：数据定义 实体=字段 限制=描述	例如：程序 流程=语言段 输入/输出=控制块	例如：网络架构 节点=网络地址 连接=协议	例如：安全架构 人员=标识 工作=任务	例如：时序定义 时间=中断 周期=机器周期	例如：规则规范 结果=子条件 方式=步骤
功能模型 (运行中的企业) 产品	例如：数据	例如：功能	例如：网络	例如：组织	例如：计划安排	例如：战略

图 2—15 Zachman 框架模型

智能高速铁路系统是物理层面的实体铁路系统与信息层面的数字铁路系统相互作用下形成的超大规模信息物理系统。从信息科学的角度看，智能高速铁路系统的多方参与者在知识层面应用系统科学的方法，在极其复杂的信息网络中按照特定的目标选择可能的最优组合方案。从运输组织的角度看，智能高速铁路的根本性创新是通过充分利用先进技术所实现的业务流程、服务模式、运输组织方式的创新，是业务发展与现代信息技术发展双轮驱动下的新一代高速铁路系统。基于智能高速铁路的特点，智能高速铁路体系架构的研究要综合考虑其作为物理实体的业务属性和作为数字实体的信息系统属性，因此智能高速铁路体系架构研究应以用户需求分析为基础，融合信息系统架构方法和企业架构方法思想，采用自顶向下与自底向上相结合的方式进行架构设计。

第三节　智能高速铁路需求分析

用户需求分析是智能高速铁路体系架构设计的基础。在进行需求分析之前，首先需明确智能高速铁路的用户主体和用户需求。

一、用户主体与需求分析

用户主体是智能高速铁路服务面对的主要用户，是针对某个服务领域提出明确需求的主体；明确用户主体是进行需求分析、定义用户服务的前提与基础。根据智能高速铁路的内涵，梳理得到智能高速铁路的用户主体主要分为服务用户和业务用户两类，其中服务用户包括旅客、合作伙伴、其他交通行业等，业务用户包括工程建造、设施设备、运输组织、安全监管等专业用户。

需求分析是从用户的角度描述用户对智能高速铁路的需求，是构建体系架构的前提，智能高速铁路的用户需求分析如下所述。

1. 服务用户需求分析

服务用户需求主要从旅客、其他交通行业、合作伙伴等方面对智能高速铁路的需求进行分析。

旅客是智能高速铁路面对的最主要用户，其对智能高速铁路的需求包括出行前可根据出行需求得到精准、智能、门到门全行程规划和三维出行体验、定制化延伸服务，并可基于行程规划采取互联网、窗口、代售点、移动终端等多种方式，全时段、多语言地进行购票、退票、改签等操作；购票后需要及时接收到与行程相关的信息服务，如天气、列车出发时刻、检票口、候车站台、目的地住宿、沿途餐饮等；出发前可基于确定行程得到门到站的多种交通方式推荐、预订等服务；进站时可通过生物特征识别、视频图像识别、二维码扫描等技术实现快速无感进站；候车时可得到站内外导航、自助式客服、行李托运等服务，并能享受高速上网、商务办公、视频会商，以及站台信息、座位信息、列车运行动态信息推送等服务；乘车中可享受高速上网、刷脸验票、高清视频会商、消费娱乐、移动办公等服务，以及景点、酒店、餐饮等延伸服务的实景式体验和高速铁路沿线风光沉浸式浏览；突发事件情况下可获得行程调整、列车动态、突发事件进展等信息；换乘时可实时获得枢纽内其他交通方式动态信息，根据全流程准确明晰引导实现快速换乘；出站后可获得无感式刷脸出站、站外一体化地图导航等服务，以及车站到目的地的最后一公里出行规划建议，实现与出租、公交、地铁等的综合交通出行服务。旅客的具体需求见表 2—2。

表 2—2　旅客需求分析

用户主体	对智能高速铁路的需求
R1.1	出行前，根据出行需求得到精准、智能、门到门全行程规划和三维出行体验、定制化延伸服务等
R1.2	可基于行程规划采取互联网、窗口、代售点、移动终端等多种方式，全时段、多语言地进行购票、退票、改签等操作
R1.3	购票后，需要能够及时接收到与行程相关的信息服务，如天气、列车出发时刻、检票口、候车站台、目的地住宿、沿途餐饮等
R1.4	出发前，可基于确定行程得到门到站的多种交通方式推荐、预订等服务
R1.5	进站时，可通过生物特征识别、视频图像识别、二维码扫描等技术实现快速无感进站
R1.6	候车时，可得到站内外导航、自助式客服、行李托运等服务，并能享受高速上网、商务办公、视频会商等服务，以及站台信息、座位信息、列车运行动态信息推送等服务
R1.7	乘车中，可享受高速上网、刷脸验票、高清视频会商、消费娱乐、移动办公等服务，以及景点、酒店、餐饮等延伸服务的实景式体验和高速铁路沿线风光沉浸式浏览
R1.8	突发事件情况下可获得行程调整、列车动态、突发事件进展等信息
R1.9	换乘时，可实时获得枢纽内其他交通方式动态信息，根据全流程准确明晰引导实现快速换乘
R1.10	出站后，可获得无感式刷脸出站、站外一体化地图导航等服务，以及车站到目的地的最后一公里出行规划建议，实现与出租、公交、地铁等的综合交通出行服务

民航、公交、地铁等其他交通行业与高速铁路联合为旅客提供出行服务，需要智能高速铁路共享共用列车时刻表信息、列车正晚点信息、旅客出行需求、群体旅客画像等信息，以联合提供门到门、个性化、智能化的旅客出行服务。其他

交通行业用户的具体需求见表2—3。

表2—3　其他交通行业用户需求分析

用户主体	对智能高速铁路的需求
R2.1	实现高速铁路列车时刻表、市内道路交通、航班、地铁运营等多种运输方式信息的共享共用
R2.2	面向门到门服务，与铁路联合开展以费用最小、时间最短等为目标的全程旅行规划决策支持和一票通服务
R2.3	共享高速铁路旅客的群体画像信息，联合开展高速铁路—公交、高速铁路—民航等定制化联合交通服务
R2.4	实现联合安检、同站台换乘、首末班车衔接等，开展枢纽内旅客换乘和疏散等的引导

智能高速铁路的合作伙伴包括餐饮行业、酒店行业、旅游行业、保险行业等，需获取智能高速铁路的列车正晚点信息、群体旅客画像等信息，以根据旅客出行需求提供精准服务和个性化信息推送。合作伙伴的具体需求见表2—4。

表2—4　合作伙伴需求分析

用户主体	对智能高速铁路的需求
R3.1	获知列车正晚点信息和旅客订单等信息，使餐饮企业合理安排生产及送餐时间，酒店行业能合理安排住房资源等
R3.2	提供住宿、旅游、餐饮、保险等网上预订与支付服务
R3.3	共享高速铁路用户群体画像信息，提供餐饮、酒店、旅游、保险等服务的精准营销与个性化信息推送

2. 业务用户需求分析

业务用户需求从工程建造、设施设备、运输组织、安全监管等方面对智能高速铁路的需求进行分析。

工程建造专业用户对智能高速铁路的需求包括工程勘察、工程设计、工程建造、建设管理等环节。在工程勘察环节，需要基于GIS展示高速铁路沿线数字高程模型数据及三维地形，支持勘察设计阶段进行土石方、用地量等的预测；在工程设计环节，需要基于BIM建立高速铁路线路的三维可视化设计场景，能够对设计方案进行优选，并基于统一平台实现多专业协同设计，实现多阶段无缝衔接和信息共享的最大化；在工程建造环节，需要实现桥梁、隧道、路基、轨道等的智能化施工，开展施工仿真与辅助决策、工艺工序动态调整与优化、施工质量精准管控与追溯等，并能综合利用BIM结合数字化施工技术实现四电工程中设备、物资、人力、信息等资源的优化配置和项目进度的精确管理，以及基于BIM建立高速铁路客站的设计模型及施工过程模型，利用虚拟建造方式对施工过程进行三维模拟；在建设管理环节，需要基于 BIM+GIS 技术建立高速铁路三维空间数据库以支撑协同应用，实现构件级三维形象进度、质量、安全综合管控。工程建造专业用户的具体需求见表 2—5。

表 2—5　工程建造专业用户需求分析

用户主体	对智能高速铁路的需求
R4.1	基于 GIS 展示高速铁路沿线数字高程模型数据及三维地形，支持勘察设计阶段进行土石方、用地量等的预测
R4.2	基于 BIM 建立高速铁路线路的三维可视化设计场景，能够对设计方案进行优选；基于统一平台实现多专业协同设计，实现多阶段无缝衔接和信息共享的最大化
R4.3	根据桥梁、隧道、路基、轨道等站前工程施工环节和实施方式的不同，支持实现桥梁、隧道、路基、轨道等的智能化施工，开展施工仿真与辅助决策、工艺工序动态调整与优化、施工质量精准管控与追溯等
R4.4	综合利用 BIM 结合数字化施工技术，实现四电工程中设备、物资、人力、信息等资源的优化配置和项目进度的精确管理，以模型集成工程相关数据，实现全生命周期的动态可视化管理
R4.5	通过 BIM 建立高速铁路客站的设计模型及施工过程模型，利用虚拟建造方式对施工过程进行三维模拟，并对已有的施工方案进行验证、优化
R4.6	基于 BIM+GIS 技术建立高速铁路三维空间数据库以支撑协同应用，实现构件级三维形象进度、质量、安全综合管控；提高工程建设数据多角度、多维度、多尺度综合分析与管理能力

设施设备专业用户包括基础设施专业用户和移动装备专业用户两类，其中基础设施专业用户需要统一管理工务、电务、供电等专业的维修数据，实现基础设施的全天候实时检测监测，基于监测信息提供及时、准确的预警信息，根据基础设施的状态数据辅助制定工电供一体化维修计划和远程维修决策支持，并能构建高速宽带传输环网，以及智能化牵引变电所、分区所、AT 所等智能供电设施。移动装备专业用户需要统一管理动车组数字化履历信息，实现动车组的动态状态实时检测、运行故障智能诊断、导向安全智能决策和列车安全实时监控，以及在运行过程中实现时空信息精确感知和 ATO 自动运行控制，并能构建动车组动静态信息采集、传输、地面诊断分析的车—地一体化平台，实现动车组远程定位、“人车图”动态跟踪、动车组质量状态预估、司机操纵和运行异常远程报警等功能；高速综合检测车需要对轨道、轮轨力、接触网、通信、信号等基础设施进行高速

动态检测，具有里程精确定位和实时检测能力。设施设备专业用户的具体需求见表 2—6。

表 2—6 设施设备专业用户需求分析

用户主体	对智能高速铁路的需求
R5.1	统一管理工务、电务、供电等专业的维修数据，包括各类通信信号设备、数据传输设备等电务设备，线路、桥梁、隧道等工务设备，牵引变电所、接触网等供电设备的养护维修数据
R5.2	实现基础设施的全天候实时检测监测，并可根据监测信息提供及时、准确的预警信息
R5.3	根据基础设施的状态数据辅助制定维修计划，实现设施故障自动诊断和健康管理，并提供远程维修决策支持；通过业务流程重组，实现工务、电务、供电一体化维修管理
R5.4	构建高速宽带传输环网，为各类信息及业务提供宽带汇聚通道，同时为各高速铁路沿线提供不同径路的保护通道
R5.5	构建智能化牵引变电所、分区所、AT 所等智能供电设施，实现牵引供电实时在线分析和控制决策、故障自愈重构、故障报警预警机制和系统健康评估等
R5.6	统一管理动车组数字化履历信息，实现动车组全生命周期管理
R5.7	实现动车组的动态状态实时检测、运行故障智能诊断、导向安全智能决策和列车安全实时监控
R5.8	动车组运行过程中实现时空信息精确感知和 ATO 自动运行控制
R5.9	构建动车组动静态信息采集、传输、地面诊断分析的车—地一体化平台，实现动车组远程定位、“人车图”动态跟踪、动车组质量状态预估、司机操纵和运行异常远程报警等功能
R5.10	对轨道、轮轨力、接触网、通信、信号等基础设施进行高速动态检测，具有里程精确定位和实时检测能力

运输组织专业用户对智能高速铁路的需求主要包括运用大数据分析技术准确地挖掘旅客需求与出行规律，实现不同时空范围与业务场景的高速铁路客流量精准预测，并基于客流预测智能制定席位管理方案、动态票价智能调整等策略；开展电子客票，实现客票售、验、检、退等各个环节的全面电子化；基于人工智能等新技术生成旅客画像，可对旅客身份信息、购票信息、互联网订单等进行多层次分析，详细掌握旅客的出行偏好；能够依托两种及以上运输方式有效衔接，提供一体化组织的联程运输服务；能够实现站、车、旅客的信息协同与共享，为旅客提供自助化、个性化、多元化的列车信息服务、客运服务、行李托运服务、内容增值服务等；构建车站温度、湿度、亮度、噪声、站内人数等运营环境监测及预警分析系统，实现车站运营环境参数的自动调整；通过采用先进的定位技术，

实现对列车的实时、准确定位及追踪，并能及时可靠地发送相关信息；能够综合获取线路、桥梁、隧道、牵引供电、车辆动力学特性、列车群运行等信息，实现计划、行车、动车组、供电、客运、施工等综合调度；能够实现列车运行调整计划的自动生成、计划的自动下达和对外发布；能够实时掌握行车设备故障、自然灾害、行车事故等突发事件信息，实现非常态情况下的应急调度指挥。运输组织专业用户的具体需求见表 2—7。

表 2—7　运输组织专业用户需求分析

用户主体	对智能高速铁路的需求
R6.1	运用大数据分析技术准确地挖掘旅客需求与出行规律，实现不同时空范围与业务场景的高速铁路客流量精准预测
R6.2	实现客票售、验、检、退等各个环节的全面电子化
R6.3	根据客运需求预测，智能制定席位管理方案、动态票价智能调整等策略
R6.4	基于人工智能等新技术生成旅客画像，可对旅客身份信息、购票信息、互联网订单等进行多层次分析，详细掌握旅客的出行偏好，制定具有针对性的客票方案
R6.5	能够依托两种及以上运输方式有效衔接，提供一体化组织的联程运输服务，实现综合交通体系下旅客出行方案优化与门到门运输服务
R6.6	实现站、车、旅客的信息协同与共享，为旅客提供自助化、个性化、多元化的列车信息服务、客运服务、行李托运服务、内容增值服务等
R6.7	实现客运业务驱动的智能视频内容分析、图像自诊断、车站秩序异常自主报警等功能；构建车站温度、湿度、亮度、噪声、站内人数等运营环境监测及预警分析系统，实现车站运营环境参数的自动调整
R6.8	采用先进的定位技术，实现对列车的实时、准确的定位及追踪，并能及时可靠地发送相关信息，实现计划执行的全过程管控与动态跟踪
R6.9	能够掌握实时的运输需求与运力资源状态
R6.10	能够综合获取线路、桥梁、隧道、牵引供电、车辆动力学特性、列车群运行等信息，实现计划、行车、动车组、供电、客运、施工等综合调度
R6.11	实现列车运行调整计划的自动生成、计划的自动下达和对外发布，实现调度工作计划的一体化协同编制和智能调整
R6.12	实时掌握行车设备故障、自然灾害、行车事故等突发事件信息，实现非常态情况下的应急调度指挥

安全监管专业用户对智能高速铁路的需求主要包括需要实时监测各区段的地震、泥石流、风速、滑坡、雨量、雪深、水位情况、异物侵限等数据，提供灾害

实时预警及灾害评估，并在灾害发生时提供有效的应急救援决策支持；能够实时对轨道、线路、桥梁、隧道、通信信号等与运输安全直接相关的设备状态进行有效监测；通过建设综合监测大数据平台，实现综合检测监测数据的统一管理、共享共用、综合分析；逐步实现跨专业安全监控综合应用，为运输指挥、行车设备养护维修、应急救援、监督检查提供综合信息服务；需要实现与地方应急资源的共享，包括高速铁路沿线的医疗、消防、救援物资、救援设备、救援队等地方应急资源状况和分布等，便于紧急情况下实现路地联动，提供突发事件处理的决策支持。安全监管专业用户的具体需求见表 2—8。

表 2—8 安全监管专业用户需求分析

用户主体	对智能高速铁路的需求
R7.1	实时监测各区段的地震、泥石流、风速、滑坡、雨量、雪深、水位情况、异物侵限等数据，提供灾害实时预警及灾害评估，并在灾害发生时提供有效的应急救援决策支持
R7.2	实时地对轨道、线路、桥梁、隧道、通信信号等与运输安全直接相关的设备状态进行有效监测
R7.3	建设综合监测大数据平台，实现综合检测监测数据的统一管理、共享共用、综合分析
R7.4	在各专业监测监控系统建设应用的基础上，逐步实现跨专业安全监控综合应用，为运输指挥、行车设备养护维修、应急救援、监督检查提供综合信息服务
R7.5	实现与地方应急资源的共享，包括高速铁路沿线的医疗、消防、救援物资、救援设备、救援队等地方应急资源状况和分布等，便于紧急情况下实现路地联动，提供突发事件处理的决策支持

在需求分析基础上，对同类需求进行合并，对潜在的需求进行挖掘，梳理得到智能高速铁路的用户服务需求，主要包含智能建造、智能装备和智能运营三大领域的十八类服务需求。梳理后的智能高速铁路用户服务需求以及与原始需求间的对应关系见表 2—9。

表 2—9 智能高速铁路用户需求

服务领域	服务需求	需求描述	原始需求
智能建造	1. 集成多种方式开展立体化工程勘察	需要综合采用卫星、无人机、地面勘察设备等实现立体式地质勘察、钻探和测绘，结合信息化手段实现勘察数字化成果交付	R4.1
	2. 基于 BIM 的工程设计需求	需要实现工程建设多维可视化场景，支持开展方案设计、修改、比选、优化，采用信息化手段实现设计数字化成果交付	R4.2

续上表

服务领域	服务需求	需求描述	原始需求
智能建造	3. 桥梁、隧道、路基、轨道等基础设施工程智能化施工需求	需要基于数字化设计成果实现桥梁、隧道、路基、轨道等站前工程的施工模拟、板材预制、拼装实施、无人化管理等	R4.3
	4. 客站工程智能化施工需求	需要基于数字化设计成果实现客站施工建设项目的一体化管理与协同施工	R4.5
	5. 四电工程智能化施工需求	需要基于数字化设计成果实现通信、信号、电力、电气化工程施工的资源优化配置与进度精准管控	R4.4
	6. 基于 BIM＋GIS 的工程建设管理需求	需要实现工程建设安全、质量、进度的数字化管理，运用多种技术手段表达物理建造实体，采用信息化手段实现竣工数字化交付	R4.6
智能装备	7. 智能动车组需求	需要实现动车组的状态全面感知与实时监控、故障主动预警与研判等服务	R5.7
	8. 智能综合检测车需求	需要加装丰富的传感终端和轻量化检测设备实现综合检测车的多维检测数据获取，利用大数据、人工智能等技术实现检测数据的分析与应用	R5.10
	9. 智能化列车运行控制需求	需要以 CTCS-3 级列车运行控制系统为基础，实现列车的精确运行控制和可靠自动驾驶，并能够与车站设备设施进行联动	R5.8
	10. 智能化通信和承载网需求	需要从承载网络和移动通信网络等方面实现高速铁路数据快速、稳定传输	R5.4
	11. 智能化牵引供电需求	需要实现牵引变电所的数字化与智能化管理，实现接触网整体性能提升，实现供电调度协同管理	R5.5
	12. 智能检测监测需求	需要实现基础设施状态、自然灾害、周界入侵、运行环境等的实时检测与监测	R5.2，R7.1，R7.2，R7.3
智能运营	13. 智能化客运服务需求	需要实时获取并融合应用“人—列车—设备—环境”等数据，实现客运生产服务全环节的协调联动，构建车站—列车的协同服务和安全管控	R1.1，R1.3，R1.5，R1.6，R1.7，R1.8，R1.9，R1.10，R6.4，R6.5，R6.6，R6.7

续上表

服务领域	服务需求	需求描述	原始需求
智能运营	14. 全面电子客票、智能化票务服务需求	需要以信息新技术为手段，以全面电子客票为契机，实现客运产品设计、旅程规划、精准营销、综合交通信息协同等旅客便捷出行服务	R1.2，R1.4，R2.1，R2.2，R2.3，R2.4，R3.1，R3.2，R3.3，R6.1，R6.2，R6.3
	15. 智能综合调度与应急调度指挥需求	需要结合大数据与人工智能技术，全面感知运输态势，实现多专业调度的一体化协同与快速应急响应	R6.10，R6.12，R7.4，R7.5
	16. 智能行车调度需求	需要结合新型信息通信手段，基于列车运行实时数据，实现列车运行计划的模拟仿真、自动调整和安全卡控	R6.8，R6.9，R6.11
	17. 工电供一体化智能运维需求	需要统筹高速铁路工务、电务、供电三大专业，实现基础设施的履历数字化管理、状态实时监测、故障诊断预警和自动运营维护决策	R5.1，R5.3
	18. 动车组智能运维需求	需要汇集动车组设计、制造、运用、维护等全生命周期数据，实现动车组故障预测、健康评估、运营维护分析和决策支持等	R5.6，R5.9

二、全生命周期业务流程分析

在信息新技术驱动下，智能高速铁路将打破传统铁路运输的专业界限和业务组织模式，实现全业务流程、全价值链条、全生命周期、全生态体系的整体智能化。智能高速铁路的业务流程将以数据为支撑，实现勘察设计、工程建设、装备制造、运营维护等各阶段业务的一体化融合与闭环反馈，最终为旅客提供更加安全可靠、经济高效、温馨舒适、方便快捷、节能环保的全方位服务。

智能高速铁路全生命周期业务流程将实现基础设施设计和建设业务流、移动装备设计和制造业务流和运营服务业务流的融合，构建“三流合一”的全寿命周期业务流程管理，如图 2—16 所示。

1. 基础设施设计和建设业务流。围绕高速铁路基础设施的形成过程，实现勘察、设计与施工的全流程管理。首先开展基于空天地一体化的工程勘察，其次基于工程勘察的数字化交付成果开展多专业协同设计，最后基于数字化设计成果开展桥梁、隧道、路基、轨道等站前工程智能化施工以及客站工程和四电工程智能化施工，并基于工程建设管理平台开展面向质量、进度、安全、投资等工程建设的全过程管理。

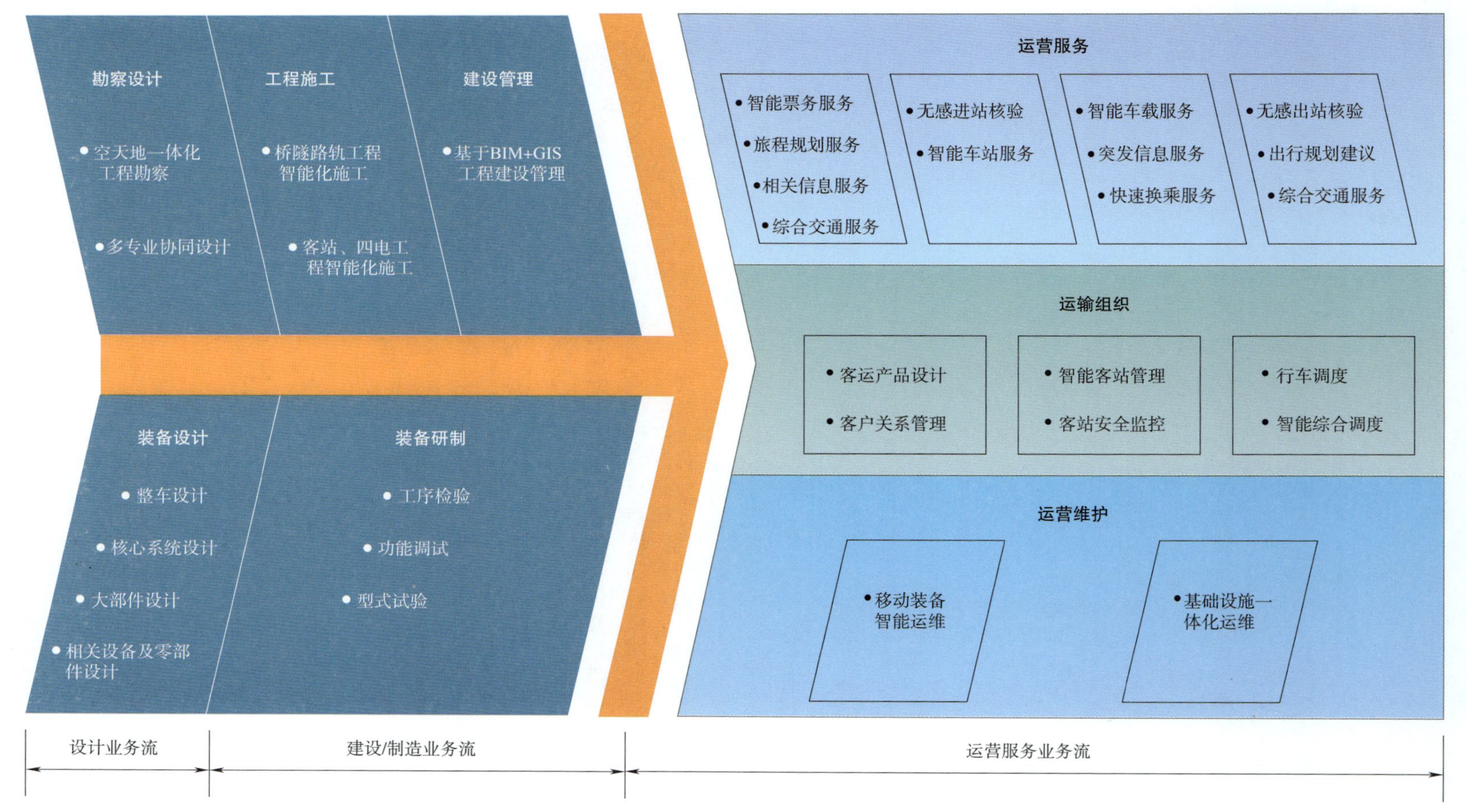

图 2—16　智能高速铁路全生命周期业务流程

2. 移动装备设计和制造业务流。围绕动车组和综合检测车等移动装备的制造过程，实现移动装备设计与制造的全过程管理。首先开展整车、核心系统、大部件、相关设备及零部件的设计，其次基于可视化的设计交付成果，开展零部件、相关设备、大部件、核心系统、整车的制造和装配，并同步开展工序检验、功能调试、型式试验等。

3. 运营服务业务流。基础设施和移动装备形成后，将融入高速铁路的运营服务。按照业务主体的不同，运营业务流可分为三个层面，分别为面向旅客的运营服务业务、面向铁路内部的运输组织业务、面向设施设备的运营维护业务。其中，运营服务业务流以旅客出行流为主线，为旅客提供出行地到目的地的涵盖基本出行服务、延伸服务、个性化定制服务等；运输组织业务流是运营服务的支撑和保障，包括客运产品设计、电子客票、客户关系管理、智能客站管理、行车调度、智能综合调度等；运营维护业务流包含移动装备智能运维和基础设施一体化运维，通过业务闭环实现建造期和装备制造期的设施设备数字履历信息，以及运营期的安全状态监测信息、故障信息、检修信息等的集成融合和分析处理，围绕全生命周期管理实现基础设施和移动装备的智能化、预测化维护，全方位保障高速铁路运营安全。

综上所述，通过基础设施设计和建设业务流、移动装备设计和制造业务流、运营服务业务流的三流联动和反馈，实现对智能高速铁路全生命周期的优化和重构，使其具备全面感知、泛在互联、融合处理、主动学习和科学决策能力。在正向流线中，基础设施设计和建设信息、移动装备设计和制造信息全面融入高速铁路运营服务，为运营服务提供基础和前置支撑。在反向流线中，运营服务信息还将反馈给基础设施设计和建设、移动装备设计和制造，推进设计和制造/建造环节的变革和优化，一是通过将运营服务期间基础设施的服役能力情况、故障发生规律、维修作业数据等反馈至基础设施设计和建设阶段，可用于优化基础设施设计方案和参数调整、完善施工工艺、工法和流程等；二是将运营服务期间移动装备的状态监测、故障诊断、运营维护等数据反馈至设计和制造阶段，有助于提升移动装备的整车、大部件、零部件等优化设计和制造水平。

第四节 智能高速铁路体系架构

智能高速铁路是一个涵盖多专业、多领域、多项新技术的复杂信息物理系统，其智能化的核心是数据驱动。依据数据的采集、传输、存储、分析、应用流程，智能高速铁路自底向上可划分为智能感知层、智能传输层、数据资源层、智能决策层、智能应用层，如图 2—17 所示。

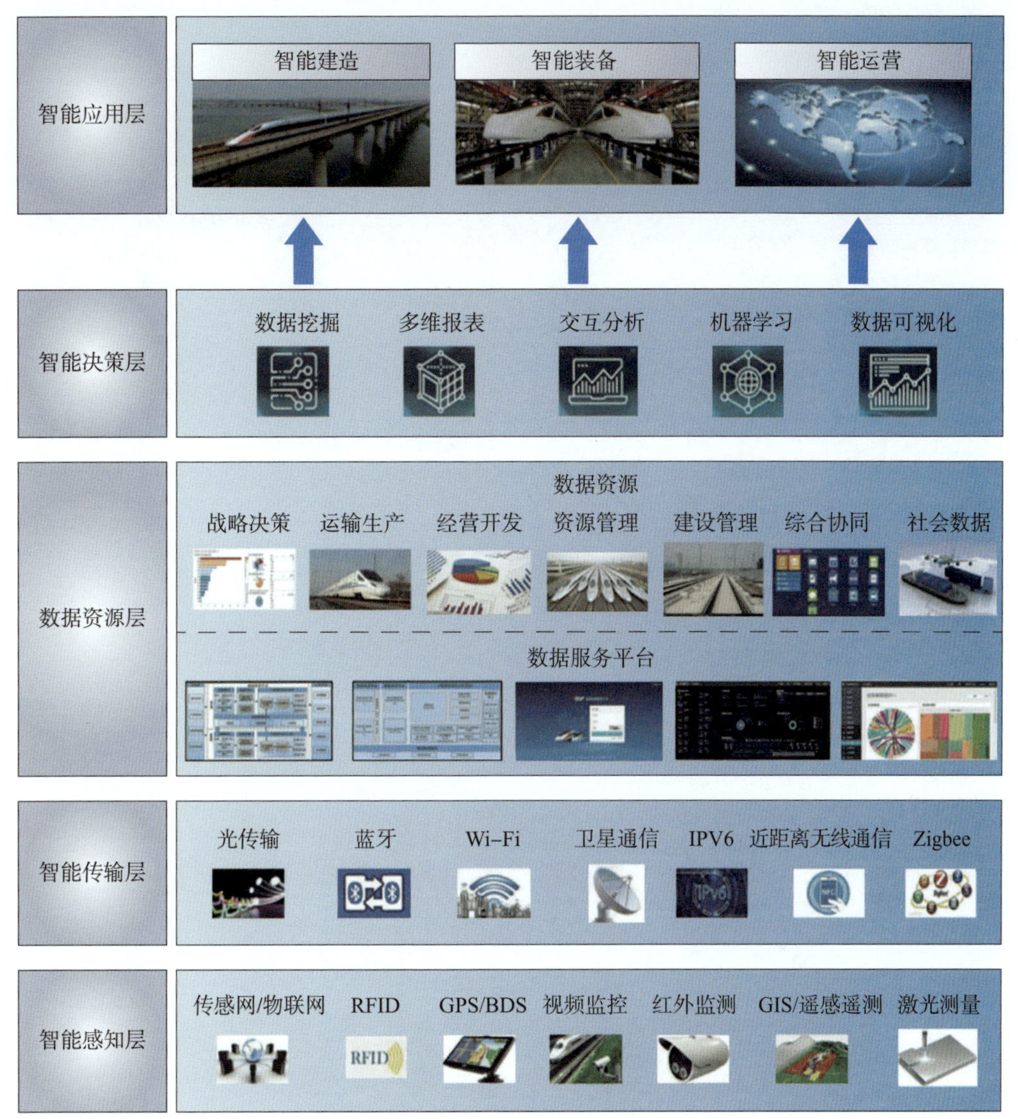

图 2—17 智能高速铁路总体架构

1. 智能感知层

智能感知层是智能高速铁路感知真实世界的触手，也是融合物理世界和信息世界的纽带。智能感知层的作用是识别物体并采集信息，即通过传感网、物联网等多种手段，自动获取高速铁路行车状态、设备健康状况、自然环境条件等信息，全方位洞察整个智能高速铁路系统的运行情况，为上层的精细化管理提供支撑。作为构建智能高速铁路的基础，智能感知层的采集方式多样化及泛在化是其重要特征。信息采集设备主要包括传感网、物联网、GPS/BDS、综合视频、红外监测等。

2. 智能传输层

智能传输层是联结智能高速铁路各组成要素的纽带。智能传输层的作用是将感知层采集到的信息，通过各种网络技术进行汇集、整合，以供进一步的智能分析及利用。广泛互联、可靠传递是对智能传输层的基本诉求，需要各种有线、无线网络与互联网融合。经过多年的快速发展，移动通信、互联网等技术趋于成熟，为智能高速铁路提供了坚实的网络基础。智能传输层采用的主要技术包括铁路信息网络的 IPV6 技术、Wi-Fi 网络、5G/6G 网络等。

3. 数据资源层

数据资源层是智能高速铁路智慧产生的源泉，一切智慧及决策皆来源于数据。通过对采集到的铁路内外部相关数据进行智能分析和处理，可分析、识别出隐含的有意义的信息，从而获取对事物状态及发展趋势更深刻的认识，为决策判断提供科学的依据。数据资源层从下到上分为两个部分：最底层为数据服务平台，主要提供基础数据管理、数据集成、数据共享、大数据存储与分析等能力；最上层为数据资源，全面整合铁路战略决策、运输生产、经营开发、资源管理、建设管理、综合协同、社会数据等领域的信息资源。

4. 智能决策层

智能决策层是智能高速铁路的大脑，将数据资源层的各类数据，通过智能技术进行分析，将数据转化为知识，并快速准确地提供报表、仪表盘、3D 等可视化方式进行全局展示，辅助智能高速铁路铁路业务经营决策。智能决策层采用的主要技术包括大数据技术、机器学习技术、交互学习技术、可视化技术等。

5. 智能应用层

智能应用层充分体现了智能高速铁路的能动性，对智能高速铁路系统进行仿真、完善、优化。智能应用层是智能化与高速铁路业务分工的深度融合，形成各业务领域的智能化子系统。基于智能决策层的分析结果，可提升运输组织效率、提高安全保障能力、推动业务模式创新。根据智能高速铁路丰富的内涵，智能应用层主要由智能建造、智能装备、智能运营三部分组成。

智能高速铁路建设不是一蹴而就，需要在统一的体系架构指导下分阶段分步骤有序推进，智能高速铁路体系架构是从技术、数据、标准等维度对智能高速铁路包含的各组成部分及其相互关系进行的体系化、层次化、规范化设计，由技术体系框架、数据体系框架和标准体系框架三部分构成，如图 2—18 所示。

智能高速铁路技术体系框架（IHSR-TSF）是智能高速铁路体系架构的核心，定义了智能建造、智能装备、智能运营等三大板块的技术构成，为数据体系框架、标准体系框架的制定提供指导。

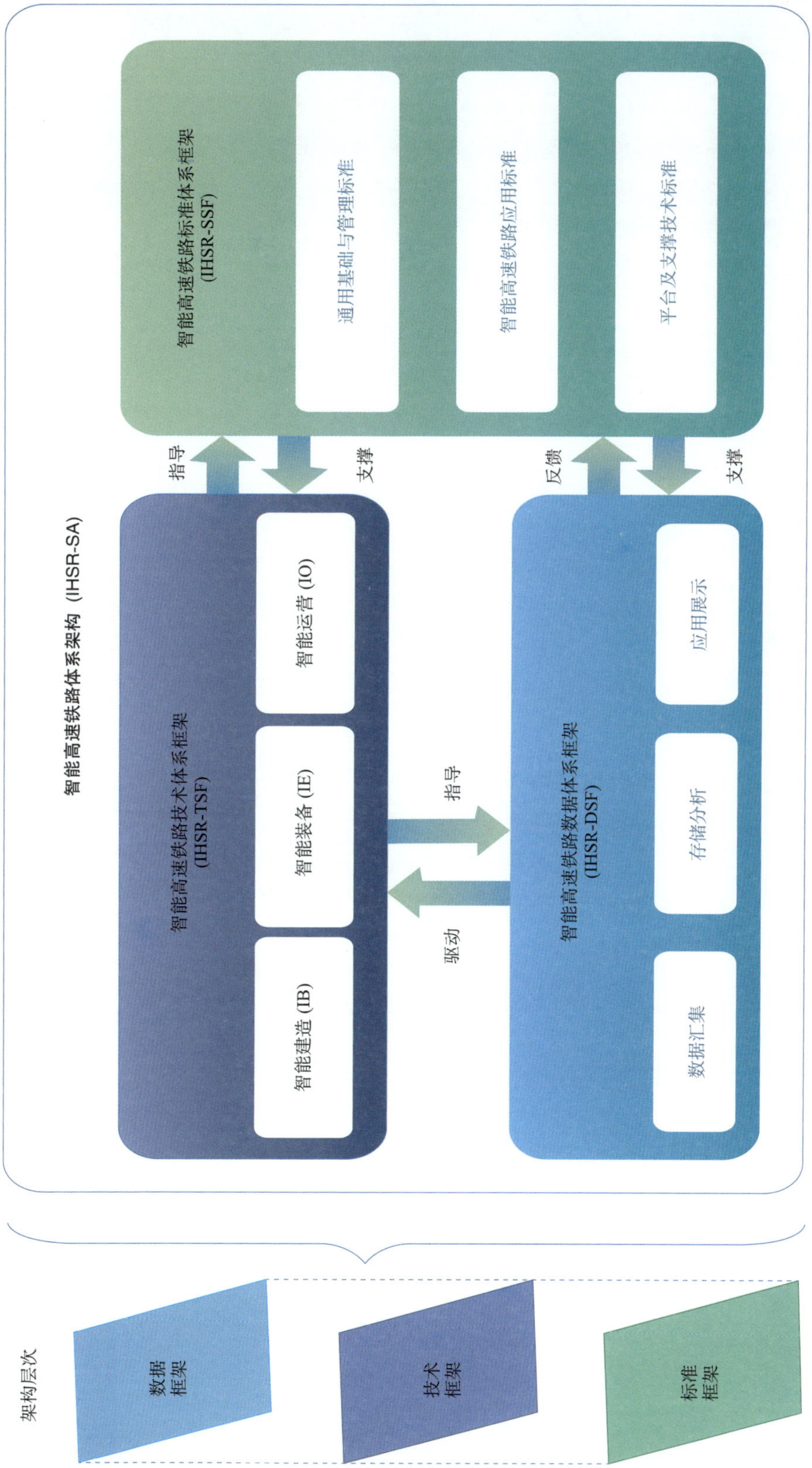
智能高速铁路体系架构（IHSR-SA）
智能高速铁路标准体系框架
(IHSR-SSF)
通用基础与管理标准
智能高速铁路应用标准
平台及支撑技术标准
指导
支撑
反馈
支撑
智能高速铁路技术体系框架
(IHSR-TSF)
智能建造 (IB)
智能装备 (IE)
智能运营 (IO)
指导
驱动
智能高速铁路数据体系框架
(IHSR-DSF)
数据汇集
存储分析
应用展示
架构层次
数据
框架
技术
框架
标准
框架

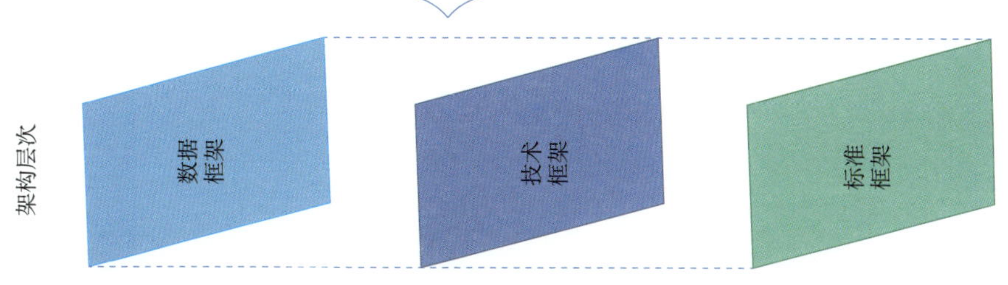

图 2—18　智能高速铁路体系架构

智能高速铁路数据体系框架（IHSR-DSF）针对技术体系框架中定义的智能建造、智能装备、智能运营等三大板块创新应用产生的数据及其他相关的内外部数据，以数据全生命周期管理为主线，定义了数据汇集、存储分析和应用展示等服务。为技术体系框架提供数据驱动，为标准体系框架提供反馈。

智能高速铁路标准体系框架（IHSR-SSF）为技术体系框架和数据体系框架的落地应用提供数据、技术、管理等方面的标准支撑，定义了通用基础与管理标准、智能高速铁路应用标准、平台及支撑技术标准等组成内容。

第三章

中国智能高速铁路技术体系框架

智能高速铁路涉及建造、装备、运营等领域的多项技术构成，为实现各类技术的有机集成和融合应用，迫切需要对智能高速铁路的技术范围进行界定，从顶层设计角度出发制定完整的智能高速铁路技术体系框架，进一步规范智能高速铁路建设与运营。本章设计了中国智能高速铁路技术体系框架，包含智能建造、智能装备、智能运营、AI 平台四个主要组成部分，是智能高速铁路建设的技术基础，是推动智能高速铁路发展的原动力，为智能高速铁路创新理念的实现提供支撑。

第一节　技术体系框架总体构成

智能高速铁路技术体系框架设计采用分类分层设计原则，基于智能高速铁路技术创新需求，自顶而下划分为板块、领域、方向、创新、支持平台五个层面，可概括为三大板块、十大领域、十八个方向、N 项创新、一个平台，如图 3—1 所示。

三大板块指智能建造、智能装备、智能运营。十大领域指在三大板块框架下勘察设计、工程施工、建设管理、移动装备、通信信号、牵引供电、检测监测、客运服务、运输组织、养护维修等领域。十八个方向指在三大板块、十大领域框架下空天地一体化工程勘察、基于 BIM 工程设计、桥隧路轨工程智能化施工、客运站工程智能化施工、四电工程智能化施工、基于 BIM＋GIS 工程建设管理、智能动车组、智能综合检测车、信号、通信、智能牵引供电、智能检测监测、智能客运、智能票务、智能综合调度、智能行车调度、工电供一体化运维、动车组智能运维等方向。

1. 空天地一体化工程勘察

针对高速铁路工程勘察场景，综合应用 GIS、北斗卫星导航系统、全站仪、水平仪、航空摄影测量、激光雷达测量等先进技术手段，实现空天地一体化的地质调查、钻探、触探、物探；基于 GIS 提供沿线数字高程模型（DEM）数据及地形的三维显示，支持勘察设计阶段进行土石方、用地量的估算，并将与高速铁路建设运营相关的勘测设计信息进行存储管理和向设计阶段进行数字化交付。

2. 基于 BIM 工程设计

通过视频、VR/AR、BIM 等技术进行协同方案设计，构建三维 BIM 设计的统一工作环境，形成基于 BIM 的协同设计体系，有效支撑测绘、线路、桥梁、隧道、路基、接触网、信号等多个专业 BIM 协同设计，实现勘察设计多源数据融合。

3. 桥隧路轨工程智能化施工

针对桥梁、隧道、路基、轨道等站前工程，集成运用 BIM、北斗卫星导航系统、图像识别、机器人等技术，实现钢桁梁多点同步顶推、状态自动监测、桥面结构工厂化制作和预制式拼装等桥梁智能化施工，实现复杂多域施工技术、隧道结构健康监测、隧道可视化管理等隧道智能化施工，实现可视化路基填筑、智能施工机器人等线路智能化施工，实现轨枕智能检测、轨枕工业互联网生产管理系统等轨道智能化施工。

4. 客运站工程智能化施工

基于 BIM 实现客站装饰装修、钢结构、机电管线、客服机房等深化设计和绿色设计，利用 BIM＋IoT 技术实现施工原材料追溯，实现深基坑监测、高支模监测、塔吊防碰撞、钢结构焊缝等施工信息化管理；构建基于 BIM 的施工组织优化仿真系统结构体系，实现施工精细化管理。

5. 四电工程智能化施工

以 BIM＋GIS 技术为核心，RFID 电子标签、二维码等物联网技术为手段，实现通信、信号、电力、电气化等四电设备在设计、制造、安装、调试、验收过程中的数据采集与集成，为四电设备全生命管理提供信息化手段。

6. 基于 BIM＋GIS 工程建设管理

围绕高速铁路工程建设过程中人、机、料、法、环等要素，基于 BIM＋GIS 的多源数据融合和模型轻量化技术，实现数字孪生高速铁路，支持全线、全专业、全过程工程建设的进度、质量、安全和环保的项目精细化管控。

7. 智能动车组

基于全方位信息与态势感知、自动驾驶、运行控制、故障诊断、故障预测与健康管理等技术，实现动车组智能监控、智能诊断和智能服务。

8. 智能综合检测车

通过加装轨道、接触网、轮轨关系、通信、信号检测和综合系统设备，实现综合检测车高速行进过程中即时传输与分析检测数据，智能感知高速铁路基础设施状态。

9. 信号

在 CTCS-3 级列车运行控制系统基础上增加 ATO 相关设备，实现 350 km/h 下列车自动驾驶功能；通过在车站股道增加地面精确定位应答器，实现列车自动精确对标停车；实现车站自动发车、区间自动运行、自动停车、自动开门、车门与站台门联动。

10. 通信

采用先进的智能通信承载网、智能移动通信、智能调度通信等技术，传输和交换高速铁路建设、运营、维护过程中的各种信息，提供满足典型应用场景的多媒体化、个性化、宽带化的通信服务。

11. 智能牵引供电

采用数字化设备，实现牵引变电所的集成化展示、自愈重构、信息共享和主动运维，提高牵引供电运用维护效率；从系统参数、腕臂和定位装置、统一材质、提高零部件服役性能、防松防腐等方面优化简统化接触网。

12. 智能检测监测

实现高速铁路沿线风、雨、雪、地震等自然灾害和周界入侵事件的监测、报警及处置，并接入灾害监测中心系统；实现灾害监测资源的集约配置、监测信息共享、设施设备质量缺陷判识和状态评估。

13. 智能客运

构建覆盖“人员—列车—设备—环境—作业”的智能客站，实现智能客站生产服务各环节协同联动，为精准旅客服务、高效生产组织、可靠安全保障、绿色节能环保提供信息化赋能。

14. 智能票务

实现全面电子客票；依托 AI 和工业互联网技术、图像识别技术、智能语义分析等先进技术，实现旅客快捷进出站；结合群体画像技术，实现乘客智能行程规划和精准营销；结合弹性客流需求，对旅客列车开行方案动态优化，实现计划动态适配；实现跨多种交通运输方式下的电子客票鉴权与互认。

15. 智能综合调度

充分利用大数据、人工智能、网络优化等技术，实现运输各专业生产信息集成、运输生产计划一体化编制和作业协同联动；实现调度指挥全过程的感知、决策、操控、评价智能化；实现运输态势的精确自动预测。

16. 智能行车调度

能够根据不同应急情况提供对应配套的调整策略；拓展现有行车调度系统自律卡控条件和自律检查范围；实现调度员实景模拟仿真；实现与客运、供电、工务、机务、车辆等专业系统的信息共享扩展；实现列车运行计划上车，确保动车组按图行车。

17. 工电供一体化运维

围绕高速铁路工务、电务、供电基础设施，实现基于 BIM＋GIS 的工电供基础设施设备资产数据的集中统一管理，提高移动和固定设施设备检查数据接入与处理能力；实现工电供综合设备单元的量化分析与综合评估；实现工电供联合生产调度统一管理；实现基于大数据的工电供一体化智能运营维护。

18. 动车组智能运维

汇集动车组制造、运用检修、自动化设备检测、动车组监测和运行环境数据，进行数据解析、数据清洗、数据融合，利用数据建模以及深度挖掘技术，实现动车组的故障预测、健康评估、运维分析、决策支持，为动车组运用检修工作提供决策依据，提升动车组的运用效率和效益。

N 项创新指在三大板块、十大领域、十八个方向框架下基于 GIS 的智能勘探、BIM 建模、智能梁场、客站智能施工、电气化工程智能施工、基于 BIM 虚拟

建造、动车组智能监控、智能检测数据分析、智能牵引变电所、基础设施智能检测监测、站车智能服务、客票电子化、列车运行计划自动调整、运维智能决策等智能化创新。

一个平台指为智能高速铁路技术创新提供支撑和服务的智能高速铁路 AI 平台。

第二节　智能建造技术体系框架

高速铁路基础设施包括线路及附属设施、通信信号设备、牵引供电设备等。其中，线路及附属设施包括路基、桥涵、隧道、轨道（钢轨及钢轨连接、扣件、道岔、有砟道床、无砟道床、轨道加强设备等）以及声屏障、防护栅栏、限高防护架、线路标志、信号标志等；通信信号设备包括通信杆塔、道岔转换设备、信号机、应答器、闭塞设备等；牵引供电设备包括支柱、接触导线、接触悬挂、定位支撑装置、变压器、变电所、分区所等。高速铁路工程建设过程包括开工前规划安排、开工后过程控制、完工后验收试运行，工期较长，是一个全链条的标准化管理。按照基础设施的建造过程，智能建造板块横向上划分为勘察设计、工程施工、建设管理三个领域。

勘察设计领域包含空天地一体化工程勘察、基于 BIM 工程设计等方向。空天地一体化工程勘察主要包括基于 GIS 的智能勘探、空天地一体化智能测绘、数字化勘察交付等创新内容；基于 BIM 工程设计主要包含 BIM 建模、协同设计和数字化设计交付等创新内容。

工程施工领域包含桥隧路轨工程智能化施工、客运站工程智能化施工、四电工程智能化施工等方向。桥隧路轨工程智能化施工主要包括智能梁场、盾构隧道智能施工、路基智能填筑、智能板场等创新内容；客运站工程智能化施工主要包括客站智能施工、综合交通体系施工协同等创新内容；四电工程智能化施工主要包括电气化工程智能施工、通信工程智能施工、信号工程智能施工、信息化工程智能施工等创新内容。

建设管理领域包含基于 BIM＋GIS 工程建设管理等方向。基于 BIM＋GIS 工程建设管理主要包括基于 BIM 的虚拟建造、全过程数字化管理、数字化竣工交付等创新内容。

综上所述，智能建造板块可概括为三个领域，六个方向，十九项创新，未来可根据需要扩展创新内容，如图 3—2 所示。

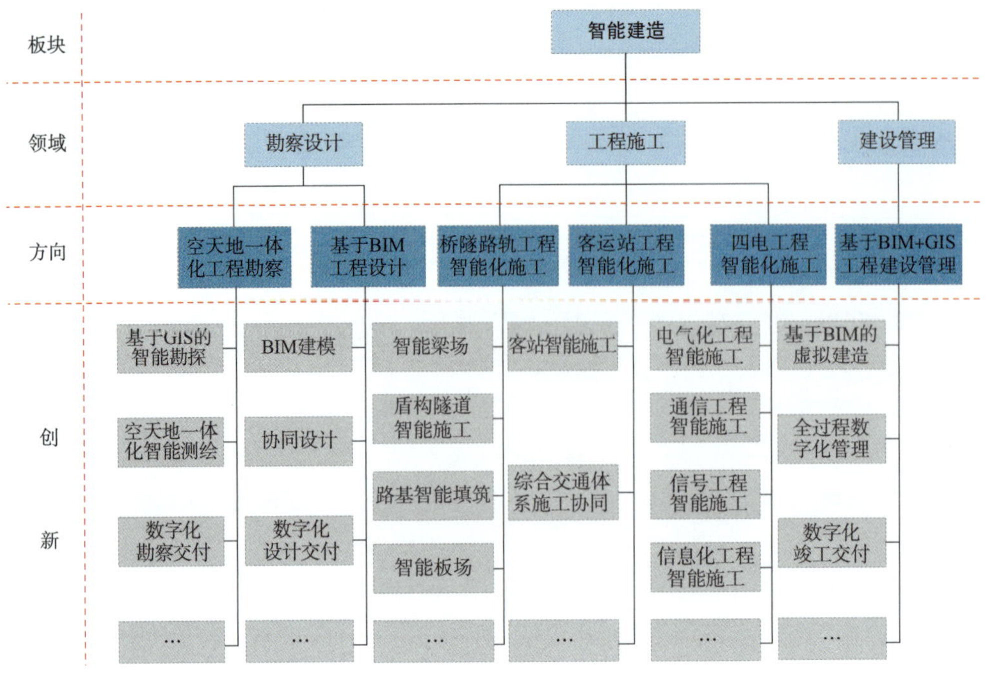

图 3—2　智能建造技术体系框架

第三节　智能装备技术体系框架

按照主要业务对象分类，智能装备横向上划分为移动装备、通信信号、牵引供电、检测监测 4 个领域。

移动装备领域包含智能动车组、智能综合检测车等方向。智能动车组主要包括动车组智能监控、动车组智能诊断、动车组智能服务等创新内容；智能综合检测车主要包括智能检测设备、智能检测数据分析等创新内容。

通信信号领域包含信号、通信等方向。信号主要包括车站进路自动控制、列车运行控制、列车自动驾驶 ATO 等创新内容；通信主要包括智能通信承载网、智能移动通信、智能调度通信等创新内容。

牵引供电领域包含智能牵引供电等方向。智能牵引供电主要包括智能牵引变电所、简统化接触网、智能供电调度系统等创新内容。

检测监测领域包含智能检测监测等方向。智能检测监测主要包括基础设施检测监测、自然灾害监测与预警、周界入侵智能监测、环境智能监测等创新内容。

综上所述，智能装备板块可概括为四个领域，六个方向，十八项创新，未来可根据需要扩展创新内容，如图 3—3 所示。

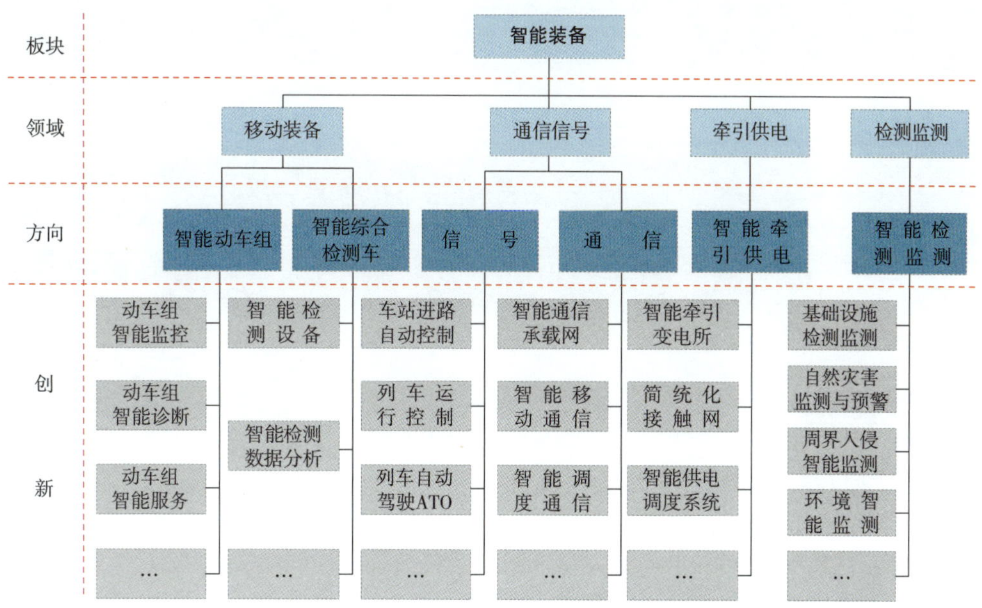

图 3—3　智能装备技术体系框架

第四节　智能运营技术体系框架

按照运营领域的主要业务分类，智能运营横向上可划分为客运服务、运输组织、养护维修等三个领域。

客运服务领域包含智能客运、智能票务等方向。智能客运主要包括客运一体化生产指挥管理、客运设备管理与监控智能化、站车重点服务、站车客运安全、站车智能服务等创新内容；智能票务主要包含客票电子化、智能产品设计和售票组织、旅程规划、精准营销、综合交通信息共享等创新内容。

运输组织领域包含智能综合调度、智能行车调度等方向。智能综合调度主要包括运输态势感知、计划一体化协同、智能计划调整、智能应急调度等创新内容；智能行车调度主要包括列车运行计划自动调整、进路和命令卡控、行车调度综合仿真等创新内容。

养护维修领域包含工电供一体化运维、动车组智能运维等方向。工电供一体化运维主要包括数字履历管理、故障智能诊断、状态智能综合预警、运维智能决策等创新内容；动车组智能运维主要包括故障预测、健康评估、运维分析、决策支持等创新内容。

综上所述，智能运营板块可概括为三个领域，六个方向，二十五项创新，未来可根据需要扩展创新内容，如图 3—4 所示。

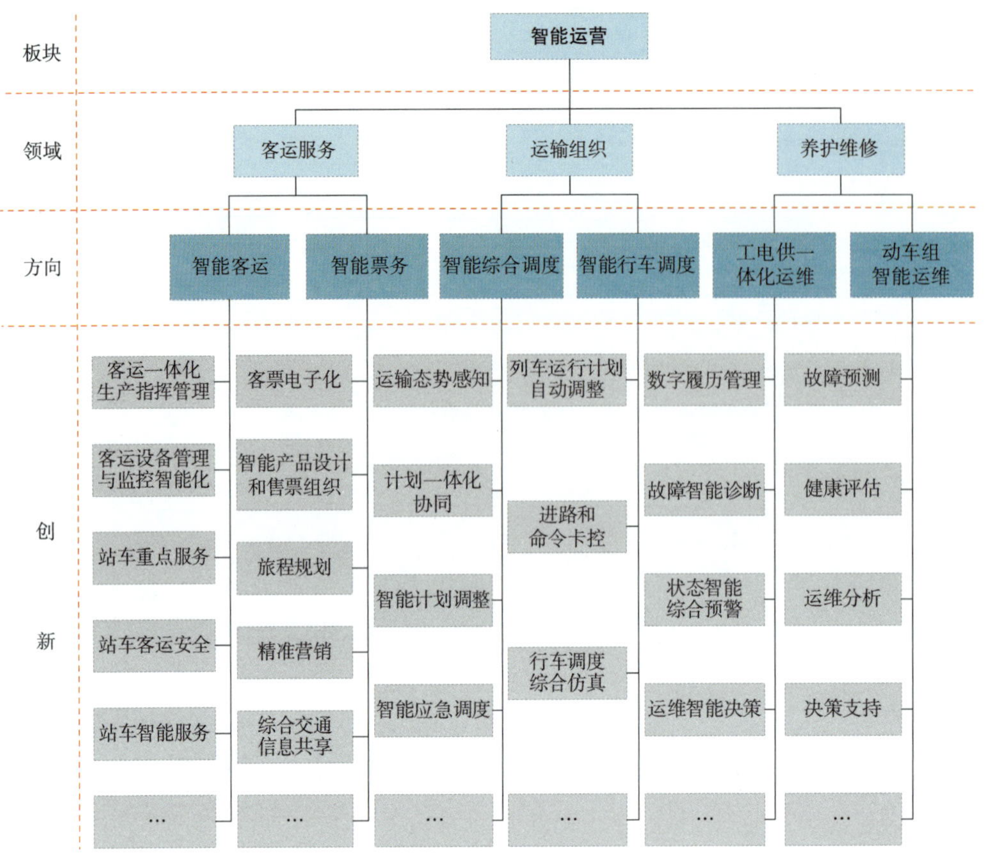

图 3—4 智能运营技术体系框架

第五节 AI 平台技术体系框架

智能高速铁路 AI 平台为智能建造、装备、运营三个板块、十个领域、十八个方向的 *N* 项创新提供主数据、元数据、地理信息、大数据分析、人工智能服务等，并跟踪采用网络安全保障、北斗卫星导航系统、物联网等支撑技术。

智能高速铁路 AI 平台是基于云计算、大数据、物联网、移动互联、人工智能等新技术的广泛应用，通过高速铁路不同业务领域、全生命周期不同阶段信息系统的集成融合，实现各智能子系统的数据协同、功能协同、业务协同，形成全面感知、融合处理、综合分析、智能研判的智能高速铁路系统运营指挥中枢。

智能高速铁路 AI 平台将为智能建造、智能装备、智能运营三个板块，勘察设计、工程施工、建设管理、移动装备、通信信号、牵引供电、检测监测、客运服务、运输组织、养护维修等十个领域，基于空天地一体化工程勘察、基于 BIM 工程设计、桥隧路轨工程智能化施工、客运站工程智能化施工、四电工程智能化施工、基于 BIM+GIS 工程建设管理、智能动车组、智能综合检测车、信号、通信、智能牵引供电、智能检测监测、智能客运、智能票务、智能综合调度、智能行车调度、工电供一体化运维、动车组智能运维等十八个方向的 N 项创新应用提供统一的主数据、元数据、地理信息、大数据分析、人工智能分析等服务，如图 3—5 所示。

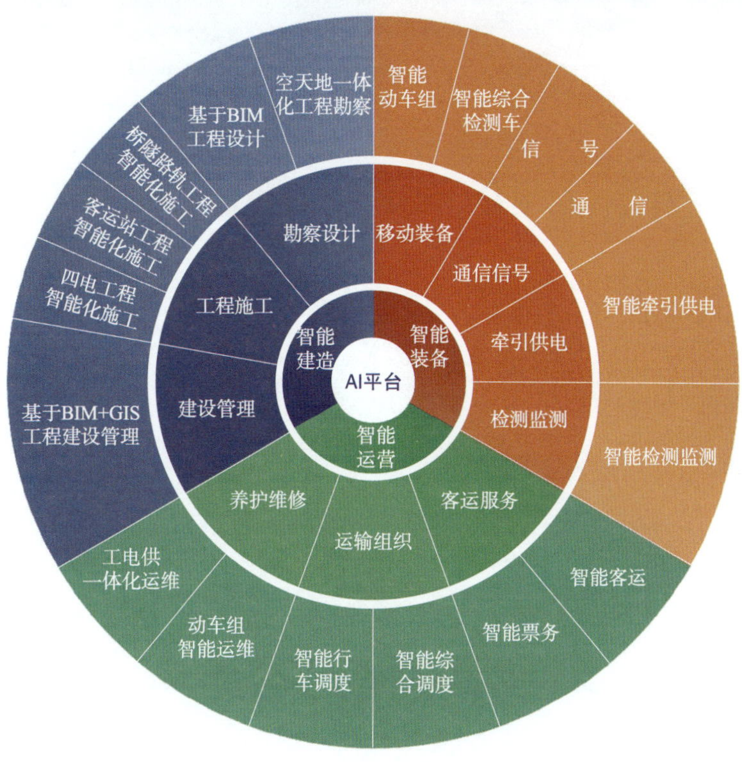

图 3—5　基于 AI 平台的智能应用

智能高速铁路 AI 平台将基于铁路主数据中心构建，为智能建造、智能装备、智能运营等板块提供统一的算法、算力和数据支持。算法是指涵盖通用算法和铁路专用分析模型的“通专结合”的多项融合分析算法。算力是指基于云计算模式为智能高速铁路各类应用提供统一的存储、计算、安全等能力。数据是针对海量多级多活、异域分布的智能高速铁路数据资产特点，构建“温度—粒度—敏度”融合的分级分域数据资产湖，资产湖数据包括结构化数据、半结构化数据、非结构化数据，其中非结构化数据涵盖高速铁路 BIM 模型数据、GIS 数据，以及其他相关文本、图形、图像等数据。基于此实现智能高速铁路数字孪生模型、全生命周期海量数据的一体化存储和分析，创建“模型承载数据、数据驱动模型”的机制，实现基于数据驱动的 BIM 模型全生命周期迭代优化。智能高速铁路 AI 平台的总体架构包括数据湖层、数据服务层、通用智能算法层、行业专用智能算法层、接口共享层五部分，如图 3—6 所示。

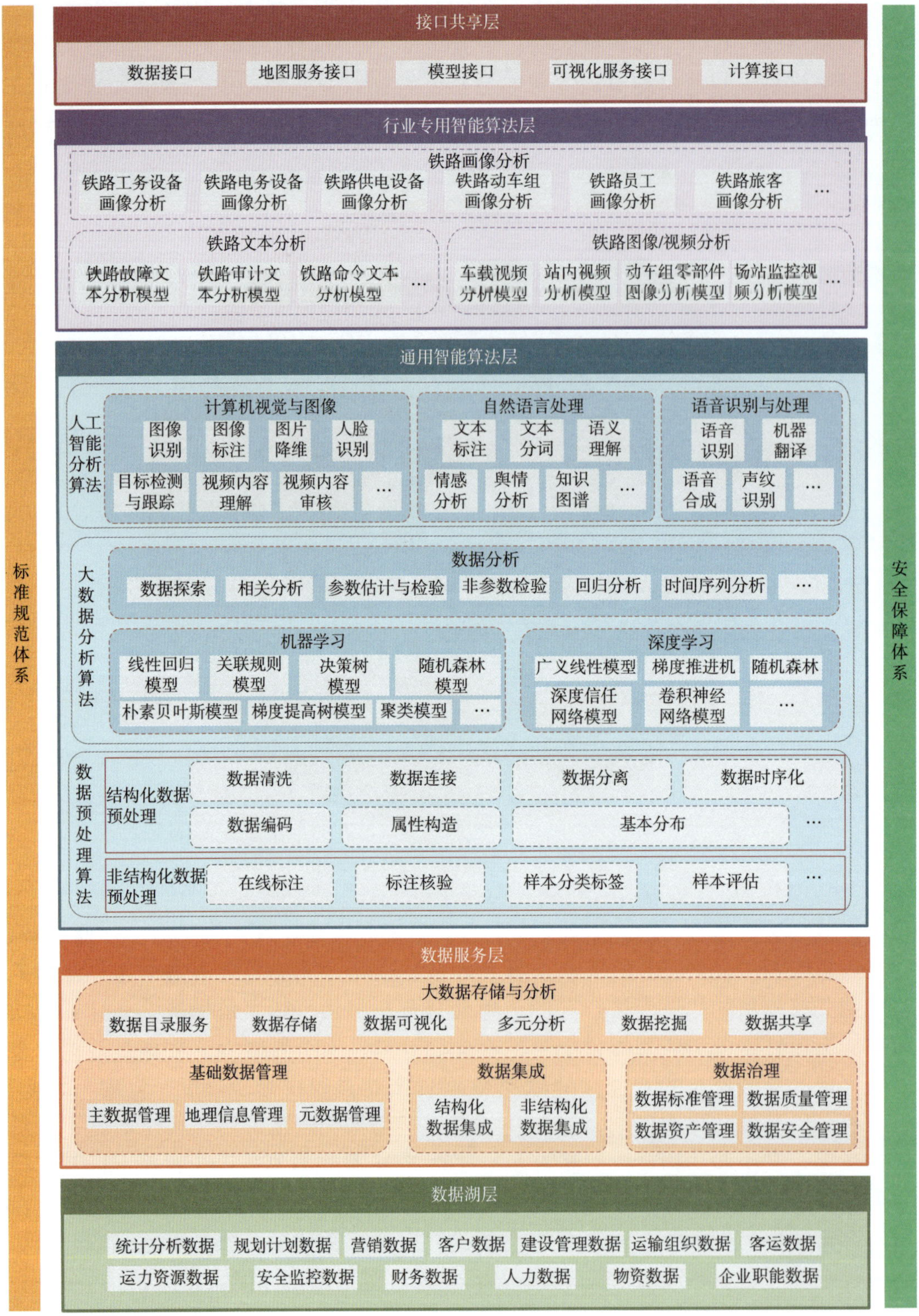

标准规范体系

接口共享层

数据接口　地图服务接口　模型接口　可视化服务接口　计算接口

行业专用智能算法层

铁路画像分析

铁路工务设备画像分析　铁路电务设备画像分析　铁路供电设备画像分析　铁路动车组画像分析　铁路员工画像分析　铁路旅客画像分析　…

铁路文本分析

铁路故障文本分析模型　铁路审计文本分析模型　铁路命令文本分析模型　…

铁路图像/视频分析

车载视频分析模型　站内视频分析模型　动车组零部件图像分析模型　场站监控视频分析模型　…

通用智能算法层

人工智能分析算法

计算机视觉与图像：图像识别　图像标注　图片降维　人脸识别　目标检测与跟踪　视频内容理解　视频内容审核　…

自然语言处理：文本标注　文本分词　语义理解　情感分析　舆情分析　知识图谱　…

语音识别与处理：语音识别　机器翻译　语音合成　声纹识别　…

大数据分析算法

数据分析：数据探索　相关分析　参数估计与检验　非参数检验　回归分析　时间序列分析　…

机器学习：线性回归模型　关联规则模型　决策树模型　随机森林模型　朴素贝叶斯模型　梯度提高树模型　聚类模型　…

深度学习：广义线性模型　梯度推进机　随机森林　深度信任网络模型　卷积神经网络模型　…

数据预处理算法

结构化数据预处理：数据清洗　数据连接　数据分离　数据时序化　数据编码　属性构造　基本分布　…

非结构化数据预处理：在线标注　标注核验　样本分类标签　样本评估　…

数据服务层

大数据存储与分析

数据目录服务　数据存储　数据可视化　多元分析　数据挖掘　数据共享

基础数据管理：主数据管理　地理信息管理　元数据管理

数据集成：结构化数据集成　非结构化数据集成

数据治理：数据标准管理　数据质量管理　数据资产管理　数据安全管理

数据湖层

统计分析数据　规划计划数据　营销数据　客户数据　建设管理数据　运输组织数据　客运数据　运力资源数据　安全监控数据　财务数据　人力数据　物资数据　企业职能数据

安全保障体系

图 3—6　智能高速铁路 AI 平台

1. 数据湖层创建“温度—粒度—敏度”融合的智能高速铁路分级分域数据资产湖。温度是指建立了依数据活性可自动重构的冷、温、热数据区分类模型，粒度是指建立适应不同主体对数据颗粒度差异化需求的实体—表—字段等多个粒度的动态存储。敏度是指建立与数据共享频次耦合的数据灵敏度划分模型，实现数据资产的按需实时共享。分级分域是指建立温度—粒度—敏度动态交融的总部—区域结合、多业务域动态划分的数据湖部署方法。数据资产湖内的数据涵盖智能高速铁路各业务领域数据，如统计分析数据、规划计划数据。

2. 数据服务层为汇入 AI 平台的海量数据提供基础数据管理、数据集成、数据治理、数据共享、大数据存储与分析等功能，可实现大数据的清洗、融合、关联、存储，为智能分析与智能应用提供数据服务支撑。

3. 通用智能算法层可为智能业务系统提供通用的、可调用的智能分析算法，集成了人工智能分析算法、大数据分析算法和数据预处理算法。其中，人工智能分析算法包括计算机视觉与图像、自然语言处理和语音识别与处理等算法；大数据分析算法包括数据分析、机器学习和深度学习等算法；数据预处理算法包括结构化数据预处理和非结构化数据预处理等算法。常见的通用智能算法见表 3—1。

表 3—1　通用智能算法

数据预处理算法	融合处理算法	针对分析数据做全连接、拉链连接、叠加连接等维度扩展操作
	筛选过滤算法	根据挖掘分析目标的不同，对分析数据进行过滤、去重、降维等操作，降低数据挖掘与分析的难度
	数据质量提升算法	包括空置填补、数据类型转换、值替换、值转换等操作，对数据处理中的逻辑错误进行质量提升
	时间维度算法	为方便截取数据分析样本，提供时间范围、时间差等方面的预处理算法
	编码优化算法	包括列名修改、数据规范设置、新列增加、数据离散化、属性构造、重新编码、手动离散化等
	数据划分算法	作为接入模型的入口，包括数据抽样和多输出选择等
	特征提取算法	作为数据挖掘与分析的重要特征指标，包括独热编码、二值离散化、特征尺度、多项式展开、卡方选择等十二种特征提取算法
模型评估算法	分类模型评估	建立评价指标并对分类模型进行评价，包括 ROC 值分析、PR 值分析等算法
	回归模型评估	建立评价指标并对回归模型进行评价，包括残差图数据、回归系数等算法
	聚类模型信息	用于展示聚类模型的聚类结果，包括聚类结果、聚类个数等算法
	关联规则模型信息	建立评价指标并对关联规则模型进行评价，包括规则报告、频繁项集等算法
高级统计算法	参数估计方法	根据数据表象为统计学模型提供估计参数，包括均值估计、均值差估计、方差估计、方差比估计、比率估计等算法

续上表

高级统计算法	均值检验算法	对数据集的平均数指标进行分析，包括 T 检验、Wilcoxon 符号秩检验等算法
	事件概率检验方法	用于确定数据所代表事件的出现概率特征，包括二项式分布和泊松分布等算法
	分散性检验	用于观察数据的离散程度，包括 F 检验、方差齐次性检验、非齐次检验、方差分析、尺度检验等算法
	分布规律检验	用于检验数据的分布规律，包括正态分布检验、功效检验、KMS 检验、KS 检验等算法
	差异分析与检验	用于检验数据间的差异及显著性，包括单因素检验、双因素检验、多重 t 检验、协方差检验、Mood 检验等算法
	相关分析与检验	用于检验数据间的相关性和关联关系，包括相关性分析、偏相关性分析、对应分析、多重分析、秩相关检验、卡方独立检验等算法
	数据降维分析	主要针对数据中较为复杂的特征，提供包括碎石图、KMO 检验、Barlett 检验、主成分分析、因子分析等算法
	时间序列分析	针对具有时间特征的数据，提供时间序列化、自相关、偏自相关、白噪声检验、ARIMA 模型、Hot-Winters 模型等算法
	回归分析	用于确定两种或两种以上变量间相互依赖的定量关系，包括线性回归、岭回归、稳健回归、BoxCox 广义幂变换等算法
	判别分析	包括线性判别和二次判别等算法
机器学习算法	枚举预测算法	包括自动分类算法、逻辑回归算法、SVM 模型、朴素贝叶斯算法等算法
	趋势预测算法	对数值型数据进行趋势预测，包括决策树模型、线性回归模型、岭回归模型、Lasso 模型等算法
	混合聚类算法	对具有标签特征的数据进行聚类操作，包括 Kmeans 模型、高斯混合模型等算法
	关联推荐算法	对数据表现的多特征组合进行关联分析，包括 ALS 模型
	关联规则算法	挖掘多数据多维度之间的关联规则，包括关联规则模型
深度学习算法	神经网络算法	分别从单纯神经网络、自适应 ANN、深度支持向量机、梯度提升、广义线性回归的角度迭代训练的算法，降低算法筛选成本，快速处理高维特征数据，提升数据拟合度。适用于高频数据检测、数据趋势预测、数据特征识别、数据维度组合关联等问题，既能处理离散型数据也能处理连续型数据
	深度学习算法	
	深度支持向量机算法	
	梯度提升算法	
	GLM 算法	

4. 行业专用智能算法层集成了根据高速铁路业务特征定制开发的专业模型算法，如铁路画像分析、铁路文本分析、铁路图像/视频分析、铁路知识图谱等，为各业务提供定制化的智能分析技术。

5. 接口共享层，将部分平台数据和功能服务、智能计算的辅助决策结果或定制化的智能计算模型开放共享给用户，对外提供数据接口、计算接口、模型接口、可视化服务及地图服务接口等。

第四章

中国智能高速铁路数据体系框架

高速铁路在勘察设计、工程建设、运输生产和经营活动中，产生和积累了海量的工程建设、旅客出行、安全监测等数据，这些数据的充分应用是促进智能高速铁路建设、推进新时期铁路快速发展的重要手段和途径。智能高速铁路体系框架从数据层面对全生命周期数据资源的汇集、治理、共享和分析等进行了整体设计。本章提出了智能高速铁路全生命周期数据体系框架，设计了数据分类与组织方法，介绍了数据服务平台的结构与功能，构建了典型的数据分析应用场景。

第一节　数据体系框架总体构成

智能高速铁路数据体系框架自底向上分为数据汇集层、存储分析层和综合应用层。数据汇集层用于汇集来自智能建造、智能装备、智能运营三大板块和既有业务信息系统的数据，以及其他交通方式、气象、地震等外部相关数据，实现全业务、全类型的智能高速铁路数据汇集。存储分析层基于数据服务平台，对数据进行标准化、规范化处理，按工程建造、基础设施、移动装备、运营服务等不同主题建立全生命周期数据组织与存储结构，形成一套多专业融合、跨业务、跨部门共享的规范数据资源，并提供基础数据管理、数据集成、数据治理等服务；综合应用层采用“平台＋应用”的铁路大数据应用模式，围绕工程建设、移动装备、基础设施、运输生产、运营安全、客运管理与服务、综合交通共享等领域，开展大数据典型应用，如图 4—1 所示。

1. 智能高速铁路数据资产：由智能建造、智能装备、智能运营三大数据域构成。智能建造数据域，包括空天地一体化工程勘察数据、基于 BIM 工程设计数据、桥隧路轨工程智能化施工数据、客运站工程智能化施工数据、四电工程智能化施工数据、基于 BIM＋GIS 工程建设管理数据等内容。智能装备数据域，包括智能动车组数据、智能综合检测车数据、信号数据、通信数据、智能牵引供电数据、基础设施检测监测数据、自然灾害监测与预警数据、周界入侵智能监测数据、环境智能监测数据等内容。智能运营数据域，包括智能客运数据、智能票务数据、智能综合调度数据、智能行车调度数据、工电供一体化运维数据、动车组智能运维数据等内容。设备设施基础台账数据、外部环境数据贯穿智能高速铁路全生命周期的多个业务环节，为三大数据域共享。

2. 数据服务平台：是智能高速铁路 AI 平台的重要组成部分，构建包含“智能建造数据、智能装备数据、智能运营数据”的数据湖，提供基础数据管理、数据集成、数据治理、数据共享、数据分析等五个方面的服务，未来可在此基础上拓展人工智能分析服务等。基础数据管理实现智能高速铁路主数据、地理信息及元数据等方面的规范化管理；数据集成实现结构化数据、半结构化数据和非结构化数据的抽取、转换和导入；数据治理对数据标准、质量、安全等进行管理；数据共享实现数据资产发布和数据授权；数据分析提供了模型算法和可视化等服务。

3. 智能高速铁路大数据应用：基于数据服务平台，采用“平台＋应用”模式，围绕工程建设、移动装备、基础设施、运输生产、运营安全、客运管理与服务、综合交通共享等领域，开展大数据典型应用，实现大数据技术与智能高速铁路核心业务的深度融合，构建智能高速铁路与社会协同的数据生态体系。

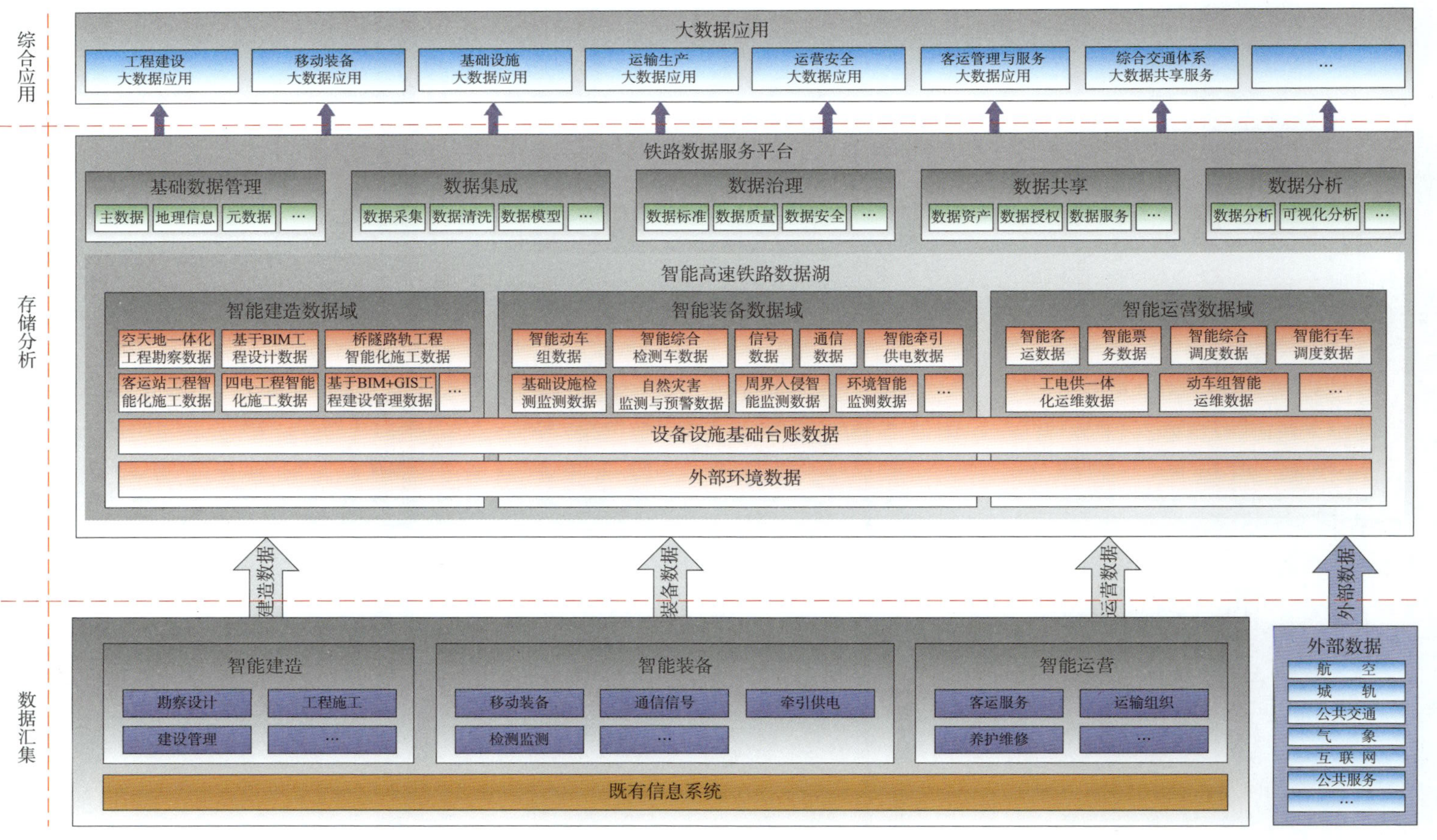

图 4—1　智能高速铁路数据体系框架

第二节 数据模型分类与组织

在智能高速铁路数据体系框架指导下，为进一步提升智能高速铁路的整体数据管理水准和数据服务能力，需制定智能高速铁路数据主题分类，规划统一规范的基础数据管理方法。数据分类就是根据数据内容的属性或特征，将数据按一定的原则和方法进行区分和归类，并建立起一定的分类系统和排列顺序，以便管理和使用数据。数据分类的目的是科学地组织数据及有效地发现、利用数据。常用的数据分类方法包括按业务分类、按数据类型分类、按数据产生频率分类、按处理实时性分类和按重要程度分类等。

一、按业务分类

根据智能高速铁路的概念、内涵和内外部需求，从智能高速铁路业务划分的角度，提出涵盖统计分析、规划计划、建设管理、营销、客户、运输组织、客运、运力资源、安全监控、财务、人力、物资、企业职能等十三个数据主题类别，如图 4—2 所示。

1. 统计分析主题

统计分析数据主题包括客运统计、运力资源统计、财务统计、决策支持等数据模型，涵盖智能高速铁路日常运营所产生的统计数据模型，也包括通过汇总整合运营数据后产生的综合型分析数据模型，见表 4—1。

表 4—1 统计分析主题下数据模型

概念数据模型	类 型	数据模型描述
客运统计	分析型数据	旅客发送量、周转量、收入、密度等统计
运力资源统计	分析型数据	动车组运用、检修统计效率等
物资设备统计	分析型数据	物资设备数量、预算、运用情况统计
环境统计	分析型数据	环境相关统计数据
人资统计	分析型数据	员工、工种数量、工资发放相关统计
财务统计	分析型数据	财务相关报表统计
能耗统计	分析型数据	能耗数量、能耗计划、完成量等统计报告
周期运营统计	分析型数据	运营生产相关综合统计报告等
管控支持	分析型数据	为支持日常业务运营管控进行实时分析
决策支持	分析型数据	为支持智能决策进行的综合分析

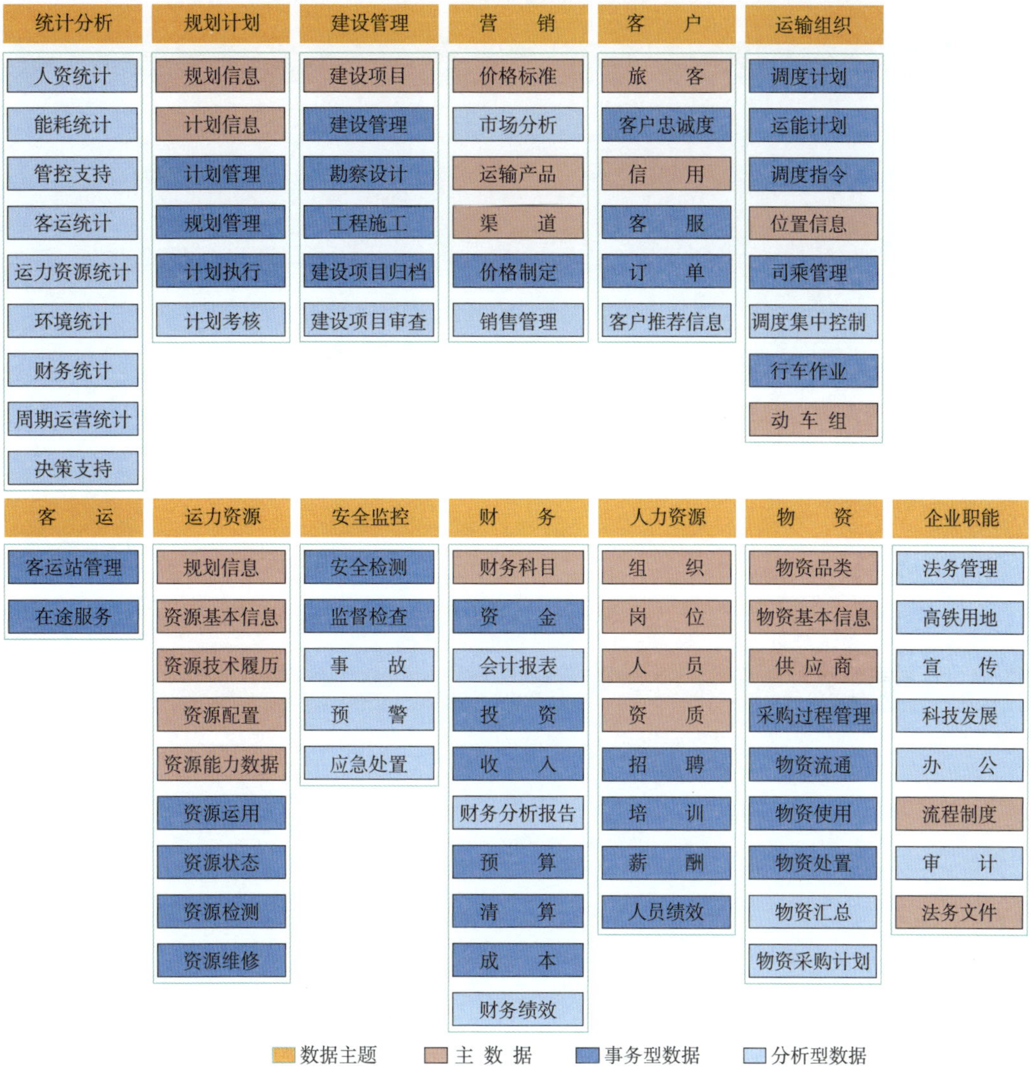

- 统计分析：人资统计、能耗统计、管控支持、客运统计、运力资源统计、环境统计、财务统计、周期运营统计、决策支持
- 规划计划：规划信息、计划信息、计划管理、规划管理、计划执行、计划考核
- 建设管理：建设项目、建设管理、勘察设计、工程施工、建设项目归档、建设项目审查
- 营　销：价格标准、市场分析、运输产品、渠　道、价格制定、销售管理
- 客　户：旅　客、客户忠诚度、信　用、客　服、订　单、客户推荐信息
- 运输组织：调度计划、运能计划、调度指令、位置信息、司乘管理、调度集中控制、行车作业、动车组
- 客　运：客运站管理、在途服务
- 运力资源：规划信息、资源基本信息、资源技术履历、资源配置、资源能力数据、资源运用、资源状态、资源检测、资源维修
- 安全监控：安全检测、监督检查、事　故、预　警、应急处置
- 财　务：财务科目、资　金、会计报表、投　资、收　入、财务分析报告、预　算、清　算、成　本、财务绩效
- 人力资源：组　织、岗　位、人　员、资　质、招　聘、培　训、薪　酬、人员绩效
- 物　资：物资品类、物资基本信息、供应商、采购过程管理、物资流通、物资使用、物资处置、物资汇总、物资采购计划
- 企业职能：法务管理、高铁用地、宣　传、科技发展、办　公、流程制度、审　计、法务文件

数据主题　主数据　事务型数据　分析型数据

图 4—2　按业务分类的数据主题类别

2. 规划计划主题

规划计划数据主题包括规划信息、计划信息、计划管理等数据模型，涵盖了智能高速铁路长期规划信息，以及根据长期规划所制定的各项计划信息和计划的管理、执行、考核等信息，见表 4—2。

表 4—2　规划计划主题下数据模型

概念数据模型	类　型	数据模型描述
规划信息	主数据	智能高速铁路长期宏观规划信息，为各项具体计划提供参考依据
计划信息	主数据	智能高速铁路各项计划具体信息，如项目的工作分解、项目的组织结构

续上表

概念数据模型	类　　型	数据模型描述
规划管理	事务型数据	包括规划具体执行信息，如规划的执行、阶段总结、各专业协调等信息
计划管理	事务型数据	包括计划具体执行信息，如项目的筛选、预可行性研究结果、可行性研究等各环节的信息
计划执行	事务型数据	包括各项计划具体执行信息，如计划执行进度、计划各项财务状况等信息
计划考核	分析型数据	针对计划考核信息

3. 营销主题

营销数据主题包含运输产品、价格制定、销售管理、市场分析、价格标准等数据模型，涵盖了销售过程的管理、市场动态及时把握、客运管理水平、服务质量等信息，见表 4—3。

表 4—3　营销主题下数据模型

概念数据模型	类　　型	数据模型描述
价格标准	主　数　据	客运及其他增值服务相关产品具体价格信息
市场分析	分析型数据	针对客运市场近期趋势进行的分析信息
运输产品	主　数　据	客运产品基本信息，如客运列车时刻、席位配置等信息
渠　　道	主　数　据	客票及其他销售、促销渠道安排等信息
价格制定	事务型数据	具体客票价格信息
销售管理	分析型数据	针对各类运输产品销售全过程管理信息

4. 客户主题

客户数据主题包含旅客、客服等数据模型，涵盖各类客户的各项信息，建立详细的客户视图，为制定相应的产品和服务提供数据，见表 4—4。

表 4—4　客户主题下数据模型

概念数据模型	类　　型	数据模型描述
旅　　客	主　数　据	旅客基本信息
客户忠诚度	事务型数据	客户忠诚度管理信息，如客户积分、常旅客信息等
信　　用	主　数　据	客户以往交易信用管理信息
客　　服	事务型数据	客户服务相关信息，如客户咨询信息、客户回访信息等
订　　单	事务型数据	客户交易订单信息
客户推荐信息	分析型数据	根据客户过往交易及其他数据，对客户推荐产品服务的信息

5. 建设管理主题

建设管理数据主题包含建设项目、建设管理等数据模型，涵盖智能高速铁路建设项目及其他业务领域内以项目方式进行管理的业务，项目数据包括整个项目生命周期的相关数据，可用于项目的分析和决策、项目建成后的运营和服务等，见表 4—5。

表 4—5　建设管理主题下数据模型

概念数据模型	类　型	数据模型描述
建设项目	主　数　据	建设项目基本信息，如项目名称、负责部门等
建设管理	事务型数据	建设项目进行过程中具体管理信息，如建设项目的工作分解、项目进行阶段等
勘察设计	事务型数据	建设项目具体设计信息，如施工图、设计方案等
工程施工	事务型数据	建设项目进行过程中具体执行信息，如建设相关人员、建设使用物资等
建设项目归档	事务型数据	建设项目归档信息
建设项目审查	分析型数据	针对建设项目考核审查信息

6. 运输组织主题

运输组织数据主题包含调度计划、调度命令、行车作业等数据模型，涵盖智能高速铁路运输生产各部门的日常运输管理，通过制定运输调度中的各项计划和命令，为智能高速铁路其他各个部门提供信息服务，指导各站段的具体作业，见表 4—6。

表 4—6　运输组织主题下数据模型

概念数据模型	类　型	数据模型描述
调度计划	事务型数据	日常运输调度中各项计划和实际信息
运能计划	事务型数据	以运力资源配置及列车开行安排等信息为基础，进一步编制的运输调度计划
调度指令	事务型数据	具体调度命令相关数据，如命令号、受令单位、命令内容等
位置信息	主　数　据	设备具体位置、地理数据，如车站、站段、线路的具体数据信息
司乘管理	事务型数据	乘务员、司机相关管理数据
调度集中控制	分析型数据	调度集中控制数据，如 CTC 信息、进路指令等
行车作业	事务型数据	行车过程中产生的一系列数据
动 车 组	主　数　据	动车组基本信息、运行信息、故障和检修信息等

7. 客运主题

客运数据主题包含客运站作业和在途服务两种数据模型，见表 4—7。

表 4—7 客运主题下数据模型

概念数据模型	类 型	数据模型描述
客运站管理	事务型数据	客运站具体作业管理数据
在途服务	事务型数据	旅客在途相关数据

8. 运力资源主题

运力资源数据主题包括运力资源基本信息、资源运用、资源检修等数据模型，涵盖了运力资源的整个生命周期数据，通过对运力资源的用、管、修的全生命周期管理，实现对资产的精细化管控，见表 4—8。

表 4—8 运力资源主题下数据模型

概念数据模型	类 型	数据模型描述
资源规划	主 数 据	资源长期规划数据，如投资、收益规划信息
资源基本信息	主 数 据	资源基本信息，如型号、编号等
资源技术履历	主 数 据	运力资源技术履历信息
资源配置	主 数 据	设备配属信息，如配属时间、配属单位等
资源能力数据	主 数 据	运力资源运输能力信息
资源运用	事务型数据	资源运用过程中产生的相关数据，如状态变化信息等
资源状态	事务型数据	设备状态数据，如签收、修理、故障、报废等
资源检测	事务型数据	设备检测数据
资源维修	事务型数据	设备维修数据

9. 安全监控主题

安全监控数据主题包括安全检测、事故处置、应急处置等数据模型，涵盖了从安全检测到安全管理的安全生产全生命周期数据，见表 4—9。

表 4—9 安全监控主题下数据模型

概念数据模型	类 型	数据模型描述
安全检测	事务型数据	安全检测数据，如监控视频等
监督检查	事务型数据	监督检查数据，如定期检查、安全监督等
事故处置	事务型数据	针对事故的处置信息，如行车事故处置等
预 警	分析型数据	根据收集到的数据分析出的预警信息
应急处置	分析型数据	对事故或紧急情况的处置数据，如营救信息等

10. 财务主题

财务主题数据包含财务科目、资产信息、会计核算、清算信息等，涵盖了会计核算、运输清算等。财务数据能够全面地反映各级单位生产经营状况，为正确决策和有效监管提供有力支持，见表4—10。

表4—10　财务主题下数据模型

概念数据模型	类　型	数据模型描述
财务科目	主 数 据	财务科目信息，如科目号、科目性质、科目方向等
资　金	事务型数据	资金管理信息，如资金调拨等
会计报表	分析型数据	各类会计报表的数据
投　资	事务型数据	投资相关数据，如投资项目、投资收益等
收　入	事务型数据	收入相关数据
财务分析报告	分析型数据	财务分析数据
预　算	事务型数据	预算相关数据，如预算计划、预算执行信息等
清　算	事务型数据	运输清算信息，如路间清算信息等
成　本	事务型数据	成本管理信息，如各成本对象分类成本等
财务绩效	分析型数据	财务绩效数据

11. 人力资源主题

人力资源主题数据包含组织机构、人员信息等，涵盖了员工招募、员工发展以及相关的薪资管理信息，为培养和发展员工能力以及员工绩效考核提供基础数据，见表4—11。

表4—11　人力主题下数据模型

概念数据模型	类　型	数据模型描述
组　织	主 数 据	组织机构相关信息
岗　位	主 数 据	岗位职能数据
人　员	主 数 据	人员基本信息
资　质	主 数 据	人员资质相关数据
招　聘	事务型数据	企业招聘信息
培　训	事务型数据	人员、职工培训信息
薪　酬	事务型数据	人员薪酬相关数据
人员绩效	事务型数据	人员绩效相关数据

12. 物资主题

物资主题数据包含物资品类、物资流通、物资处置等，涵盖了物资仓储、使用、回收等业务所需数据，用以优化库存结构，保持合理物资储备等，见表4—12。

表 4—12　物资主题下数据模型

概念数据模型	类　型	数据模型描述
物资品类	主　数　据	物资品类信息
物资基本信息	主　数　据	物资基本信息，如物资名称等
供应商	主　数　据	供应商信息，如供应商名称、编号等
采购过程管理	事务型数据	采购过程中产生的数据，如记录信息、报价等
物资流通	事务型数据	物资流通相关数据
物资使用	事务型数据	物资使用过程中相关数据
物资处置	事务型数据	物资处置状态数据
物资汇总	分析型数据	物资相关汇总数据
物资采购计划	分析型数据	物资采购计划数据

13. 企业职能主题

企业职能数据主题包含法务管理、高速铁路用地、办公、科技管理等数据模型，见表 4—13。

表 4—13　企业职能主题下数据模型

概念数据模型	类　型	数据模型描述
法务管理	分析型数据	法务相关管理数据
高速铁路用地	分析型数据	高速铁路用地相关管理数据
宣　传	分析型数据	相关宣传数据
科技发展	分析型数据	科技发展相关数据
办　公	分析型数据	办公数据
流程制度	主　数　据	流程制度相关数据
审　计	分析型数据	审计相关数据
法务文件	主　数　据	法务相关数据

二、按数据类型分类

按数据类型分类是指根据数据内容类型及数据存储形式对数据进行分类。按数据类型主要分为结构化数据、非结构化数据和半结构化数据，如图 4—3 所示。

（一）结构化数据

结构化数据是指存储在数据库中，具有一定逻辑结构和物理结构，可以用二维表结构来逻辑表达实现的数据。结构化数据具有高度组织的模式、标准格式和布局，它们采用有组织和精确的形式进行存储、访问和处理。

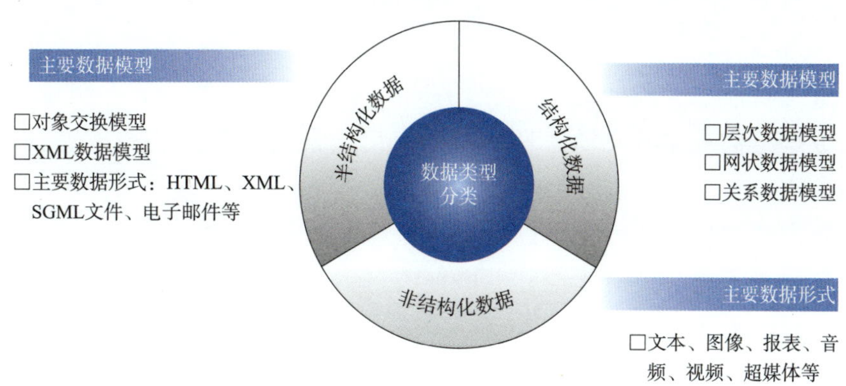

图 4—3　按数据类型分类

1. 数据特征

严格遵循数据格式与长度规范，通常有预定义的数据模型组织结构，主要通过关系型数据库进行存储和管理。

2. 主要数据模型

结构化数据的逻辑模型通常分为层次数据模型、网状数据模型和关系数据模型。层次数据模型是用树状（层次）结构来表示实体类型和实体间联系；网状数据模型是用有向图表示实体和实体之间联系的数据结构模型；关系数据模型使用二维逻辑表表示实体和实体之间关系。

（二）非结构化数据

非结构化数据的数据结构不规则，无预定义数据模型，通常无法用数据库二维逻辑表来展现数据；机器日志数据、电视录像、X 射线图像、视频是典型的非结构化数据。

1. 数据特征

（1）数据形态具备多样性，通常不存储在数据库中，而是以各种类型的文件形式存放。

（2）数据无预设模型，即没有预定义的数据模型或没有以预定义方式组织，具备传统计算机程序难以理解的不规则性和模糊性。

2. 主要数据形式

常见数据形式包括文本、图像、报表、音频、视频、超媒体信息等。

（三）半结构化数据

半结构化数据是指可能是不规则的或不完整的，其结构可能会发生快速或不可预测变化的数据。半结构化数据是特殊结构化的数据，结构化差异较大，无法用目前处理结构化数据的方式进行研究和应用，故将介于完全结构化的数据和完全无结构的数据之间的类型划分为半结构化数据。

1. 数据特征

（1）具有自描述性数据结构，数据结构和数据内容混在一起无明显区分。

（2）数据结构描述具有动态性，数据变化通常会导致结构模式变化，具有动态的结构模式。

（3）数据结构具有高度复杂性，其结构难以纳入通用描述框架。

（4）数据元素之间没有次序，并非所有的元素都必然存在，且同名的元素可能表现出不同的形式。

2. 主要数据模型

半结构化数据的主要数据模型为对象交换模型和 XML 数据模型。

（1）对象交换模型是针对半结构化数据而提出的一种数据模型，将实体定义为对象，每个对象由四元组表示。

（2）XML 数据模型，主要包含 Infoset 模型、XPath 数据模型、DOM 模型、XQuery 和 XPath 数据模型，属于对象交换模型的变体。

3. 主要数据形式

常见的 HTML、XML、SGML 文件、电子邮件等文件处理中的结构和内容不固定的数据。

三、按数据产生频率分类

按数据产生频率分类是指根据产生的频率（单位时间内预计产生的数据量或固定数据量到达的频率）对数据进行分类。

（一）应需型数据

应需型数据是指不定时产生、通常没有固定产生规律，以及产生频率较低的数据，如信访信息、应急信息等。

1. 数据特征

（1）应需型数据的产生具有不确定性，根据需求驱动产生；突发事件、经济活动影响都是其需求驱动因素。

（2）通常数据产生频率较低，生产周期可按天、周、月为单位来计算。数据具有非连续性，不同时间的同类数据也存在明显差异，体现在内容、格式、来源等方面。

2. 数据范围

应需型数据主要由社交数据、内容媒体数据和其他互联网数据等组成，数据源主要包括应急数据、网站数据、电商、论坛、应用市场、新闻媒介等渠道的数据。

（二）持续型数据

持续型数据指在单位时间内按照自有规律保持持续产生的数据，是介于应需型数据和实时数据之间的一种中等生产频率数据类型。

1. 数据特征

（1）数据产生有规律可循，通常较长时间按照固定的频率产生，可根据规律制定合理的采集和分析应用方案。

（2）数据量大，产生的数据连续积累，具备大数据的高容量特性，需采用分布式结构存储。

（3）数据产生频率较应需型数据高，生产周期可按分钟、小时、天为单位来计算。

（4）持续型数据具有时效性，但时效性要求标准不如实时数据高。

2. 数据范围

定期产生的统计类数据、公开数据、学术知识文库等是典型的持续型数据。

（三）实时数据

实时数据是指实时产生、实时采集计算的数据，以及对数据进行实时计算产生的中间数据。

1. 数据特征

（1）实时数据具有高时效性，随着时间推移实时数据值失效。过去的数据可以反映事物的发展过程，通常按时间和类别存储为历史数据。

（2）实时数据在单位时间内数据生产量大，具有快速响应的需求。

（3）实时数据具备实时交互的特性，数据采集和分析同步进行，数据的价值即时体现。

（4）数据产生频率高，常见的生产周期按秒、分钟为单位来计算。

2. 数据范围

典型的实时数据有天气数据、客运交易数据，以及各专业监控和设备监测数据等。

（四）时序数据

时序数据是指被观测到的以时间次序排列的数据序列，即同一指标按时间顺序记录的数据列。

1. 数据特征

（1）时序数据产生频率最高，事物变化即产生新数据，理论上可以以最小时间单位进行计算。

（2）数据对产生（采集）时间依赖性强，每条数据均要求对应唯一时间。

(3) 数据分布规律，时序数据是按照时间顺序取得的一系列观测值。

(4) 数据量庞大，通常实时监测系统具有千万级监测点，监测点每秒钟产生数据不停积累。

(5) 数据可比性强，在同一数据列中的各个数据都是同口径的，包括时期数、时点数。

(6) 数据可预测性强，通过数据样本内时间序列的统计特性和发展规律，可构建时间序列模型，进行样本外预测。

2. 数据范围

时序数据主要由各类型实时监测、检查与分析设备所采集和产生的数据为代表。

四、按处理实时性分类

按处理实时性分类是指根据数据处理的时间延迟要求对数据进行分类。

1. 实时处理数据

实时数据处理延迟时间要求一般小于 200 ms。主要使用流式大数据技术处理数据，目前应用较广泛的技术有 Tez、Spark Streaming、Storm、Flink 等，这些流处理框架将实时数据通过流处理，逐条加载于内存来进行查询等应用。此类系统可以对最新实时数据实现高效预设分析处理模型的查询，数据迟滞低。然而受限于内存容量，无法在完整大数据集上支持即席查询分析处理。

2. 批量处理数据

批处理数据的处理延迟时间要求可以大于 200 ms。批处理大数据系统需先将数据汇聚成批，经批量预处理后加载至分析型数据仓库中，以进行高性能实时查询。批处理大数据技术体系包括 MapReduce、Spark 等并行计算技术，这类技术系统可对完整大数据集实现高效即席查询，但无法查询到最新的实时数据，存在数据延迟高等问题。

第三节　数据服务平台结构与功能

数据服务平台是智能高速铁路 AI 平台的重要组成部分，由基础数据管理、数据集成、数据共享、大数据存储与分析等部分构成，平台从智能建造、智能装备、智能运营等领域的业务系统、其他相关业务系统等采集数据，开展数据建模和数据治理，并统一为各业务应用系统提供基础数据、共享数据和大数据分析服务。

一、数据服务平台结构

数据服务平台在结构上采取集团公司/铁路局两级集中部署，总体架构如图 4—4 所示。集团公司级数据服务平台既要汇集集团公司级部署的业务系统数据，也要汇集各铁路局的全量全业务数据，为各业务应用提供主数据、地理信息数据、元数据、数据集成、数据共享、大数据存储与分析等服务。铁路局级数据服务平台将汇集铁路局及下属站段部署的业务系统数据，为各铁路局、站段等应用提供数据集成、数据共享、大数据存储与分析等服务。

集团公司、铁路局两级平台之间存在双向的数据交互，数据交互的形式如下：集团公司为铁路局提供主数据、地理信息数据，以及全路统计汇总数据、相关分析数据等；铁路局向集团公司提供本局汇总或细节数据，以及需要依托集团公司级数据服务平台分析的其他数据。

二、数据服务平台总体功能

数据服务平台包括基础数据管理、数据集成、数据共享、大数据存储与分析、数据治理、系统管理等六类主要功能，如图 4—5 所示。

1. 基础数据管理

基础数据管理主要提供主数据管理、地理信息管理及数据服务平台所涉及的元数据信息管理功能，满足基础数据集中统一管理和服务提供的需求。主数据管理包括数据模型管理、数据管理、变更管理、数据同步、权限管理等功能，地理信息管理包括地理信息数据获取、位置空间数据存储、地图数据存储、数据应用等功能；元数据管理包括元数据维护、元数据分析、元数据质量管理、元数据权限管理等功能。

2. 数据集成

以智能高速铁路业务系统数据、物联网数据，以及互联网数据、外部相关机构和企业交互数据为数据源，提供结构化数据和非结构数据等不同数据类型的数据接入能力，对来自数据源层的原始数据，通过清洗、抽取、转换、标注、规范化后，加载提供给数据共享服务；主要提供结构化数据集成、实时流数据集成、非结构化数据集成等功能，满足各类型数据采集需求。具体包括数据源配置、处理器配置、目标源配置、执行器配置、采集任务管理、采集任务监控和采集任务调度等功能。

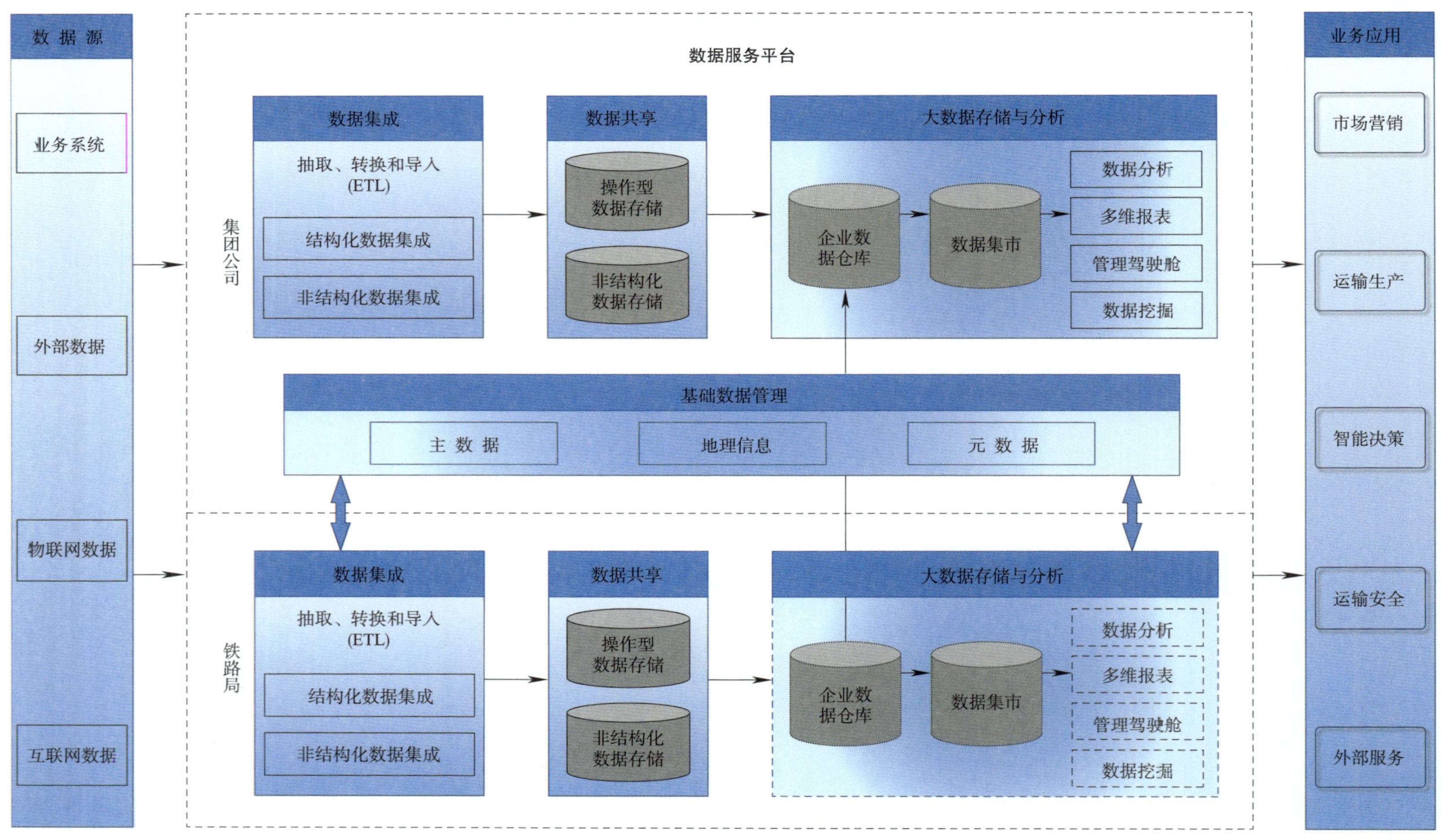

图 4—4 数据服务平台总体架构

大数据存储与分析
多维关联分析
数据挖掘
脚本开发
自助分析
模型运行
模型评估
数据可视化
数据仓库
数据集市

数据共享
操作型数据存储共享
非结构化数据存储共享
大数据计算
数据目录服务
数据服务接口
存储服务接口
计算服务接口
分析服务接口
展现服务接口

系统管理
用户管理
租户管理
角色管理
权限管理
功能管理
集群管理
大数据各组件服务状态监控
平台审计
系统监控
存储资源监控
计算资源监控
运行日志管理
系统访问审计

基础数据管理
主数据管理
数据模型管理
数据管理
变更管理
数据同步
权限管理
地理信息管理
地理信息数据获取
位置空间数据存储
地图数据存储
数据应用
元数据信息管理
元数据维护
元数据分析
元数据质量管理
元数据权限管理

数据集成
结构化数据集成
实时流数据集成
非结构化数据集成
数据源配置 → 处理器配置 → 目标源配置 → 执行器配置 → 采集任务管理 → 采集任务监控 → 采集任务调度

数据治理
数据标准管理
数据标准浏览
数据标准变更
数据标准获取
数据标准新增
数据标准审查
数据标准稽核
数据标准监控
数据质量管理
规则配置管理
数据质量监控和稽核
实时数据管控
数据质量交互
数据质量问题处理
数据质量考核
数据资产管理
数据资产信息管理
资产价值评估
数据资产全景视图
存储信息管理
数据安全管理

图 4—5　数据服务平台功能

3. 数据共享

构建适应智能高速铁路大数据环境的操作型数据存储、非结构化数据存储，采用操作型数据存储技术，汇总业务数据，为各业务应用系统提供数据共享服务；对数据进行准实时分析，为数据仓库提供整合数据；通过共享平台为各系统提供数据共享。主要功能包括操作型数据存储共享、非结构化数据存储共享、大数据计算、数据目录服务、数据服务接口，其中数据服务接口包括存储服务接口（关系型数据存储、非关系型数据存储、分布式文件存储等）、计算服务接口（流计算、内存计算、查询计算等）、分析服务接口（数据预处理、数据分析、模型算法等）和展现服务接口（可视化组件库、可视化设计器等）。

4. 大数据存储与分析

提供海量异构数据实时监测和分析，构建包括统计分析、多维分析、挖掘算法库、数据挖掘工具等模块的实时数据处理，对海量数据进行模拟分析和计算预测，满足实时、离线应用的分析挖掘需求；主要提供多维关联分析、大数据挖掘服务（脚本开发、自助分析、模型运行、模型评估等）、可视化服务数据仓库及数据集市等功能。

5. 数据治理

数据治理主要是实现对数据质量的管理，对数据从计划、获取、存储、共享、维护、应用、消亡生命周期的每个阶段里可能引发的各类数据质量问题进行识别、度量、监控、预警等；主要提供数据标准管理（数据标准浏览、数据标准新增、数据标准变更、数据标准审查、数据标准获取、数据标准稽核和数据标准监控等）、数据质量管理（规则配置管理、数据质量监控和稽核、实时数据管控、数据质量交互、数据质量考核和数据质量问题处理等）、数据资产管理（数据资产信息管理、资产价值评估、存储信息管理和数据资产全景视图等）、数据安全管理等功能。

6. 系统管理

系统管理主要提供用户管理（租户管理、角色管理、权限管理、功能管理等）、集群管理、大数据各组件服务状态监控、平台审计及系统监控（存储资源监控、计算资源监控、运行日志管理、系统访问审计等）功能。

三、平台数据安全保障技术

根据数据全生命周期理论，构建数据采集、数据存储和数据挖掘等环节的安全保障技术。

（一）数据采集安全技术

数据采集环节是指数据的采集与汇聚，安全问题主要包括数据汇聚过程中的传输安全问题。在数据采集过程中，由于存在数据损坏、丢失、泄露、窃取等安全威胁，需使用身份认证、数据加密、完整性保护等安全机制来保证采集过程的安全性，以保障数据传输安全。

对于原系统中安全等级或者敏感性较高的数据，如客票系统购票人个人身份信息数据、企业经营指标中敏感数字等，可以采用数据服务平台数据脱敏功能在数据采集过程中将数据脱敏，之后上传至数据服务平台存储。

数据服务平台数据脱敏方法主要包括替代、混洗、数值变换、加密、遮挡和空值插入/删除等方法，应根据业务实际需求，灵活选择不同脱敏方法，保证数据采集、传输、存储等环节的安全。

1. 替代

替代是一种最常用的数据脱敏方法，是指用伪装数据完全替换原数据中的敏感数据，具有数据不可逆性，以保证数据安全。替代具体包括常数替代（所有敏感数据都替换为唯一的常数值）、查表替代（从中间表中随机或按照特定算法选择数据进行替代）、参数化替代（以敏感数据作为输入，通过特定函数形成新的替代数据）等。替代方法选取主要依据效率、业务需求等因素间的平衡，该方法能够彻底脱敏单类数据，但往往也会使相关字段失去业务含义。

2. 混洗

混洗是指对敏感数据进行跨行随机互换，打破与本行其他数据的关联关系。在相当大范围内保证部分业务数据信息（如有效数据范围、数据统计特征等），使脱敏后数据看起来跟源数据更一致，存在一定安全风险。混洗主要应用于大数据集合，且需要保留待脱敏数据特定特征的场景；对于小数据集，混洗形成的目标数据有可能通过其他信息被还原，需慎重使用。

3. 数值变换

数值变换是指对数值和日期类型的原数据，通过随机函数进行可控的调整（如对于数值类型数据随机增减 20%；对于日期数据随机增减 200 天），以保持原始数据相关统计特征和伪装具体数值。数值变换可通过调整变动幅度，有效控制目标数据的统计特征和真实度。

4. 加密

加密是指对待脱敏数据进行加密处理，使非法用户只看到无意义的加密后数据，同时在特定场景下，可提供解密能力，使具有密钥的相关方可以获得原数据。

由于加密存在一定的安全风险（密钥泄露或加密强度不够），且对于大数据集来源会产生很大资源开销，以及真实性较差，加密的数据脱敏方式应用并不广泛。

5. 遮挡

遮挡指对敏感数据的部分内容用掩饰符号进行统一替换，从而使得敏感数据保持部分内容公开。遮挡可实现很大程度地脱敏，并保持原有数据感观，是一种广泛使用的方法。

6. 空值插入/删除

空值插入/删除是指直接删除敏感数据或将其置为 NULL 值。空值插入/删除只应用于特定的场景中，具有一定的局限性。

（二）数据存储安全技术

数据存储安全技术保证汇聚后数据的安全性，防止非法使用，为用户提供隐私保护，防止用户隐私数据泄露、防止数据非法拷贝。大数据存储安全的关键技术主要有隐私保护、备份与恢复等技术。

1. 隐私保护

设计隐私保护原则和算法，以保证数据应用中不泄露隐私，并有利于数据应用。隐私保护技术可分为基于数据变换、数据加密和匿名化等隐私保护技术。

2. 备份与恢复

数据存储系统应提供完备的数据备份和恢复机制来保障数据的可用性和完整性。一旦发生数据丢失或破坏，可利用备份来恢复数据，保证在故障发生后数据不丢失。备份恢复是保障业务连续性的关键，常用的备份与恢复机制包括异地备份、独立磁盘冗余阵列（RAID）、数据镜像和快照。对于 PB 级别的大数据，可采用 Hadoop 分布式文件系统 HDFS 自身的数据备份和恢复机制，但对于核心数据，仍须远程容灾备份。

（三）数据挖掘安全技术

数据挖掘安全技术是指从海量数据中抽取出有用信息的过程，需要认证挖掘者的身份、严格控制挖掘的操作权限，防止机密信息的泄露。大数据挖掘的专业性导致拥有大数据的机构往往不是专业的数据挖掘者，可能会引入第三方挖掘机构，因此数据挖掘安全技术研究如何保证第三方在进行数据挖掘的过程中不植入恶意程序，不窃取系统数据。对数据挖掘者的身份认证和访问控制是需要解决的首要安全问题，主要的技术有身份认证和访问控制。

1. 身份认证

身份认证也称身份的鉴别和确认，是技术体系的前提保障，主要用于在执行有关操作之前对操作者的身份进行证明。身份认证主要通过标识和鉴别用户身份来防止冒充合法用户访问资源；当认证用户身份合法时，用户才能进行与其身份相符合的有关操作。根据被认证方能够证明身份的认证信息，身份认证技术可分为基于秘密信息、基于信物、基于生物特征三种。

2. 访问控制

访问控制是指通过相关策略实现资源的访问只限定于被授权用户。智能高速铁路各业务系统在共享数据的同时也要进行访问控制，常用的访问控制模式有自主访问控制、强制访问控制和基于角色的访问控制。

第四节　大数据分析应用典型场景

智能高速铁路的大数据应用场景包括运输生产大数据、客运大数据、精准客服大数据、基础设施大数据、动车组大数据、价格分析大数据、运营安全大数据、工程建设大数据、经营开发大数据等九类，如图 4—6 所示。

1. 运输生产大数据应用

基于大数据实现智能高速铁路运输生产总体态势推演和应急处置决策分析，实现针对目标策略的评估和调控，精准掌控运输生产规律。研究移动设备的智能配置模型，提升设备运用效率和效益。综合分析全网需求和运力，优化全网资源配置，提高全局态势感知、快速精确分析和全网统一调度决策能力。

2. 客运大数据应用

围绕智慧服务、智慧营销、智慧管理目标，主动感知旅客需求，准确定位目标市场，完善旅客互动体验，提供及时信息服务，掌握旅客出行信息，建立有价值的客户关系，开发定制化的服务产品，开展精准化客运营销。促进跨行业数据流动，及时预测客流变化，科学安排运力资源，拓展客运延伸服务，有效改善旅客体验。为旅客提供更加便捷的出行服务、更具特色的个性化服务和更加丰富细致的信息服务。推进客运管理、服务及站车作业智能化。

3. 精准客服大数据应用

基于大数据对客户满意度、客户关注重点、客户重点反映问题、客户投诉特点等进行分析，挖掘旅行热点、旅客兴趣点，引导服务产品创新，完善服务功能，提高服务水平。

智能高速铁路大数据应用

运输生产大数据应用
- 运输生产态势推演
- 应急处置辅助决策
- 移动设备智能配置
- 需求和运力综合分析
- 调度指挥数据分析

客运大数据应用
- 铁路客流量预测
- 售票组织策略动态预警和调整
- 基于用户画像的客运产品设计
- 常旅客服务
- 旅客出行分析
- 客运指标分析及运行图优化
- 互联网售票风险防控
- 客运管理预警分析
- 站车作业智能化

精准客服大数据应用
- 客户投诉分析
- 满意度评价分析
- 客户关注问题分析
- 旅客出行习惯挖掘

基础设施大数据应用
- 工务设施状态分析
- 电务设施状态分析
- 供电设施状态分析
- 多专业联合分析

动车组大数据应用
- 动车组状态监测
- 修程修制优化
- 故障预测
- 健康状态评估
- 动车组维修建议

价格分析大数据应用
- 客运市场价格分析
- 客运销售分析
- 铁路客运价格收益分析
- 铁路客票票据动态调整模式

运营安全大数据应用
- 应急大数据分析
- 风险因素分析
- 风险预测预警
- 事故趋势预测
- 安全风险和隐患超前防控

工程建设大数据应用
- 工程原材料质量分析
- 半成品质量趋势分析
- 隧道安全状态趋势分析
- 施工进度分析
- 施工效率分析
- 施工组织兑现率分析
- 基于BIM的工程进度分析

经营开发大数据应用
- 客运数据增值服务产品设计
- 互联网广告精准投放
- 铁路延伸服务精准推荐
- 旅客出行参考和精准服务
- 拓展铁路商贸相关业务

图 4—6　智能高速铁路大数据应用场景

4. 基础设施大数据应用

工务专业，建立数据分析模型与算法，分析设备质量变化规律，进一步加强资产状态管理。围绕设备质量变化规律深入开展数据挖掘，分析数据内在逻辑关系，以设备状态修为主开展修程修制辅助决策。

电务专业，基于大数据开展设备分布、电子履历、设备障碍、检修维护等综合分析，实现设备运用状态的精准评价和趋势预测。建立电务设备设施技术状态评价模型，实现电务设备设施技术与维护状态的科学评价、关联分析和趋势预测，指导维护和更新改造工作，提高电务设备安全保障能力，提高维护效率。

供电专业，开展接触网动态检测质量评价、牵引供电设备供电能力评价研究，建立评价标准。关联接触网几何参数、弓网动态参数、接触网平顺性参数等检测数据，开展接触网动态运行质量指数（CQI）评价，结合接触网检测数据扣分及区段质量评分情况，对接触网设备质量进行综合评价。开展高强供电运行经济性指标分析，通过电能、电量、电费等数据的采集和分析探索供电能耗规律。

5. 动车组大数据应用

开展动车组故障预测与健康管理（PHM），综合应用车载检测数据、地面监测、技术履历、运行里程、检修运用及运输装载情况等信息，实现动车组状态监测、故障预测、健康状态评估、修程修制优化等功能，为动车组运用维修生产提供辅助决策支持。

6. 价格分析大数据应用

开展预售期分析、开行时段分析、线路运营分析等大数据应用。建立与道路交通、民航及其他交通方式价格数据、经营数据共享交换机制，研究各种运输方式的市场供求、占有份额、用户行为等。综合应用内外部数据资源，建立铁路客运定价模型，开展铁路客运价格收益分析，为制定差异化的铁路客运价格策略提供决策支持。

7. 运营安全大数据应用

开展安全度量方法研究，建立铁路交通事故模型，提出作业人员、设备、环境、管理方面失效危险等安全风险因素的分类标准。发现事故和风险因素发生发展的时期、时间、专业、单位、人员特征、作业过程的规律，进行安全风险预测和预警，为各专业采取针对性管控措施提供决策依据。

8. 工程建设大数据应用

开展拌和站、试验室和隧道围岩量测等大数据应用，进行工程原材料、半成品质量趋势分析，建立隧道围岩等级、变形量、变形速率等大数据指标模型，进行隧道安全状态趋势分析。建立不同专业、不同部位、不同企业、不同地域的施工进度大数据指标模型，为施工组织决策提供支撑。构建并应用工程分析指标模型，实现施工组织兑现率分析、施工效率分析、施工管理水平分析。通过对铁路勘察设计、铁路工程管理、工程质量安全等多维度分析，为铁路工程建设项目质量安全、组织推进、投资控制、技术创新、技术标准制修订等提供决策依据。

9. 经营开发大数据应用

开展精准营销大数据应用、铁路数据增值服务产品设计，实现基于用户画像的互联网广告精准投放，为订酒店、订餐、旅游服务、移动支付、商业布局、业态分布等铁路延伸服务提供精准推荐，提升铁路服务质量，提高旅客满意度。深度整合铁路运输生产与多元经营数据资源，全面拓展土地综合开发、信息资源、工业制造、资本运营等重点领域，为提高经营开发能力和经济效益提供大数据应用服务。

第五章
中国智能高速铁路标准体系框架

智能高速铁路是一项跨学科、跨行业、跨部门、跨领域的综合性系统工程，需要做好顶层设计和整体谋划，这就要求标准先行，率先建立起智能高速铁路标准体系，以引领推动智能高速铁路整个产业链有序统一、持续健康发展。本章在分析国外铁路相关标准、相关行业智能化标准、国家信息新技术相关标准及铁路行业现有标准的基础上，提出智能高速铁路标准体系的构建原则，制定智能高速铁路标准体系框架，明确通用基础与管理标准、智能高速铁路应用标准、平台及支撑技术标准的构成要素和逻辑关系，并编制智能高速铁路标准明细表。

第一节 国外铁路及相关行业智能化标准概况

一、国外铁路智能化相关标准

1. 国际铁路联盟标准

国际铁路联盟（UIC）是全球铁路领域最大的国际性标准化机构，主要制定旅客和行李运输、货物运输、财务、会计、成本、统计、运营、车辆、牵引、工务工程、技术条件、信息技术及其他等方面的标准。

2012 年国际铁路联盟成立标准化平台（Standardization Platform），充分整合各部门开展的标准工作，提高标准工作的质量和效率，提升国际铁路联盟标准的影响力。国际铁路联盟标准化平台主要工作包括发展战略、系统观点及标准、合作协议、标准应用等部分内容，如图 5—1 所示。

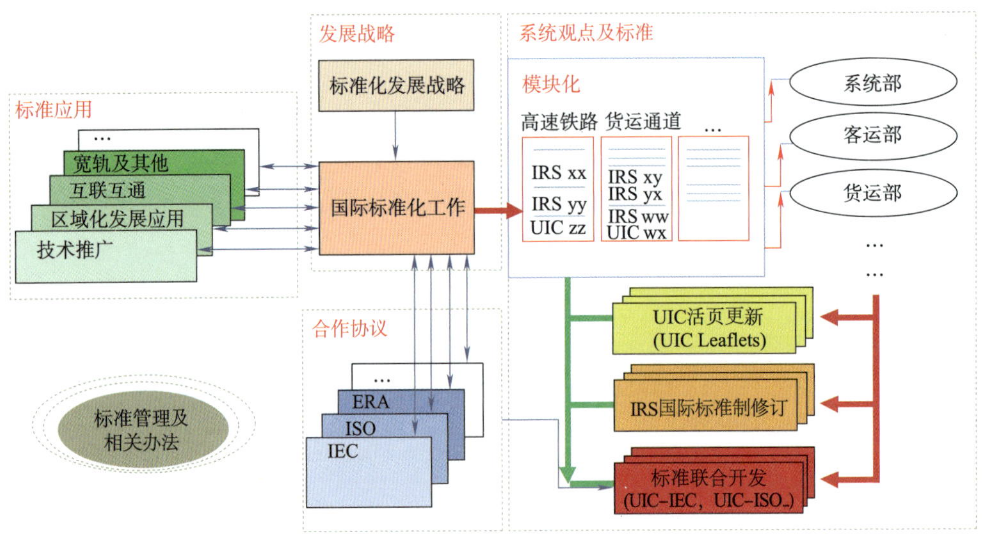

图 5—1 国际铁路联盟标准化平台主要工作

国际铁路联盟铁路信息化相关标准可分为通用基础标准、业务应用系统标准和数据交换标准三大类。通用基础标准主要涉及里程、车辆、货车货物及其损坏信息、列车位置、运输径路、地域、包装等方面，业务应用系统标准主要涉及计算机订票系统的服务、信息交换、列车时刻表编制、铁路无线通信、传输网络及维护等方面，数据交换标准主要涉及行车控制中心、危险品数据库间的数据交换等方面，见表 5—1。

表 5—1　UIC 铁路信息化智能化相关标准

序　号	标 准 号	标准名称	英文名称	发布日期
1	UIC OR 556	列车（列车总线）的信息传输	Information transmission in the train (train-bus)	2009
2	UIC O 612-0	动车组、机车和带驾驶台的自动客车人机对话界面与协调的人机对话界面相关的功能和系统要求	Driver Machine Interfaces for EMU/DMU, Locomotivws and driving coaches—Functional and system requirements associates with harmonlsed Driver Machine Interfaces	2009
3	UIC OR 647	远程控制牵引单元的功能模块	Functional model for the remote control of traction units	2006
4	UIC OR 660	保证高速列车技术兼容性的措施	Measures to ensure the technical compatibility of high-speed trains	2002
5	UIC R 751-1	铁路无线通信设备固定和移动设备通信技术依据	Railway radio equipment—Fixed and mobile units—General technical considerations	2002
6	UIC R 751-2	铁路无线电通信设备　技术条件	Railway radio equipment—Technical specifications	2002
7	UIC ORI 751-3	国际车-地无线电系统的技术规定	Technical regulations for international ground-train radio systems	2005
8	UIC ORI 751-4	GSM-R 系统和无线电计划编制在国界上的共同基础	The co-ordination of GSM-R systems and radio planning at borders	2005
9	UIC O 794	欧洲高速网上受电弓-架空线的相互作用	Pantograph-overhead line interaction on the european high-speed network	1996
10	UIC O 108-1	TCV 和 OWT 的第Ⅱ、第Ⅲ分册的计算机数据生成和运价信息在计算机媒体上的交换	Computer generation and exchange of tariff information of TCV and OWT volume Ⅱ and Ⅲ on computer medium	2006
11	UIC O 108-2	全球价格的计算机生成和用计算机媒介进行旅客信息交流	Computer generation of global prices and exchange of fare information on computer medium	2008
12	UIC R 140	欧洲车站无障碍化	Accessibility to stations in Europe	2008

续上表

序　号	标准号	标准名称	英文名称	发布日期
13	UIC O 176	列车内电子显示旅客信息技术条件	Specifications for passenger information displayed electronically in trains	2001
14	UIC R 330	铁路具体的环保指标	Railway specific environmental performance indicators	2008
15	UIC OR 565-3	运送坐轮椅残疾人用客车的设备标示	Indications for the layout of coaches suitable for conveying disabled passengers in their wheelchairs	2003
16	UIC R 715-1	轨道几何状态数字分析在编制线路捣固和起拨道作业计划中的应用	Application of digital track geometry analysis to the planning of tamping and lining/levelling work	2004
17	UIC R 737-3	可控硅在铁路技术中的应用　信号装置防干扰的措施	Application of thyristors in railway technology— Measures for the prevention of functional disturbance in signalling installations	2004
18	UIC R 738	安全信息的处理和传输	Processing and transmission of safety information	1990
19	UIC O 912-3	EDIFACT 结构铁路信息的牵引	Directory of railway messages in the EDIFACT structure	1998
20	UIC R 914	技术安全标准或电子销售和发行系统	Technical security standards for electronic sales and distribution systems （This leaflet is to be published only in English）	2006
21	UIC I 915	客运数据结构化（数据模型）表示	Structured （data model） representation of passenger traffic data	2009
22	UIC O 912	国际数据交换标准信息原则	Principles governing standard messages for data exchange at international level	1994
23	UIC O 918-0	电子预定座位/铺位和电子生成旅行单据　一般规定	Electronic seat/berth reservation and electronic production of travel documents—General regulations	2005
24	UIC O 918-1	电子预定座位/铺位和电子生成旅行单据　信息交换	Electronic reservation of seats/berths and electronic production of travel documents—Exchange of messages	2009
25	UIC O 918-2	电子预定座位/铺位和电子生成旅行单据　运输单据	Electronic seat/berth reservation and electronic production of transport documents—Transport documents (RCT2 Standard) (This leaflet is to be published only in English)	2014
26	UIC O 918-3	家庭打印的国际铁路车票	International rail ticket for home printing (This leaflet is to be published only in English)	2007

续上表

序　号	标 准 号	标准名称	英文名称	发布日期
27	UIC O 918-6	行动不便人士电子预约援助系统　信息交换	Electornic reservation of assistance for persons with reduced mobility—Exchange of messages	2014
28	UIC O 918-7	列车延误时的赔偿消息交换	Compoensation in case of train delay—Exchange of message	2014
29	UIC O 918-8	铁路电子客票票面布局	Layout for electronically issued rail passenger tickets	2019
30	UIC O 918-9	铁路客票的电子安全元素	Digital security elements for rail passenger ticketing	2019

2. 国际标准化组织与国际电工委员会标准

除了国际铁路联盟以外，目前开展铁路相关国际化标准工作的组织还有国际标准化组织（ISO）、国际电工委员会（IEC）两大组织，其中以国际标准化组织影响力最为广泛、标准认可度最高。国际标准化组织根据不同专业划分下设不同专业领域的技术委员会，其中 ISO/TC269 铁路应用技术委员会是面向铁路应用的专门技术委员会，负责开展除铁路电气设备用户系统（由 IEC/TC9 负责）之外铁路领域各系统、产品和服务的标准化工作，包括中、德、法、日等国参与。ISO/TC269 下设三个分委会（SC），分别为基础设施分委会（SC1）、机车车辆分委会（SC2）、运营与服务分委会（SC3），如图 5—2 所示。其中，基础设施分委会主要面向轨道结构、站台、车站、调车场以及铁路隧道、桥梁和土木工程的特殊需求开展国际标准制修订工作；机车车辆分委会主要面向铁道机车、客车、货车、轨道机械、动车组和轻轨车辆产品、设备和系统开展国际标准制修订工作；运营与服务分委会主要面向与铁路运营和服务相关的系统和设备开展国际标准制修订工作。截至 2020 年 5 月，铁路应用技术委员会共发布标准及技术规范 9 项，在编标准 30 项。

国际电工委员会铁路牵引电气设备与系统技术委员会（IEC/TC9）主要负责制定铁路及城市轨道交通领域（包括地铁、有轨电车、无轨电车、全自动运输系统和磁浮交通运输系统）的机车车辆、地面设备、轨道交通运行控制系统（含通信、信号和处理系统）、接口和环境条件等方面标准，IEC/TC9 铁路牵引电气设备与系统技术委员会与 ISO/TC269 铁路应用技术委员会的业务范围形成互补。截至 2020 年 5 月，铁路牵引电气设备与系统技术委员会已制定的标准及相关文件共计 152 项，正在制定的标准共计 9 项。

图 5—2　铁路应用技术委员会构成

ISO 和 IEC 目前已发布或在编标准中与智能化相关的标准见表 5—2。

表 5—2　ISO 和 IEC 铁路信息化智能化相关标准

分类	标准号	标准名称	英文名称	发布日期
智能建造	ISO 12006-2：2015	施工建造　施工作业的信息组织　第 2 部分：分类框架	Building construction—Organization of information about construction works—Part 2：Framework for classification	2015
	ISO 12006-3：2007	施工建造　施工作业的信息组织　第 3 部分：基于对象信息的框架	Building construction—Organization of information about construction works—Part 3：Framework for object-oriented information	2007
	ISO/TS 12911：2012	建筑信息模型（BIM）指南框架	Framework for building information modelling（BIM）guidance	2012
	ISO 16354：2013	知识库和对象库指南	Guidelines for knowledge libraries and object libraries	2013
	ISO 16739-1：2018	面向施工和设施管理的工业基础类（IFC）数据分享　第 1 部分：数据结构	Industry Foundation Classes（IFC）for data sharing in the construction and facility management industries—Part 1：Data schema	2018
	ISO 16757-1：2015	面向建造服务电子产品目录的数据结构　第 1 部分：概念、架构和模型	Data structures for electronic product catalogues for building services—Part 1：Concepts，architecture and model	2015
	ISO 16757-2：2016	面向建造服务电子产品目录的数据结构　第 2 部分：几何	Data structures for electronic product catalogues for building services—Part 2：Geometry	2016
	ISO 19650-1：2018	包括建筑信息模型（BIM）的建筑土木工程信息数字化管理　利用建筑信息模型进行信息管理　第 1 部分：概念和原理	Organization and digitization of information about buildings and civil engineering works，including building information modelling（BIM）—Information management using building information modeling—Part 1：Concepts and principles	2018
	ISO 19650-2：2018	包括建筑信息模型（BIM）的建筑土木工程信息数字化管理　利用建筑信息模型进行信息管理　第 2 部分：资产交付阶段	Organization and digitization of information about buildings and civil engineering works，including building information modelling（BIM）—Information management using building information modeling—Part 2：Delivery phase of the assets	2018

续上表

分类	标准号	标准名称	英文名称	发布日期
智能建造	ISO 23386：2020	建筑信息模型和其他数字化施工过程描述方法数据字典的制作和维护	Building information modelling and other digital processes used in construction—Methodology to describe, author and maintain properties in interconnected data dictionaries	2020
	ISO 29481-1：2016	建筑信息模型信息交付手册第1部分：方法与格式	Building information models—Information delivery manual—Part 1：Methodology and format	2016
	ISO 29481-2：2012	建筑信息模型信息交付手册第2部分：交互框架	Building information models—Information delivery manual—Part 2：Interaction framework	2012
智能装备	IEC 62290-1：2014	铁路应用　城市导向交通管理与控制系统　第1部分：系统原则与基本概念	Railway applications—Urban guided transport management and command/control systems—Part 1：System principles and fundamental concepts	2014
	IEC 62290-2：2014	铁路应用　城市导向交通管理与控制系统　第2部分：功能需求规范	Railway applications—Urban guided transport management and command/control systems—Part 2：Functional requirements specification	2014
	IEC 62290-3：2019	铁路应用　城市导向交通管理与控制系统　第3部分：系统需求规范	Railway applications—Urban guided transport management and command/control systems—Part 3：System requirements specification	2019
	IEC 62267：2009	铁路应用　自动城市导向交通安全需求	Railway applications—Automated urban guided transport （AUGT）—Safety requirements	2009
	IEC/TR 62267-2：2011	铁路应用自动城市导向交通安全需求　第2部分顶层风险分析	Railway applications—Automated urban guided transport （AUGT）—Safety requirements—Part 2：Hazard analysis at top system level	2011
智能运营	ISO 4398 NWIP	公共交通　用于客流计算的铁路标记语言	Public transport—Guided-way capacity markup language	在编
	ISO/AWI 23019	铁路应用　用于司机培训的驾驶模拟器	Railway applications—Driving simulator for drivers' training	在编

3．欧盟铁路标准

欧洲电工标准化委员会（CENELEC）和欧洲标准化委员会（CEN）以及其联合机构是欧洲最主要的标准制定机构，其宗旨是协调欧洲有关国家的标准机构所颁布的电工标准和消除贸易上的技术障碍。在业务范围上，欧洲电工标准化委员会主管电工技术的全部领域，而欧洲标准化委员会则管理其他领域。在铁路领域，欧洲电工标准化委员会制定欧洲铁路标准（EN），欧盟所有成员国的国家铁路标准必须与EN标准保持一致。欧洲铁路标准包含铁路设备、铁路设施、铁路车辆和铁路应用四个部分，其中信息化标准主要涵盖电磁兼容、铁路信息化固定设施（包括绝缘协调、设备的环境条件、可靠性、特殊要求等内容）、通信信号传输和处理系统。此外，欧洲铁路信号联盟（UNISIG）专门针对欧洲铁路运输管理系统（ERTMS）的信息化标准进行了研究，制定了控制命令与信号系统技术规范，主要涉及子系统间接口、数据通信接口、系统术语等方面，见表5—3。

表5—3　EN铁路信息化智能化相关标准

分类	标准号	标准名称	英文名称	发布日期
智能建造	BS EN 14067-4	铁路应用　空气动力学　开路式铁轨上的空气动力学	Railway applications—Aerodynamics—Part 4: Requirements and test procedures for aerodynamics on open track	2013
	BS EN 14067-3	铁路应用　空气动力学　隧道里的空气动力学	Railway applications—Aerodynamics—Part 3: Aerodynamics in tunnels	2003
	BS EN 14067-5	铁路应用　空气动力学　隧道中空气动力学的要求和试验程序	Railway applications—Aerodynamics—Part 5: Requirements and test procedures for aerodynamics in tunnels	2006
	BS EN 13146-1	铁路应用　轨道紧固系统的试验方法　纵向轨道约束力的测定	Railway applications—Track—Test methods for fastening systems—Part 1: Determination of longitudinal rail restraint	2019
	BS EN 13146-2	铁路应用　轨道紧固系统的试验方法　抗扭曲阻力的测定	Railway applications—Track—Test methods for fastening systems—Part 2: Determination of torsional resistance	2012
	BS EN 13146-3	铁路应用　轨道紧固系统的试验方法　冲击负载衰减度的测定	Railway applications—Track—Test methods for fastening systems—Part 3: Determination of attenuation of impact loads	2012

续上表

分类	标准号	标准名称	英文名称	发布日期
智能建造	BS EN 13146-5	铁路应用 轨道紧固系统的试验方法 电阻的测定	Railway applications—Track—Test methods for fastening systems—Part 5: Determination of electrical resistance	2012
	BS EN 13146-6	铁路应用 轨道紧固件系统的试验方法 严酷环境条件的影响	Railway applications—Track—Test methods for fastening systems—Part 6: Effect of severe environmental conditions	2012
	BS EN 13146-7	铁路应用 轨道紧固系统的试验方法 紧固力的测定	Railway applications—Track—Test methods for fastening systems—Part 7: Determination of clamping force and uplift stiffness	2019
	EN 138482：2006	铁道应用 轨道几何质量 第2部分：测量系统 轨道检查记录车	Railway applications—Track—Track geometry quality—Part 2: Measuring systems—Track recording vehicles	2006
	EN 13977	铁道应用 轨道建造和维修用便携式机械和手摇车的安全要求	Railway applications—Track—Safety requirements for portable machines and trolleys for construction and maintenance	2011
	EN 15625：2008	铁道应用 制动自动变负荷传感装置	Railway applications—Braking—Automatic variable load sensing devices	2008
智能装备	2016/919/EU	欧盟内部铁路系统“控制指挥和信号”子系统的互联互通技术规范	Technical specification for interoperability relating to the “control-command and signalling” subsystems of the rail system in the European Union	2016
	2010/713/EU	应用于2008/57/EC指令的使用和EC确认用符合性适应性评估程序模块	Modules for the procedures for assessment of conformity, suitability for use and EC verification to be used in the technical specifications for interoperability adopted under Directive 2008/57/EC of the European Parliament and of the Council	2010
	2008/57/EC	欧盟内部铁路系统互操作性	The interoperability of the rail system within the Community	2008
智能运营	BS EN 15016-4	技术制图 铁路应用 第4部分：数据交换	Technical drawings—Railway applications—Part 4: Data exchange	2006
	BS EN 12299	铁路应用 乘客乘坐舒适度 推测和评估	Railway applications—Ride comfort for passengers—Measurement and evaluation	2009

续上表

分类	标 准 号	标准名称	英文名称	发布日期
智能运营	BS EN 13129-1	铁路应用　主干线铁路机车车辆用空调舒适度参数	Railway applications—Air conditioning for main line rolling stock—Comfort parameters and type tests	2016
	BS EN 15461	铁路应用　噪声排放　火车经过时噪声测量用轨道部件的动态功能特性	Railway applications—Noise emission—Characterisation of the dynamic properties of track sections for pass by noise measurements	2008

4. 美国铁路标准

电气和电子工程师协会（Institute of Electrical and Electronics Engineers，简称 IEEE）是一个国际性的电子技术与信息科学工程师协会，是目前全球最大的非营利性专业技术学会，其会员人数超过 40 万人，遍布 160 多个国家。

电气和电子工程师协会被国际标准化组织授权为可以制定标准的组织，设有专门的标准工作委员会，其致力于电气、电子、计算机工程和与科学有关领域的开发和研究，在太空、计算机、电信、生物医学、电力及消费性电子产品等领域已制定了900 多个行业标准。美国国家标准协会（American National Standards Institute，简称 ANSI）将 IEEE 标准作为美国国家标准，美国制定的铁路信息化相关标准包括主要信息系统的接口标准、铁路信息化基础设施、信息传输标准等内容，见表 5—4。

表 5—4　IEEE 铁路信息化智能化相关标准

序号	标 准 号	标准名称	英文名称	发布日期
1	P2752	电气化铁路列车多点接地系统	Guide for multi-point grounding system of trains in electrified railway	2018
2	IEEE 1887	用于直流牵引应用的路边储能系统	Guide for wayside energy storage systems for DC traction applications	2017
3	IEEE 1629	轨道交通车辆直流架空电流收集器的性能	Standard for performance of DC overhead current collectors for rail transit vehicles	2013
4	IEEE 1477	铁路运输车辆的乘客信息系统的标准	Standard for passenger information system for rail transit vehicles	2003
5	IEEE 1478	铁路运行车辆电子设备的环境条件	Standard for environmental conditions for transit rail car electronic equipment	2001

续上表

序号	标准号	标准名称	英文名称	发布日期
6	IEEE 1475	在推动装置、摩擦闸和铁路快速运输车辆的列车上主控装置之间的接口和功能	Standard for the functioning of interfaces among propulsion, friction brake, and rain—Borne master control on rail rapid transit vehicles	2012
7	IEEE 1477	铁路直达运输车辆用乘客信息系统	Standard for passenger information system for rail transit vehicles	1998
8	IEEE 1483	铁路直达运输用处理机系统主要功能的验证	Standard for verification of vital functions in processor—Based systems used in rail transit control	2000
9	IEEE 1474.1	基于通信的列车控制系统（CBTC）性能和功能要求	Standard for communications—Based train control (CBTC) performance and functional requirements	2004
10	IEEE 1474.2	基于通信的列车控制系统（CBTC）用户界面需求标准	Standard for user interface requirements in communications—Based train control (CBTC) systems	2003
11	IEEE 1474.3	基于通信的列车控制系统（CBTC）系统设计和功能配置推荐实施规程	Recommended practice for communications—Based train control (CBTC) system design and functional allocation	2008

5. 日本铁路标准

日本铁路标准由日本工业标准调查会（Japanese Industrial Standards Committee，简称 JISC）制定并发布，日本工业标准调查会成立于 1949 年，总部设在东京，是根据日本工业标准化法建立的全国性标准化管理机构。日本工业标准调查会制定的日本工业标准（JIS）是日本国家标准中最重要、最权威的标准，细化可分为土木建筑、一般机械、电子仪器及电器机械、汽车、铁路、船舶、钢铁、非铁金属、化学、纤维、矿山、纸浆及纸、管理系统、陶瓷、日用品、医疗安全用具、航空、信息技术、其他共 19 项，见表 5—5。截至 2019 年 1 月，共有现行 JIS 标准 11 427个。

表 5—5　JIS 行业标准分类

符号	类别	数量	符号	类别	数量
A	土木工程与建筑	661	D	汽车工程	370
B	机械工业	1 839	E	铁　路	184
C	电子电气工程	1 863	F	船　舶	396

续上表

符　号	类　别	数　量	符　号	类　别	数　量
G	黑色金属材料和冶金	551	R	陶　瓷	412
H	有色金属材料与冶金	422	S	日 用 品	223
K	化学工程	1 901	T	医疗安全用具	571
L	纺织工程	252	W	航　空	8
M	矿　业	188	X	信息技术	489
P	纸浆和造纸	81	Z	其　他	912
Q	管理系统	104			

日本工业标准中的铁路标准（Railway Engineering）部分共包含九个章节，分别是总则、常用线路、电车线路、信号和安全设备、常用铁道车辆、动力机车、铁路客货机车、产业车辆、钢索铁道，如图 5—3 所示。

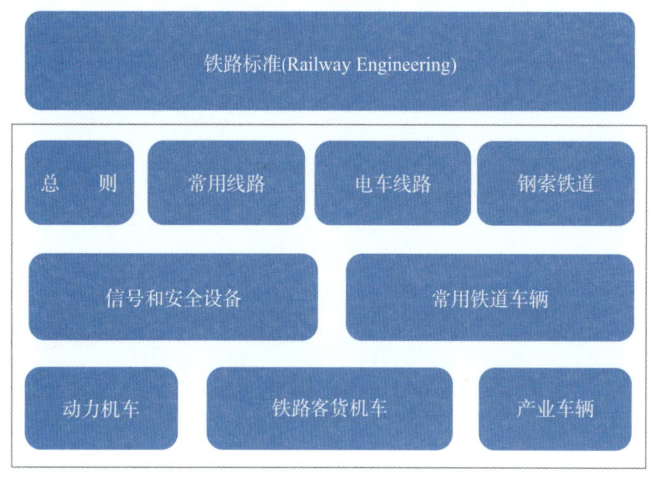

图 5—3　日本铁路标准分类

近年来，为适应铁路行业迅速发展所产生的新需求，尤其是信息化技术的高度应用，日本工业标准调查会在信息技术标准（Information Processing）和管理系统标准（Management System）方面也制定了有关标准，见表 5—6。

表 5—6　JIS 铁路信息系统安全标准

序号	标 准 号	标准名称	发布日期
1	JIS E 3801	使用无线电通信的列车控制系统　功能、系统要求	2018
2	JIS Q 27006	检查和认证信息安全管理系统的机构的要求	2018
3	JIS X 9250	隐私框架（隐私保护的框架和原则）	2017
4	JIS X 24759	加密模块安全测试要求	2017

续上表

序号	标 准 号	标准名称	发布日期
5	JIS Q 27017	基于 JIS Q 27002 的云服务信息安全控制措施的操作规范	2016
6	JIS Q 27014	信息安全治理	2015
7	JIS X 19790	加密模块的安全要求	2015
8	JIS Q 27000	信息安全管理系统　术语	2014
9	JIS Q 27001	信息安全管理系统　要求	2014
10	JIS Q 27002	信息安全控制实施规范	2014
11	JIS X 5070-1	信息技术安全评估标准　第 1 部分：引言和一般模型	2011
12	JIS E 3019	铁路信号部分的高低温测试方法	2018
13	JIS E 3016	电气屏障机械性能试验方法	2017
14	JIS E 6111	由功率变换器供电的短初级线性感应电动机	2012
15	JIS E 2501-1	固定装置　直流开关装置　第 1 部分：总则	2010
16	JIS E 3017	铁路信号安全部件　防水试验方法	2017
17	JIS E 3006	商用频率轨道电路式自动停车装置的试验方法	2016
18	JIS E 3022	轨道电路装置抗干扰性试验方法	2016
19	JIS E 3023	轨道绝缘材料　性能试验方法	2016
20	JIS E 3014	铁路信号安全部件　振动试验方法	2014
21	JIS E 3015	铁路信号安全部件　冲击试验方法	2013
22	JIS E 3003	铁路信号继电器性能试验方法	2013
23	JIS E 3020	铁路信号安全部件温度循环试验方法	2013

二、其他行业智能化相关标准

1. 智慧城市

我国多个标准化相关机构或协会已开展了智慧城市标准体系框架的研究和部分标准的研制工作，涉及信息技术、通信技术及相关行业或领域。以全国性的标准化技术委员会为代表，我国开展了智慧城市相关标准的研究工作，主要关注领域包括交通、家居、建筑、医疗、电力等。

2013 年 7 月，《中国智慧城市标准化白皮书》正式发布，定义了目前我国智慧城市标准体系，该体系主要由基础标准、支撑技术标准、建设管理标准、信息安全标准和应用标准五类标准构成，如图 5—4 所示。

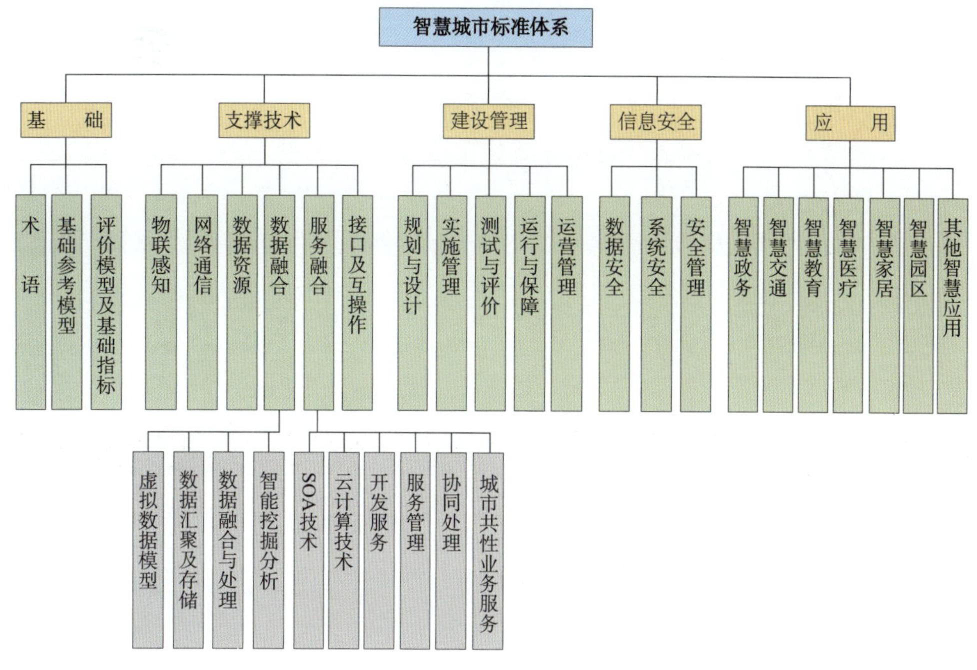

图 5—4　智慧城市标准体系框架

(1) 智慧城市基础标准是智慧城市的总体性、框架性、基础性标准和规范，包括智慧城市术语、智慧城市基础参考模型、智慧城市评价模型及基础指标三个子类标准。

(2) 智慧城市支撑技术标准是智慧城市建设中所需的关键技术、共性平台及软件的标准规范总称，包括物联感知、网络通信、数据资源、数据融合、服务融合、接口及互操作五个子类标准，其中数据融合类标准包括智慧城市项目建设中结构化与非结构化的虚拟数据模型、数据汇聚及存储、数据融合与处理、智能挖掘分析四个方面的标准，以支撑实现智慧城市的信息汇聚、共享、交换和有效利用。服务融合类标准包括 SOA 技术、云计算技术、服务开发、服务管理、协同处理、城市共性业务服务六个方面的标准，以支撑解决智慧城市建设所需的大量跨部门、跨系统的资源整合和业务协同。

(3) 智慧城市建设管理标准是支撑和确保智慧城市项目建设和运营过程中的监理验收、评估方法及相关运行保障的标准和规范，包括智慧城市建设中的城市基础设施及信息化相关的规划与设计、实施管理、测试与评价、运行与保障、运营管理五个子类标准。

(4) 智慧城市信息安全标准是智慧城市项目建设中的信息数据安全、关键系统安全及管理等方面的标准及规范，包括数据安全、系统安全、安全管理三个子类标准。

(5) 智慧城市应用标准是智慧城市典型行业或领域的技术参考模型、标准应用指南等标准及规范，针对应用提供的对象分为市民应用、企业应用、城市管理应用三个子类标准，涉及智慧政务、智慧交通、智慧教育、智慧医疗、智慧家居、智慧园区、智慧物流等行业或领域的技术参考模型、标准应用指南等。此类标准宜基于前四类智慧城市通用标准、结合行业或领域的特性进行扩展细化。

近几年，国家标准化组织加快制定出台我国智慧城市建设所急需的基础标准、支撑技术标准、建设管理标准、信息安全标准、应用标准及标准综合应用指南，部分已发布智慧城市标准见表5—7。

表5—7　部分已发布智慧城市标准

序号	标准号	标准名称	英文名称	发布日期
1	GB/T 33356—2016	新型智慧城市评价指标	Evaluation indicators for new-type smart cities	2016
2	GB/T 36445—2018	智慧城市 SOA 标准应用指南	Smart city—Application guide of SOA standard	2018
3	GB/T 36333—2018	智慧城市 顶层设计指南	Smart city—Top-level design guide	2018
4	GB/T 36622.1—2018	智慧城市 公共信息与服务支撑平台 第1部分：总体要求	Smart city—Support platform for public information and services—Part 1：General requirements	2018
5	GB/T 36622.2—2018	智慧城市 公共信息与服务支撑平台 第2部分：目录管理与服务要求	Smart city—Support platform for public information and services—Part 2：Directory management and service equirements	2018
6	GB/T 36622.3—2018	智慧城市 公共信息与服务支撑平台 第3部分：测试要求	Smart city—Support platform for public information and services—Part 3：Test requirements	2018
7	GB/T 34678—2017	智慧城市 技术参考模型	Smart city—Technical reference model	2017
8	GB/T 36332—2018	智慧城市 领域知识模型 核心概念模型	Smart city—Domain knowledge model—Core conceptual model	2018
9	GB/T 36334—2018	智慧城市 软件服务预算管理规范	Smart city—Specification for software service budget management	2018
10	GB/T 37043—2018	智慧城市 术语	Smart city—Terminology	2018
11	GB/T 36625.1—2018	智慧城市 数据融合 第1部分：概念模型	Smart city—Data fusion—Part 1：Conceptual model	2018

续上表

序号	标 准 号	标准名称	英文名称	发布日期
12	GB/T 36625.2—2018	智慧城市　数据融合　第2部分：数据编码规范	Smart city—Data fusion—Part 2: Specification of data encoding	2018
13	GB/T 36621—2018	智慧城市　信息技术运营指南	Smart city—Guide for information technology operation	2018
14	GB/T 34680.1—2017	智慧城市评价模型及基础评价指标体系　第1部分：总体框架及分项评价指标制定的要求	Evaluation model and general evaluation indicator system for smart cities—Part 1: General framework and requirements for developing evaluation sub-indicators	2017
15	GB/T 34680.3—2017	智慧城市评价模型及基础评价指标体系　第3部分：信息资源	Evaluation model and general evaluation indicator system for smart cities—Part 3: Information resources	2017
16	GB/T 34680.4—2018	智慧城市评价模型及基础评价指标体系　第4部分：建设管理	Evaluation model and general evaluation indicator system for smart cities—Part 4: Construction management	2018
17	GB/T 37971—2019	信息安全技术　智慧城市安全体系框架	Information security technology—Framework of smart city security system	2019
18	GB/Z 38649—2020	信息安全技术　智慧城市建设信息安全保障指南	Information security technology—Guide of information security assurance framework for smartcities	2020

2. 智能交通

2003年9月16日，国家标准化管理委员会批准成立“全国智能运输系统标准化技术委员会”（简称ITS标委会），ITS标委会是国内从事智能交通系统领域标准化研究工作的专门组织，负责智能交通系统领域的标准化技术归口。

我国智能交通系统标准体系以ITS体系框架为基础，分析内部各子系统间的软硬件接口、主要设施设备的标准需求，形成了智能交通系统标准体系。智能交通系统标准体系主要对全国或区域内有兼容性要求的术语、编码、接口、产品和服务制定标准，如图5—5所示。其架构划分为两层，上层为智能交通系统通用标准，下层为分系统标准。通用标准层包括术语及定义、基础信息分类编码及表述、数字地图及定位三部分。分系统标准层包括六部分，即专用通信、信息服务、交通与紧急事件管理、电子收费、综合运输及运输管理、车辆辅助驾驶与自动公路。

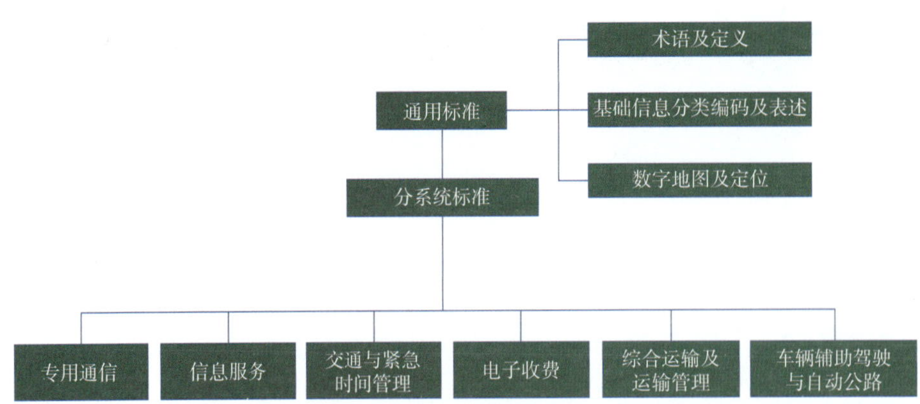

图 5—5　智能交通标准体系

在智能交通系统标准体系的指导下，ITS 标委会已经发布了多项有关智能交通系统的国家及行业标准，主要包括《智能交通系统　通用术语》《交通运输　物联网标识规则》《道路、水路货物运输地理信息基础数据元》《实时交通信息服务数据结构》《城市交通综合运行监测与协调调度系统总体技术要求》《道路交通信息服务　交通状况描述》《跨区域交通出行服务信息交换》《车辆远程服务系统通用技术要求》《道路交通信息服务　数据质量检验规范》《智能驾驶分类和分级》《综合客运枢纽智能化系统总体技术要求》《智能交通　数据安全服务》等，见表 5—8。

表 5—8　部分已发布的智能交通标准

序号	标准号	标准名称	英文名称	发布日期
1	GB/T 20839—2007	智能交通系统　通用术语	Intelligent transport systems—General terminology	2007
2	GB/T 37375—2019	交通运输　物联网标识规则	Transportation—Coding rules of identification of internet of things	2019
3	GB/T 26767—2011	道路、水路货物运输地理信息基础数据元	Basic data elements of geographic information for freight transportation by road and waterway	2011
4	GB/T 29746—2013	实时交通信息服务数据结构	Data structure of real time traffic information services	2013
5	GB/T 37374—2019	智能交通　数字证书应用接口规范	Intelligent transport—Digital certificate application interface	2019
6	GB/T 29107—2012	道路交通信息服务　交通状况描述	Road traffic information service—Traffic condition description	2012

续上表

序号	标 准 号	标准名称	英文名称	发布日期
7	GB/T 33576—2017	跨区域交通出行服务信息交换	Cross-regional exchange for travel service information	2017
8	GB/T 29101—2012	道路交通信息服务 数据服务质量规范	Road traffic information service—Specification for data services quality	2012
9	JT/T 980—2015	综合客运枢纽智能化系统总体技术要求	General technical requirements of building intelligent systems for integrated passenger hub	2015
10	GB/T 37373—2019	智能交通　数据安全服务	Intelligent transport—Data security service	2019
11		汽车驾驶自动化分级（征求意见稿）	Taxonomy of driving automation for vehicles	

3. 智能电网

国家电网有限公司于 2010 年 6 月编制完成《智能电网技术标准体系规划》，由八个专业分支、二十六个技术领域、九十二个标准系列和若干个具体标准组成，从我国建设坚强智能电网的需求出发，结合国际智能电网标准和制定工作的最新进展，重新梳理已有的 779 项国际标准和 772 项中国标准。随后在 2011 底公布了《智能电网技术标准体系规划》修订版，对标准体系的细节进行了调整。

坚强智能电网技术标准体系架构如图 5—6 所示。一级标准为八个专业，包括综合与规划、智能发电、智能输电、智能变电、智能配电、智能用电、智能调度、通信信息。二级标准是二十六个技术领域，包括智能电网的方法学和接口、智能电网规划设计、常规电源网源协调、大规模新能源发电并网、大容量储能系统并网、特高压输电、柔性直流输电、柔性交流输电、线路状态与运行环境监测、智能变电站、配电自动化、分布式储能系统接入配电网、双向互动服务、用电信息采集、智能用能服务、电动汽车充放电、智能用电检测、智能电网调度技术支持系统、电网运行集中监控、传输网、配电和用电侧通信网、业务网、通信支持网、智能电网信息基础平台、通信与信息安全。

4. 智能制造

2018 年 7 月，工业和信息化部、国家标准化管理委员会在《国家智能制造标准体系建设指南（2015 年版）》基础上加强动态更新机制，共同组织制定了《国家智能制造标准体系建设指南（2018 年版）》。

智能制造标准体系结构包括基础共性、关键技术、行业应用三个一级类别，如图 5—7 所示。基础共性标准用于统一智能制造相关概念，解决智能制造基础共

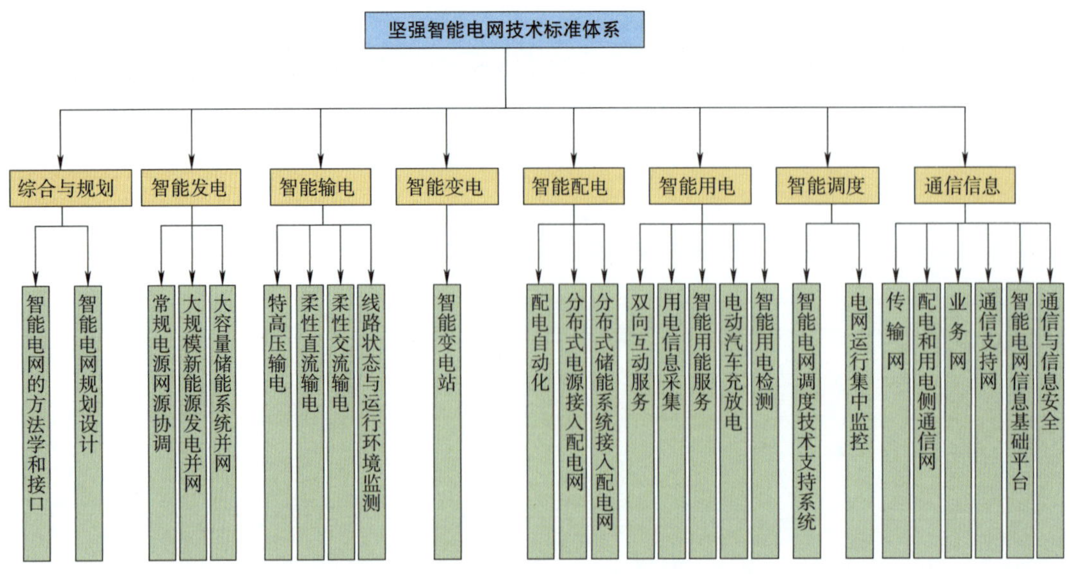

图 5—6　坚强智能电网技术标准体系架构

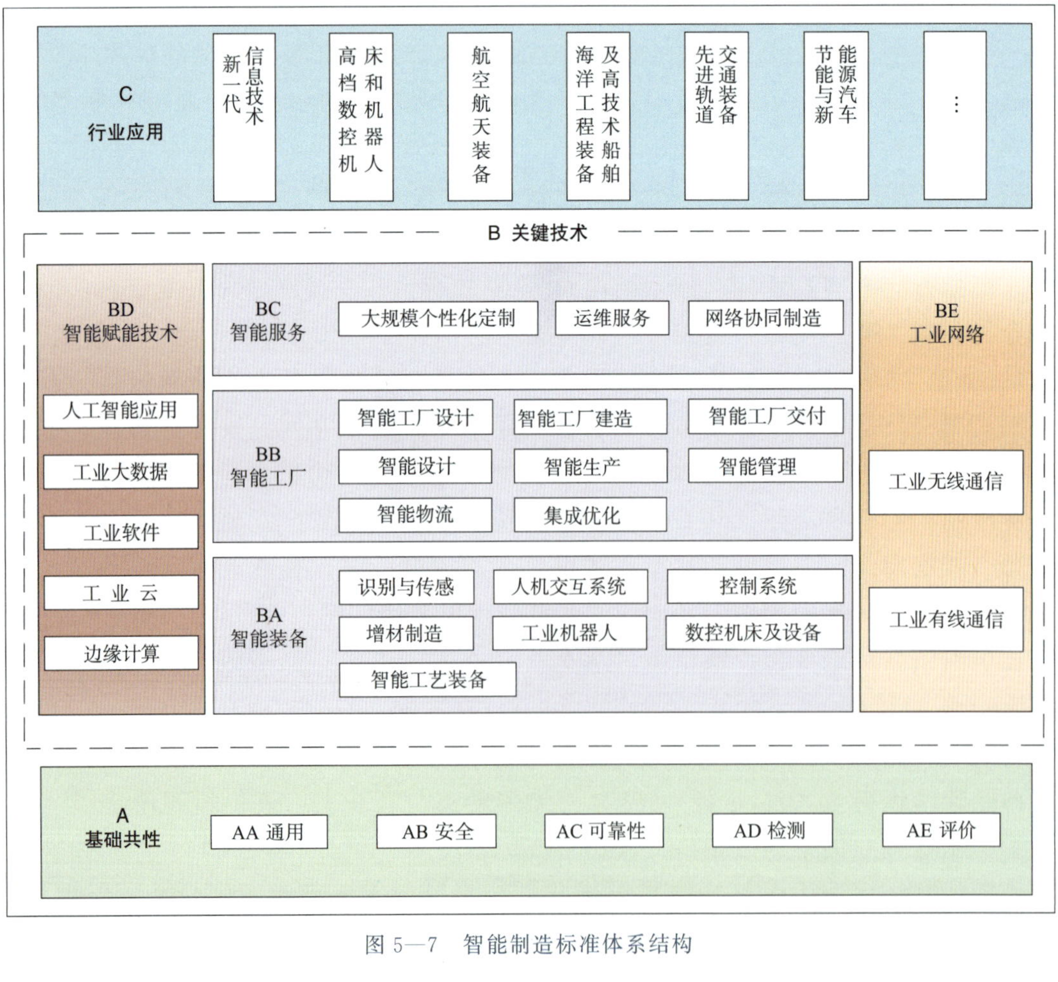

C
行业应用

新一代信息技术
高档数控机床和机器人
航空航天装备
海洋工程装备及高技术船舶
先进轨道交通装备
节能与新能源汽车
⋮

B 关键技术

BD
智能赋能技术
人工智能应用
工业大数据
工业软件
工业云
边缘计算

BC
智能服务
大规模个性化定制
运维服务
网络协同制造

BB
智能工厂
智能工厂设计
智能工厂建造
智能工厂交付
智能设计
智能生产
智能管理
智能物流
集成优化

BA
智能装备
识别与传感
人机交互系统
控制系统
增材制造
工业机器人
数控机床及设备
智能工艺装备

BE
工业网络
工业无线通信
工业有线通信

A
基础共性
AA 通用
AB 安全
AC 可靠性
AD 检测
AE 评价

图 5—7　智能制造标准体系结构

性关键问题，位于智能制造标准体系结构图的最底层，是关键技术标准和行业应用标准的支撑，包括通用、安全、可靠性、检测、评价五个部分；关键技术标准是智能制造系统架构智能特征维度在生命周期维度和系统层级维度所组成的制造平面的投影，主要包括智能装备、智能工厂、智能服务、智能赋能技术和工业网络五个部分；行业应用标准位于智能制造标准体系结构图的最顶层，面向行业具体需求，对基础共性标准和关键技术标准，围绕新一代信息技术、高档数控机床和机器人、航空航天装备、海洋工程装备及高技术船舶、先进轨道交通装备、节能与新能源汽车、电力装备、农业机械装备、新材料、生物医药及高性能医疗器械等十大重点领域进行细化和落地，指导各行业推进智能制造。

第二节　信息新技术相关标准情况

一、人工智能相关标准

2018 年 1 月，《人工智能标准化白皮书（2018 版）》正式发布。白皮书通过梳理人工智能技术、应用和产业演进情况，分析人工智能的技术热点、行业动态和未来趋势，从支撑人工智能产业整体发展的角度出发，研究制定了能够适应和引导人工智能产业发展的标准体系，进而提出近期急需研制的基础和关键标准项目。人工智能标准体系构建主要从界定人工智能需要研究的范围、描述人工智能系统的框架、评价人工智能系统的智能等级、促进人工智能系统的互操作性、评估人工智能产品、标准化关键技术、确保安全及伦理道德、标准化行业应用等方面进行综合考虑。其中，人工智能标准体系为三层架构，主要包括“A 基础”“B 平台/支撑”“C 关键技术”“D 产品及服务”“E 应用”“F 安全/伦理”等六个部分，如图 5—8 所示。A 基础标准包括术语、参考架构、数据和测试评估四大类，位于人工智能标准体系结构的最底层，支撑标准体系结构中的其他部分；B 平台/支撑标准是对人工智能硬件、软件、网络和数据的综合集成，在人工智能标准体系结构中起承上启下的作用；C 关键技术标准主要针对自然语言处理、人机交互、计算机视觉、生物特征识别和 VR/AR 等领域，为人工智能实际应用提供支撑；D 产品及服务标准包括在人工智能技术领域中形成的智能化产品及新服务模式的相关标准；E 应用标准位于人工智能标准体系结构的最顶层，面向行业具体需求，对其他部分标准进行细化和落地，支撑各行业推进人工智能发展；F 安全/伦理标准位于人工智能标准体系结构的最右侧，贯穿于其他部分，提供安全标准，支撑人工智能发展。

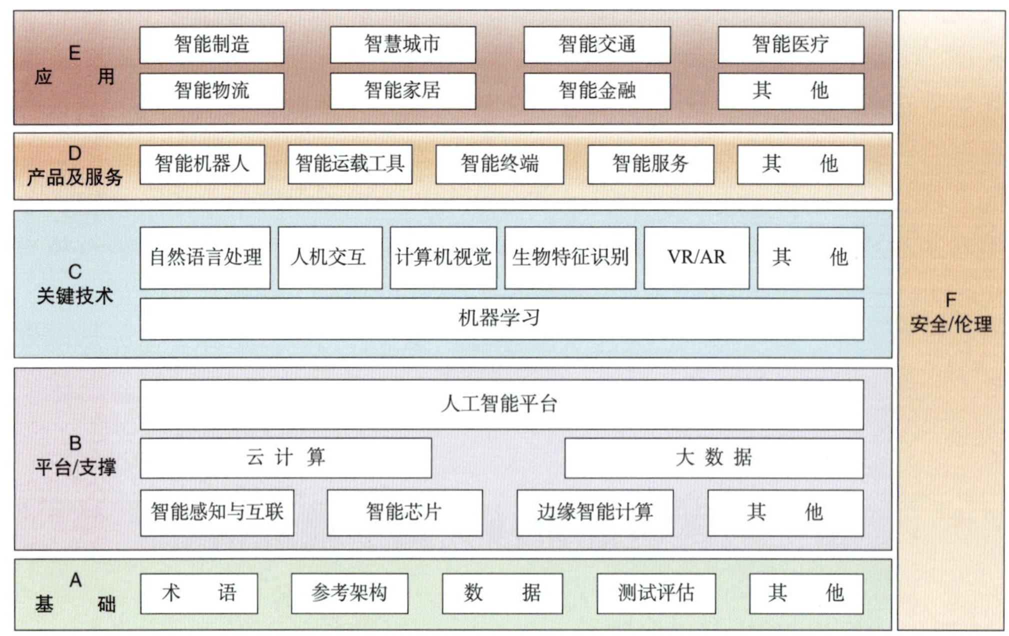

图 5—8 人工智能标准体系结构

人工智能标准体系框架如图 5—9 所示。其中，基础标准主要针对人工智能基础进行规范，包括术语定义、参考架构、数据、测试评估等；平台/支撑标准主要针对人工智能底层平台和支撑进行规范，包括大数据、云计算、智能感知与互联、边缘智能计算、智能芯片及人工智能平台等；关键技术标准主要针对人工智能相关技术进行规范，包括机器学习、自然语言处理、计算机视觉、人机交互、生物特征识别以及 VR/AR 等关键技术；产品及服务标准包括智能机器人、智能运载工具、智能终端以及智能服务等人工智能现有的产品和服务标准；应用标准包括智能制造、智慧城市、智能交通、智能医疗、智能物流、智能家居、智能金融等领域；安全/伦理标准包括与人工智能安全、伦理、隐私保护等相关的标准规范。

二、大数据相关标准

2018 年 3 月，《大数据标准化白皮书（2018 版）》正式发布。白皮书对大数据国内外政策、产业及标准化现状和应用做了全面梳理和分析，完善了大数据标准体系，并提出了下一步工作方向。白皮书结合国内外大数据标准化情况、国内大数据技术发展现状、大数据参考架构及标准化需求，根据数据全生命周期管理的特点以及未来大数据发展的趋势，提出了大数据标准体系框架，由基础标准、数据标准、技术标准、平台和工具标准、管理标准、安全和隐私标准、行业应用标准七个类别组成，如图 5—10 所示。

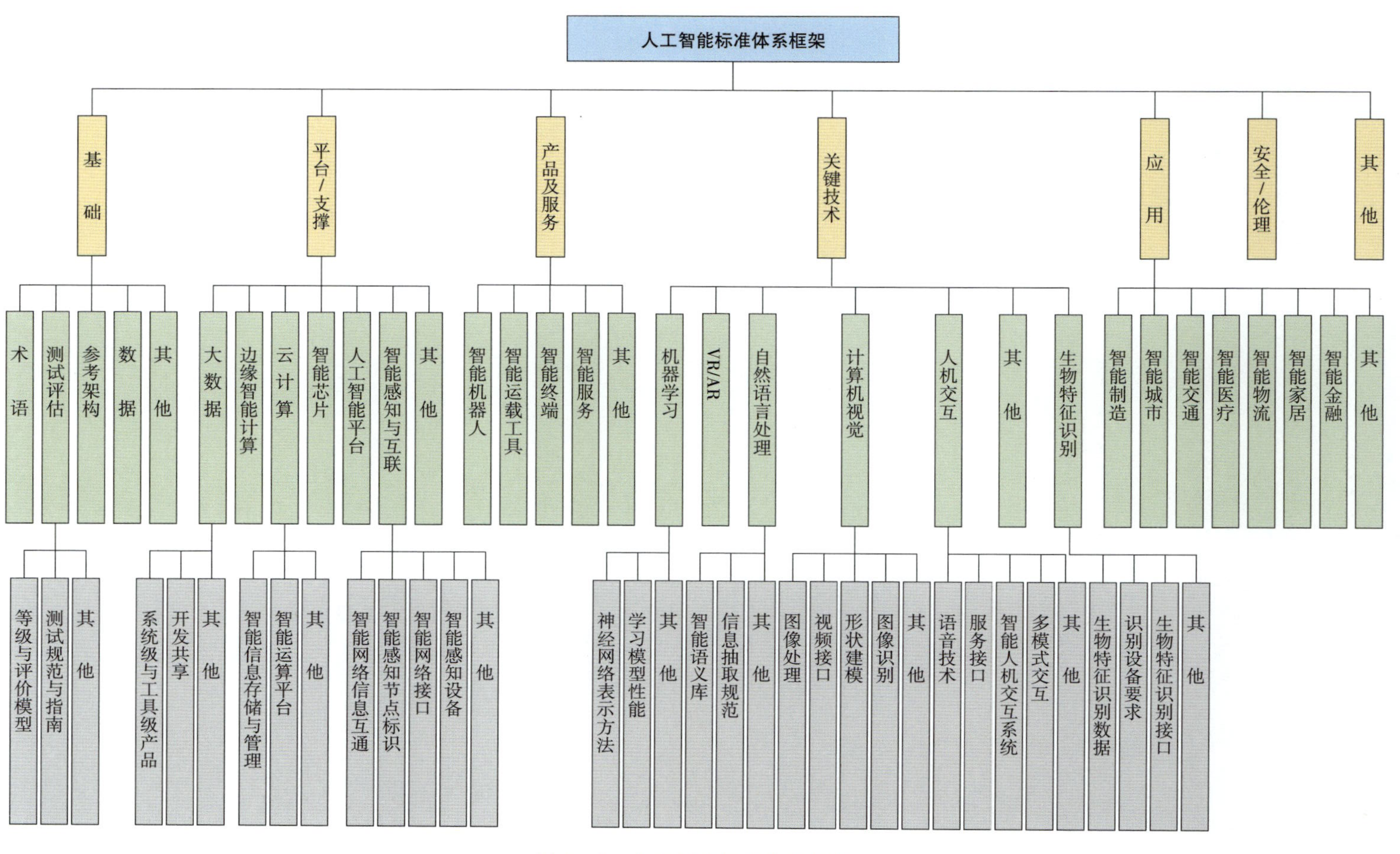

图 5—9　人工智能标准体系框架

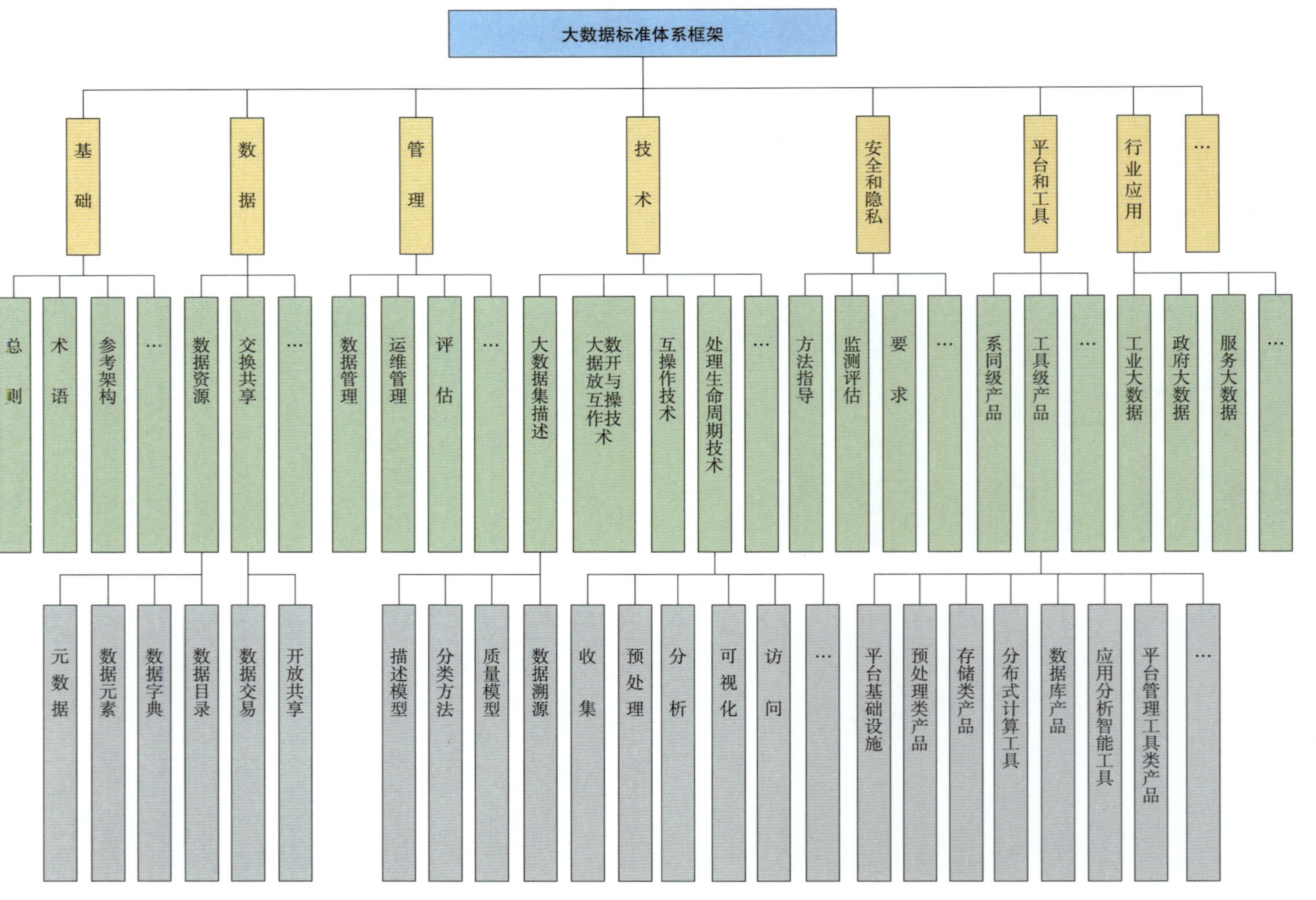

图 5—10　大数据标准体系框架

基础标准为整个标准体系提供包括总则、术语、参考模型等基础性标准；数据标准主要针对底层数据相关要素进行规范，包括数据资源和数据交换共享两部分，其中数据资源包括元数据、数据元素、数据字典和数据目录等，数据交换共享包括数据交易和数据开放共享相关标准；技术标准主要针对大数据相关技术进行规范，包括大数据集描述及评估、大数据处理生命周期技术、大数据开放与互操作、面向领域的大数据技术四类标准；平台和工具标准主要针对大数据相关平台和工具进行规范，包括系统级产品和工具级产品两类，相应的测试规范针对相关产品和平台给出测试方法和要求；管理标准作为数据标准的支撑体系，贯穿于数据生命周期的各个阶段，主要从数据管理、运维管理和评估三个层次进行规范；安全和隐私标准围绕数据生命周期的安全和隐私保护，在传统的数据安全和系统安全基础上，还从基础软件安全、交易服务安全、数据分类分级、安全风险控制、电子货币安全、个人信息安全、安全能力成熟度等方向进行规范；行业应用标准主要是针对大数据为各个行业所能提供的服务角度出发制定的规范，是各领域根据其特性产生的专用数据标准，包括工业、政务、服务等领域。

2020 年 5 月，由全国信息技术标准化技术委员会大数据标准工作组组织研制的《信息技术　大数据　大数据系统基本要求》等十二项大数据国家标准获批正式发布，见表 5—9。

表 5—9　大数据国家标准

序号	标 准 号	标准名称	英文名称	发布日期
1	GB/T 38672—2020	信息技术　大数据　接口基本要求	Information technology—Big data—Interface basic requirements	2020
2	GB/T 38667—2020	信息技术　大数据　数据分类指南	Information technology—Big data—Guide for data classification	2020
3	GB/T 38673—2020	信息技术　大数据　大数据系统基本要求	Information technology—Big data—Basic requirements for big data systems	2020
4	GB/T 38676—2020	信息技术　大数据　储存与处理系统功能测试要求	Information technology—Big data—Functional testing requirements for storage and processing systems	2020
5	GB/T 38643—2020	信息技术　大数据　分析系统功能测试要求	Information technology—Big data—Functional testing requirements for analytic system	2020
6	GB/T 38675—2020	信息技术　大数据　计算系统通用要求	Information technology—General requirements for big data computing systems	2020
7	GB/T 38633—2020	信息技术　大数据　系统运维和管理功能要求	Information technology—Big data—Functional requirements for system operation and management	2020
8	GB/T 38664.1—2020	信息技术　大数据　政务数据开放共享　第1部分：总则	Information technology—Big data—Government data opening and sharing—Part 1：General principles	2020

续上表

序号	标 准 号	标准名称	英文名称	发布日期
9	GB/T 38664.2—2020	信息技术 大数据 政务数据开放共享 第2部分：基本要求	Information technology—Big data—Government data opening and sharing—Part 2：Basic requirement	2020
10	GB/T 38664.3—2020	信息技术 大数据 政务数据开放共享 第3部分：开放程度评价	Information technology—Big data—Government data opening and sharing—Part 3：Open degree evaluation	2020
11	GB/T 38666—2020	信息技术 大数据 工业应用参考架构	Information technology—Big data—Industrial application reference architecture	2020
12	GB/T 38555—2020	信息技术 大数据 工业产品核心元数据	Information technology—Big data—Core metadata for industrial product	2020

三、机器人相关标准

2017 年 5 月，国家标准化管理委员会、国家发展和改革委员会、工业和信息化部、科学技术部联合制定《国家机器人标准体系建设指南》，指导当前和未来一段时间内的机器人标准化工作。该指南目标分为两个阶段，第一阶段是 2017—2018 年，目标是初步健全机器人标准体系，制修订六十项机器人国家和行业标准，培育一批团体标准，按照“需求导向、急用先行”原则，优先制定基础标准、检测评定方法标准、新型机器人产品标准、机器人系统集成标准，推动我国机器人标准成为国家标准；第二阶段是 2019—2020 年，目标是建立起较为完善的机器人标准体系，累计制修订约一百项机器人国家和行业标准，培育一批团体标准，基本实现基础标准、检测评定方法标准，以及产量大、应用领域广的整机标准全覆盖。

同时，《国家机器人标准体系建设指南》提出了机器人标准体系框架，由基础标准、检测评定方法标准、零部件标准、整机标准和系统集成标准五部分构成。基础标准是机器人标准体系的基石和保障；零部件标准、整机标准和系统集成标准是机器人标准体系的主体，它是根据机器人的集成关系而进行分类获得的；检测评定方法标准是在基础标准的基础上形成的对零部件、整机和系统集成评价的实现手段。

基础标准包括术语与定义标准、支撑技术标准、分类标准和智能化标准四个部分；检测评定方法标准包括功能和性能标准、安全标准、电磁兼容标准、环境标准和可靠性标准；零部件标准包括高精密减速器标准、伺服电机驱动器标准、控制器标准、传感器标准、电池标准和电缆标准等机器人关键零部件标准；整机标准包括工业机器人标准、个人/家用服务机器人标准、公共服务机器人标准和特种作业机器人标准；系统集成标准包括接口标准、通信标准、数据标准和协作标准等，如图 5—11 所示。

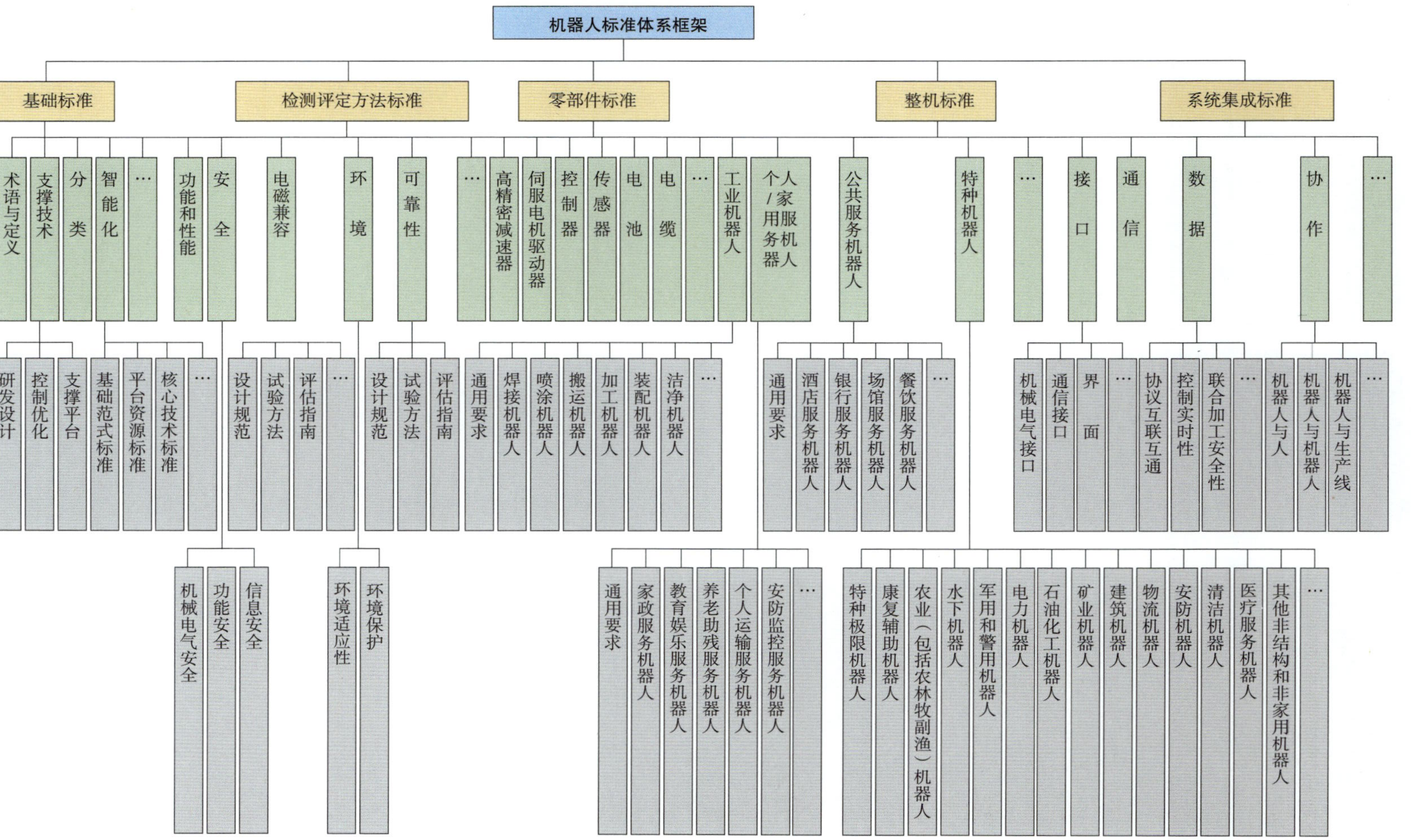

图 5—11　机器人标准体系框架

四、云计算相关标准

2015 年 11 月，工业和信息化部印发了《云计算综合标准化体系建设指南》，旨在加快推进云计算标准化工作，提升标准对构建云计算生态系统的整体支撑作用。云计算综合标准化体系框架包括云基础、云资源、云服务和云安全四个部分，如图 5—12 所示。

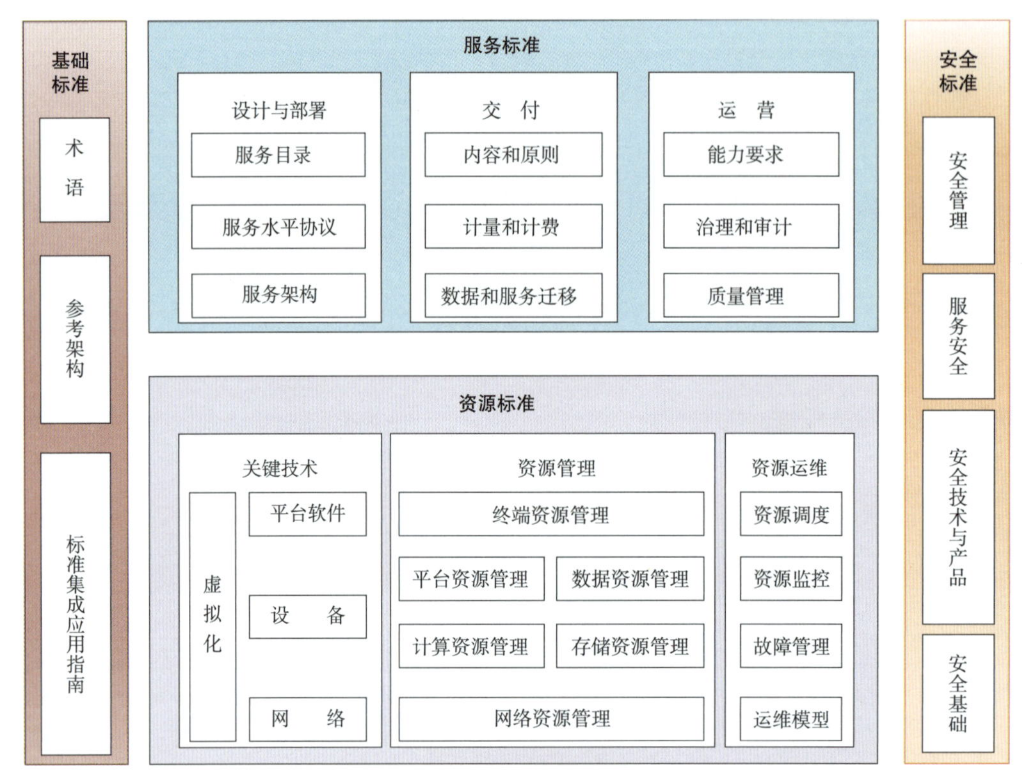

图 5—12 云计算综合标准化体系框架

云基础标准用于统一云计算及相关概念，为其他各部分标准的制定提供支撑，主要包括云计算术语、参考架构、指南等方面的标准；云资源标准用于规范和引导建设云计算系统的关键软硬件产品研发，以及计算、存储等云计算资源的管理和使用，实现云计算的快速弹性和可扩展性，主要包括关键技术、资源管理和资源运维等方面的标准；云服务标准用于规范云服务设计、部署、交付、运营和采购，以及云平台间的数据迁移，主要包括服务采购、服务质量、服务计量和计费、服务能力评价等方面的标准；云安全标准用于指导实现云计算环境下的网络安全、系统安全、服务安全和信息安全，主要包括云计算环境下的安全管理、服务安全、安全技术和产品、安全基础等方面的标准。

五、5G 相关标准

第五代移动通信技术（5G）作为当前世界上最先进的移动通信技术之一，具有大容量、大连接、低时延高可靠等特点。5G 国际标准正在不断演进发展中，构建全球互信的 5G 技术标准体系是全世界的研究热点。

2013 年，工业和信息化部牵头成立了专项工作组，正式启动我国 5G 标准化研究工作，中国通信标准化协会承担了 5G 标准规划体系和标准的制定工作。2017 年 12 月 8 日，中国通信标准化协会无线通信技术工作委员会发布了无线网、核心网、安全、卫星通信和天线等 5G 领域的标准体系规划。2019 年 12 月 11 日工信部印发的行业标准制修订项目计划中包含了 28 项 5G 及下一代移动通信标准项目。2020 年 1 月 9 日，中国通信标准化协会发布我国首批十四项 5G 标准，涵盖核心网、无线接入网、承载网、天线、终端、安全、电磁兼容等领域，见表 5—10。

表 5—10 我国首批 5G 标准

序号	标 准 号	标准名称	英文名称	发布日期
1	YD/T 3615—2019	5G 移动通信网核心网总体技术要求	5G mobile telecommunication network—General technical requirements of core network	2019
2	YD/T 3616—2019	5G 移动通信网核心网网络功能技术要求	Technical requirements for 5G mobile telecommunication network core network NF	2019
3	YD/T 3617—2019	5G 移动通信网核心网网络功能测试方法	Test methods for 5G mobile telecommunication network core network NF	2019
4	YD/T 3618—2019	5G 数字蜂窝移动通信网 无线接入网总体技术要求（第一阶段）	5G digital cellular mobile telecommunication network—General requirements of wireless access network（Phase 1）	2019
5	YD/T 3619—2019	5G 数字蜂窝移动通信网 NG 接口技术要求和测试方法（第一阶段）	5G digital cellular mobile telecommunication network—Technical requirement and test method of NG interface（Phase 1）	2019

续上表

序号	标 准 号	标准名称	英文名称	发布日期
6	YD/T 3620—2019	5G 数字蜂窝移动通信网 Xn/X2 接口技术要求和测试方法(第一阶段)	5G digital cellular mobile telecommunication—Technical requirement and test method of Xn/X2 interface (Phase 1)	2019
7	YD/T 3621.1—2019	面向 5G 前传的 N×25Gbit/s 波分复用无源光网络 (WDM-PON) 第 1 部分：总体	N×25Gbit/s WDM-PON for 5G fronthaul—Part 1: General requirements	2019
8	YD/T 3621.2—2019	面向 5G 前传的 N×25Gbit/s 波分复用无源光网络 (WDM-PON) 第 2 部分：PMD	N×25Gbit/s WDM-PON for 5G mobile Fronthaul—Part 2: PMD requirements	2019
9	YD/T 3625—2019	5G 数字蜂窝移动通信网 无源天线阵列技术要求 (<6GHz)	5G digital cellular mobile telecommunication network—Technical requirements of passive antenna array (<6GHz)	2019
10	YD/T 3626—2019	5G 数字蜂窝移动通信网 无源天线阵列测试方法 (<6GHz)	5G digital cellular mobile telecommunication network—Best methods of passive antenna array (<6GHz)	2019
11	YD/T 3627—2019	蜂窝移动通信网增强移动宽带终端设备技术要求(第一阶段)	5G digital cellular mobile telecommunication network—Technical requirements of eMBB user equipment (Phase 1)	2019
12	YD/T 3628—2019	5G 移动通信网安全技术要求	5G mobile telecommunication network—Technical requirement of 5G security	2019
13	YD/T 2583.17—2019	蜂窝式移动通信设备电磁兼容性能要求和测量方法 第 17 部分：5G 基站及其辅助设备	Requirement and measurement methods of electromagnetic compatibility for mobile telecommunications equipment—Part 17: 5G base station and ancillary equipment	2019

续上表

序号	标准号	标准名称	英文名称	发布日期
14	YD/T 2583.18—2019	窝式移动通信设备电磁兼容性能要求和测量方法 第 18 部分：5G 用户设备和辅助设备	Requirement and measurement methods of electromagnetic compatibility for cellular mobile telecommunication equipment—Part 18：5G user equipment and ancillary equipment	2019

第三节　我国铁路行业相关标准情况

一、我国铁路技术标准现状

铁路技术标准体系是智能高速铁路标准体系框架的基础，智能高速铁路标准体系框架在制定过程中应符合铁路技术标准体系的相关规定和要求。我国铁路技术标准体系是铁道国家标准和行业标准（不包含铁路工程建设标准）按其内在联系形成的科学的有机整体，是铁路标准化工作顶层设计文件之一。为加强标准制修订工作的规划指导，原中国铁路总公司、原铁道部科研立项开展标准体系研究，根据不同类型铁路特点分别建立了标准体系，规划和指导一批铁道行业标准的制修订，加快了铁路标准的制定进度，为设计、装备制造、检查与验收、运用维护等提供了技术依据。

铁路技术标准体系结构图采用《标准体系表编制原则和要求》(GB/T 13016—2009)规定的层次结构，通用结构如图 5—13 所示。铁路技术标准体系按照通用及综合、机车车辆、工务工程、通信信号、牵引供电和运营服务等技术专业确定子体系，体系结构便于管理应用，也有利于与国际铁路有关标准化组织的技术对接。同时，为了加强标准体系通用结构对于不同类型铁路（高速铁路、普速铁路、重载铁路）的适用性，在标准体系通用结构进行注明（G 表示适用于高速铁路，P 表示适用于普速铁路，Z 表示适用于重载铁路）。

在铁路技术标准体系的统一指导下，目前已形成的与智能化相关的铁路领域主要技术标准，见表 5—11。

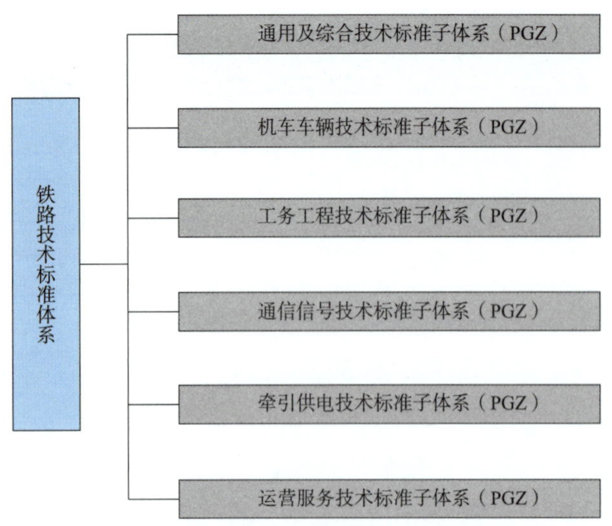

图 5—13 铁路技术标准体系通用结构

表 5—11 智能化相关铁路行业技术标准

序号	标准号	标准名称	英文名称	发布日期
1	Q/CR 307—2018	列车总线上的信息传送	Information transmission over train bus	2018
2	Q/CR 444—2018	列车调度指挥系统（TDCS）数据通信规程	The data communication protocol of train operation dispatching command system	2018
3	Q/CR 518—2016	调度集中系统技术条件	Technical specification for centralized traffic control system	2016
4	Q/CR 520—2016	铁路地理信息分类与编码	Classification and codes of railway geographic information	2016
5	Q/CR 533—2016	铁路客车电子标签	Electronic tag for railway passenger car	2016
6	Q/CR 542—2016	铁路旅客服务信息系统集成管理平台配置技术条件	Technical condition for integrated management platform of railway passenger service information system	2016
7	Q/CR 543—2016	铁路行车站（场）名数据规范	The basic data specification for station (yard) name of railway	2016
8	Q/CR 544—2016	铁路客站 WiFi 无线接入系统技术条件	The technical conditions of railway passenger station WiFi wireless access system	2016
9	Q/CR 545—2016	铁路计算机终端安全防护系统技术规范	Technical specification for security protection system for railway terminal computer	2016

续上表

序号	标 准 号	标准名称	英文名称	发布日期
10	Q/CR 571—2017	铁路信息机房通用技术规范	Technical specification of railway information system room	2017
11	Q/CR 574—2017	列车调度指挥系统（TDCS）/调度集中系统（CTC）综合维护平台技术规范	Technical specification for TDCS/CTC intergrated operation maintenance platform	2017
12	Q/CR 576—2017	铁路旅客服务信息系统时钟子系统技术条件	Technical specification of time synchronization subsystem of passenger service information system	2017
13	Q/CR 578—2017	铁路信息机房电源及环境集中监控系统技术条件	Technical specification of power and environment supervision system for railway information room	2017
14	Q/CR 604—2017	CTCS-3 级列控系统无线通信功能接口规范	CTCS-3 radio communication functional interface specification	2017
15	Q/CR 621. 1—2018	CTCS-3 级列控系统无线闭塞中心（RBC）接口规范 第 1 部分：RBC-CBI 接口规范	Interface specification of radio block center of CTCS-3 train control system—Part 1: RBC-CBI interface	2018
16	Q/CR 621. 2—2017	CTCS-3 级列控系统无线闭塞中心（RBC）接口规范 第 2 部分：RBC-CTC 接口规范	Interface specification of radio block center of CTCS-3 train control system—Part 2: RBC-CTC interface	2017
17	Q/CR 621. 3—2017	CTCS-3 级列控系统无线闭塞中心（RBC）接口规范 第 3 部分：RBC-TSRS 接口规范	Interface specification of radio block center of CTCS-3 train control system—Part 3: RBC-TSRS interface	2017
18	Q/CR 621. 4—2017	CTCS-3 级列控系统无线闭塞中心（RBC）接口规范 第 4 部分：RBC-RBC 接口规范	Interface specification of radio block center of CTCS-3 train control system—Part 4: RBC-RBC interface	2017

续上表

序号	标 准 号	标准名称	英文名称	发布日期
19	Q/CR 622—2017	CTCS-3 级列控系统车载设备司法记录器数据下载接口规范	Juridical recorder unit data downloading interface specification for CTCS-3 train control onboard system	2017
20	Q/CR 633—2018	高速铁路地震预警监测系统技术条件	Technical specification for high-speed railway earthquake early-warning and monitoring system	2018
21	Q/CR 634—2018	高速铁路地震预警监测系统试验方法	Test method for high-speed railway earthquake early-warning and monitoring system	2018
22	Q/CR 635—2018	车载地震紧急处置装置技术条件	Technical specification for on-board earthquake emergency treatment device	2018
23	Q/CR 636—2018	车载地震紧急处置装置试验方法	Test method for on-board earthquake emergency treatment device	2018
24	Q/CR 637—2018	中国高速铁路地震预警系统型号编制方法	Model designation method for china high-speed railway earthquake early-warning system	2018
25	Q/CR 655—2018	铁路信息系统设备安全配置基线	Security baseline of railway information system equipment	2018
26	Q/CR 656—2018	铁路综合信息网局域网安全防护技术要求	Technical requirements of security protection for LAN of railway integrated information network	2018
27	Q/CR 657—2018	铁路电子保单	Railway electronic policy	2018
28	Q/CR 661—2018	CTCS-3 级列控系统总体技术规范	General technical specification for CTCS-3 train control system	2018
29	Q/CR 663—2018	铁路旅客服务系统综合显示子系统技术条件	Technical specification of pubilc information subsystem of passenger service system	2018

二、我国铁路工程建设标准现状

工程建设标准指对基本建设中各类工程的勘察、规划、设计、施工、安装、验收等需要协调统一的事项所制定的标准。铁路工程建设标准体系按内容划分，主要包括勘察设计、施工工艺、施工质量验收、施工安全、试验检验方法等；按专业划分，主要包括地质、测量、混凝土、线路、路基、桥涵、隧道、轨道、站场、通信、信号、信息、电力、牵引供电、机务车辆、动车组、房建、给排水、环境保护等；按运输形式划分，主要包括客运专线、客货共线、货运专线等；按运行速度划分，主要包括高速铁路（新建铁路，时速 250 km 及以上）、普速铁路（新建铁路，时速 200 km 及以下）。

铁路行业工程建设标准由国家铁路局、国铁集团（原铁道部、原中国铁路总公司）发布管理，涉及国家标准（GB、GB/T）、铁路行业标准（TB、TB/T）、企业标准（国铁集团标准 Q/CR），类型覆盖强制性标准（GB、TB）和推荐性标准（GB/T、TB/T），铁路工程建设领域相关标准见表 5—12。

表 5—12　铁路工程建设领域相关标准

序　号	标 准 号	标准名称
1	GB 50012—2012	Ⅲ、Ⅳ级铁路设计规范
2	GB 50090—2006	铁路线路设计规范
3	GB 50091—2006	铁路车站及枢纽设计规范
4	GB 50111—2006	铁路工程抗震设计规范（2009 版）
5	GB 50216—1994	铁路工程结构可靠度设计统一标准
6	GB/T 50262—2013	铁路工程基本术语标准
7	TB 10005—2010	铁路混凝土结构耐久性设计规范
8	TB 10013—2010	铁路工程物理勘探规范
9	TB 10014—2012	铁路工程地质钻探规程
10	TB 10015—2012	铁路无缝线路设计规范
11	TB 10017—99	铁路工程水文勘测设计规范
12	TB 10027—2012	铁路工程不良地质勘察规程
13	TB 10029—2009	铁路客车车辆设备设计规范
14	TB 10031—2009	铁路货车车辆设备设计规范
15	TB 10038—2012	铁路工程特殊岩土勘察规程
16	TB 10050—2010	铁路工程摄影测量规范
17	TB 10054—2010	铁路工程卫星定位测量规范
18	TB 10057—2010	铁路车辆运行安全监控系统设计规范
19	TB 10068—2010	铁路隧道运营通风设计规范
20	TB 10084—2007	铁路天然建筑材料工程地质勘察规程

续上表

序 号	标 准 号	标准名称
21	TB 10102—2010	铁路工程土工试验规程
22	TB 10103—2008	铁路工程岩土化学分析规程
23	TB 10104—2003	铁路工程水质分析规程
24	TB 10105—2009	改建铁路工程测量规范
25	TB 10106—2010	铁路工程地基处理技术规程
26	TB 10223—2004	铁路隧道衬砌质量无损检测规程
27	TB/T 10403—2004	铁路工程地质勘察监理规程
28	TB 10422—2011	铁路给水排水工程施工质量验收标准
29	TB 10428—2012	铁路声屏障工程施工质量验收标准
30	TB/T 10429—2014	绿色铁路客站评价标准
31	TB 10443—2010	铁路建设项目资料管理规程
32	TB 10601—2009	高速铁路工程测量规范
33	TB 10760—2013	高速铁路工程静态验收技术规范
34	TB 10761—2013	高速铁路工程动态验收技术规范
35	TBJ 24—89	铁路结合梁设计规定
36	TB 10423—2014	铁路站场工程施工质量验收标准
37	TB 10049—2014	铁路工程水文地质勘察规范
38	TB 10115—2014	铁路工程岩石试验规程
39	TB 10430—2014	铁路数字移动通信系统（GSM-R）工程检测规程
40	TB 10621—2014	高速铁路设计规范
41	TB 10623—2014	城际铁路设计规范
42	TB/T 10058—2015	铁路工程制图标准
43	TB/T 10059—2015	铁路工程图形符号标准
44	TB 10088—2015	铁路数字移动通信系统（GSM-R）设计规范
45	TB 10008—2015	铁路电力设计规范
46	TB 10089—2015	铁路照明设计规范
47	TB 10180—2016	铁路防雷及接地工程技术规范
48	TB/T 3432—2016	高速铁路预制后张法预应力混凝土简支梁
49	TB/T 3435—2016	铁路混凝土桥梁梁端防水装置

续上表

序　号	标 准 号	标准名称
50	TB/T 3193—2016	铁路工程预应力筋用夹片式锚具夹具和连接器技术条件
51	TB 10001—2016	铁路路基设计规范
52	TB 10063—2016	铁路工程设计防火规范
53	TB 10010—2016	铁路给水排水设计规范
54	TB 10006—2016	铁路通信设计规范
55	TB 10003—2016	铁路隧道设计规范
56	TB 10074—2016	铁路客运服务信息系统设计规范
57	TB 10028—2016	铁路动车组设备设计规范
58	TB 10501—2016	铁路工程环境保护设计规范
59	TB 10016—2016	铁路工程节能设计规范
60	TB 10009—2016	铁路电力牵引供电设计规范
61	TB 10181—2017	铁路隧道盾构法技术规程
62	TB 10069—2017	铁路驼峰信号及编组站自动化系统设计规范
63	TB 10020—2017	铁路隧道防灾疏散救援工程设计规范
64	TB 10007—2017	铁路信号设计规范
65	TB 10002—2017	铁路桥涵设计规范
66	TB 10091—2017	铁路桥梁钢结构设计规范
67	TB 10092—2017	铁路桥涵混凝土结构设计规范
68	TB 10093—2017	铁路桥涵地基和基础设计规范
69	TB 10625—2017	重载铁路设计规范
70	TB 10098—2017	铁路线路设计规范
71	TB 10099—2017	铁路车站及枢纽设计规范
72	TB 10082—2017	铁路轨道设计规范
73	TB 10182—2017	公路与市政工程下穿高速铁路技术规程
74	TB 10090—2018	铁路军运设施设计规范
75	TB 10018—2018	铁路工程地质原位测试规程
76	TB 10041—2018	铁路工程地质遥感技术规程
77	TB 10100—2018	铁路旅客车站设计规范
78	TB 10035—2018	铁路特殊路基设计规范

续上表

序　号	标 准 号	标准名称
79	TB 10004—2018	铁路机务设备设计规范
80	TB 10413—2018	铁路轨道工程施工质量验收标准
81	TB 10414—2018	铁路路基工程施工质量验收标准
82	TB 10415—2018	铁路桥涵工程施工质量验收标准
83	TB 10417—2018	铁路隧道工程施工质量验收标准
84	TB 10418—2018	铁路通信工程施工质量验收标准
85	TB 10419—2018	铁路信号工程施工质量验收标准
86	TB 10420—2018	铁路电力工程施工质量验收标准
87	TB 10421—2018	铁路电力牵引供电工程施工质量验收标准
88	TB 10424—2018	铁路混凝土施工质量验收标准
89	TB 10751—2018	高速铁路路基工程施工质量验收标准
90	TB 10752—2018	高速铁路桥涵工程施工质量验收标准
91	TB 10753—2018	高速铁路隧道工程施工质量验收标准
92	TB 10754—2018	高速铁路轨道工程施工质量验收标准
93	TB 10755—2018	高速铁路通信工程施工质量验收标准
94	TB 10756—2018	高速铁路信号工程施工质量验收标准
95	TB 10757—2018	高速铁路电力工程施工质量验收标准
96	TB 10758—2018	高速铁路电力牵引供电工程施工质量验收标准
97	TB 10062—2018	铁路驼峰及调车场设计规范
98	TB 10101—2018	铁路工程测量规范
99	TB 10504—2018	铁路建设项目预可行性研究、可行性研究和设计文件编制办法
100	TB 10012—2019	铁路工程地质勘查规范
101	TB 10077—2019	铁路工程岩土分类标准
102	TB 10120—2019	铁路瓦斯隧道技术规范
103	TB 10218—2019	铁路工程基桩检测技术规程
104	TB 10313—2019	铁路工程爆破振动安全技术规程
105	TB 10402—2019	铁路建设工程监理规范
106	TB 10426—2019	铁路工程结构混凝土强度检测规程
107	TB 10461—2019	客货共线铁路工程动态验收技术规范

续上表

序　号	标 准 号	标准名称
108	TB 10064—2019	铁路工程混凝土配筋设计规范
109	TB 10425—2019	铁路混凝土强度检验评定标准
110	TB/T 10431—2019	铁路图像通信工程检测规程
111	TB 10505—2019	铁路声屏障工程设计规范
112	TB 10097—2019	铁路房屋建筑设计标准
113	TB 10056—2019	铁路房屋供暖通风与空气调节设计规范
114	TB 10061—2019	铁路工程劳动安全与卫生设计规范
115	TB 10025—2019	铁路路基支挡结构设计规范
116	TB 10630—2019	磁浮铁路技术标准（试行）
117	TB 10671—2019	高速铁路安全防护设计规范
118	TB 10638—2019	铁路专用线设计规范（试行）
119	TB 10301—2020	铁路工程基本作业施工安全技术规程
120	TB 10302—2020	铁路路基工程施工安全技术规程
121	TB 10303—2020	铁路桥涵工程施工安全技术规程
122	TB 10304—2020	铁路隧道工程施工安全技术规程
123	TB 10305—2020	铁路轨道工程施工安全技术规程
124	TB 10307—2020	铁路通信、信号、信息工程施工安全技术规程
125	TB 10308—2020	铁路电力、电力牵引供电工程施工安全技术规程
126	TB 10427—2020	铁路客运服务信息系统工程施工质量验收标准
127	建标〔2008〕232 号	新建铁路工程项目建设用地指标
128	国能油气〔2015〕392 号	油气输送管道与铁路交汇工程技术及管理规定
129	Q/CR 9004—2018	铁路工程施工组织设计规范
130	Q/CR 9006—2014	铁路建设工程风险管理技术规范
131	Q/CR 9007—2014	铁路工程结构可靠性设计统一标准（试行）
132	Q/CR 9133—2016	铁路物流中心设计规范
133	Q/CR 9135—2015	铁路工业站港湾站设计规范
134	Q/CR 9210—2015	铁路路基填筑工程连续压实控制技术规程
135	Q/CR 9202—2015	铁路建设项目现场管理规范
136	Q/CR 9204—2015	铁路建设项目工程试验室管理标准

续上表

序　号	标 准 号	标准名称
137	Q/CR 9205—2015	铁路工程试验表格
138	Q/CR 9211—2015	铁路钢桥制造规范
139	Q/CR 9212—2015	铁路桥梁钻孔桩施工技术规程
140	Q/CR 9217—2015	铁路隧道超前地质预报技术规程
141	Q/CR 9218—2015	铁路隧道监控量测技术规程
142	Q/CR 9219—2015	铁路隧道施工抢险救援指南
143	Q/CR 9221—2015	铁路给水排水施工技术规程
144	Q/CR 9223—2015	铁路混凝土拌和站机械配置技术规程
145	Q/CR 9224—2015	铁路路基工程施工机械配置技术规程
146	Q/CR 9225—2015	铁路桥梁工程施工机械配置技术规程
147	Q/CR 9226—2015	铁路隧道工程施工机械配置技术规程
148	Q/CR 9228—2015	铁路通信信号电力电力牵引供电施工机械配置技术规程
149	Q/CR 9229—2015	铁路给水排水工程施工机械配置技术规程
150	Q/CR 9230—2016	铁路工程沉降变形观测与评估技术规程
151	Q/CR 9247—2016	铁路隧道工程风险管理技术规范
152	Q/CR 9300—2014	铁路桥涵极限状态法设计暂行规范
153	Q/CR 9511—2014	铁路黄土隧道技术规范
154	Q/CR 9602—2015	高速铁路路基工程施工技术规程
155	Q/CR 9603—2015	高速铁路桥涵工程施工技术规程
156	Q/CR 9604—2015	高速铁路隧道工程施工技术规程
157	Q/CR 9606—2015	高速铁路通信工程施工技术规程
158	Q/CR 9607—2015	高速铁路信号工程施工技术规程
159	Q/CR 9608—2015	高速铁路电力工程施工技术规程
160	Q/CR 9609—2015	高速铁路电力牵引供电工程施工技术规程
161	Q/CR 9655—2015	客货共线铁路通信工程施工技术规程
162	Q/CR 9657—2015	客货共线铁路电力工程施工技术规程
163	Q/CR 9745—2014	铁路自然灾害及异物侵限监测系统工程施工及验收标准
164	Q/CR 9004—2018	铁路工程施工组织设计规范
165	Q/CR 9127—2018	铁路路基设计规范（极限状态法）

续上表

序　号	标 准 号	标准名称
166	Q/CR 9129—2018	铁路隧道设计规范（极限状态法）
167	Q/CR 9130—2018	铁路轨道设计规范（极限状态法）
168	Q/CR 9133—2016	铁路物流中心设计规范
169	Q/CR 9140—2017	铁路桥隧守护设施设计规定
170	Q/CR 9146—2017	铁路房屋建筑设计标准
171	Q/CR 9156—2019	铁路专用线设计规范
172	Q/CR 9207—2017	铁路混凝土工程施工技术规程
173	Q/CR 9213—2017	铁路架桥机架梁技术规程
174	Q/CR 9215—2017	铁路隧道工程施工信息化技术规程（试行）
175	Q/CR 9227—2017	铁路轨道工程施工机械配置技术规程
176	Q/CR 9605—2017	高速铁路轨道工程施工技术规程
177	Q/CR 9651—2017	客货共线铁路路基工程施工技术规程
178	Q/CR 9652—2017	客货共线铁路桥涵工程施工技术规程
179	Q/CR 9653—2017	客货共线铁路隧道工程施工技术规程
180	Q/CR 9654—2017	客货共线铁路轨道工程施工技术规程
181	Q/CR 9656—2017	客货共线铁路信号工程施工技术规程
182	Q/CR 9658—2018	客货共线铁路电力牵引供电工程施工技术规程

三、我国铁路信息化标准现状

经过四十余年的建设，铁路信息系统实现了快速发展，先后开发了铁路运输管理系统、调度指挥系统、电子客票系统、动车组管理信息系统、铁路防灾信息系统、行车安全监控系统、基础设施运营维护系统、工务安全生产系统等一大批应用信息系统，全面支撑了铁路运输组织、客货服务和经营管理，为铁路发展作出了重要贡献。

2016 年，中国铁路总公司发布《铁路信息化标准体系框架》（TJ/XX 004—2016），用于指导铁路信息化建设。铁路信息化标准体系框架采用三级结构，由通用基础标准、基础设施标准、信息资源标准、业务应用标准、信息安全标准、管理与服务标准、新技术应用标准七个一级类目、二十八个二级类目和三十二个三级类目组成，如图 5—14 所示。

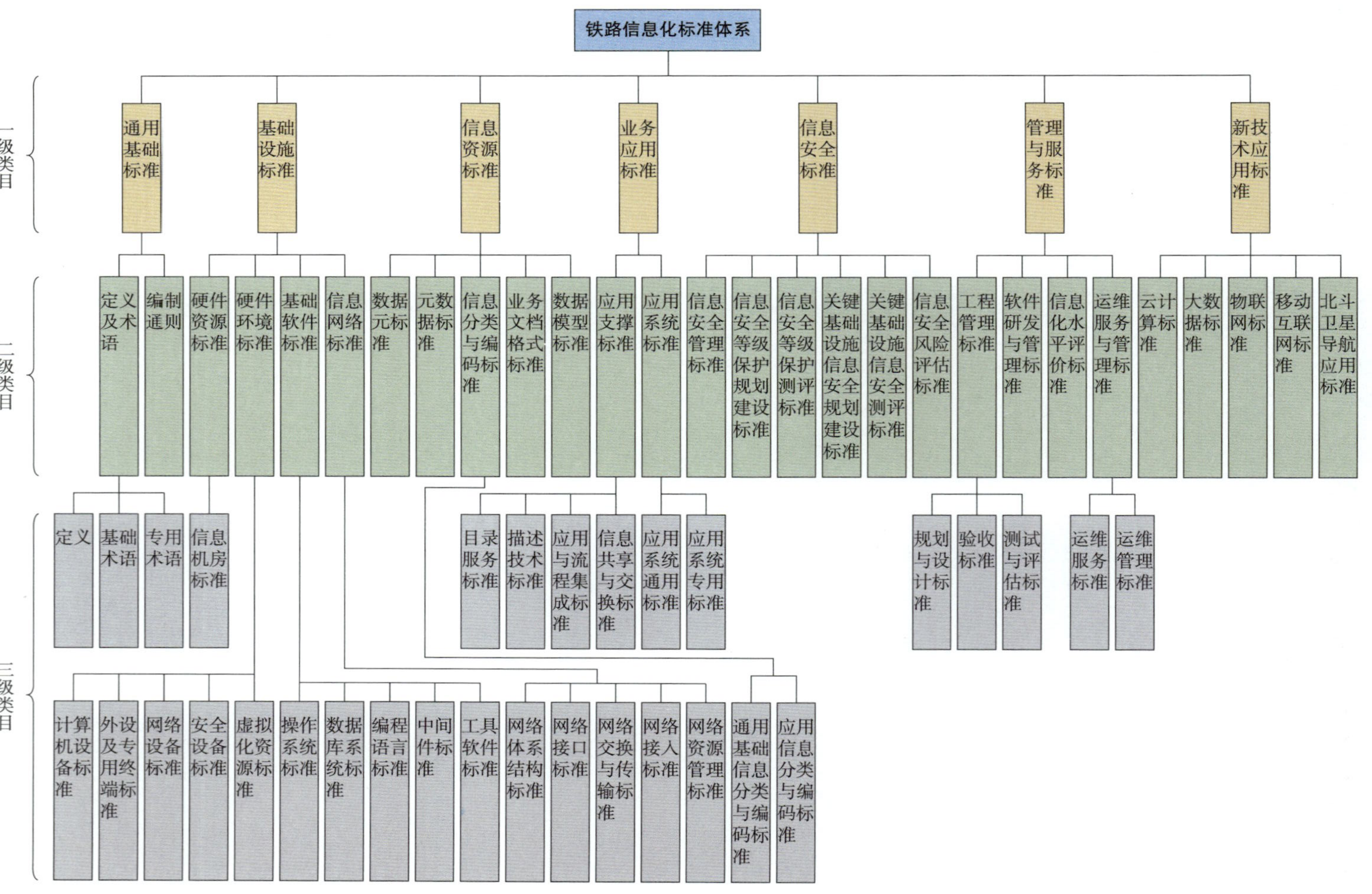

图 5—14　铁路信息化标准体系框架

1. 通用基础标准

通用基础标准分为定义及术语、编制通则两个二级类目。定义及术语主要包括铁路信息化相关定义、基础术语和专业术语；编制通则主要包括铁路信息化标准体系及信息化标准编制过程中应遵循的基本准则和规则。

2. 基础设施标准

基础设施标准分为硬件环境标准、硬件资源标准、基础软件标准、信息网络标准四个二级类目。硬件环境标准主要包括信息机房、信息设备间、数据（灾备）中心等硬件环境方面的标准；硬件资源标准主要包括计算机设备（含服务器、存储器等）、外设及专用终端（含识别设备）、网络设备（含路由器、交换机等）、安全设备（含防火墙、网闸、漏洞扫描器等）、虚拟化资源等硬件资源及其选型、配置、更新、报废等方面的标准；基础软件标准主要包括操作系统、数据库系统、编程语言、中间件、工具软件等基础软件及其选型、配置等方面的标准；信息网络标准主要包括网络体系结构、网络资源的运用与管理等方面的标准。

3. 信息资源标准

信息资源标准分为数据元标准、元数据标准、信息分类与编码标准、业务文档格式标准、数据模型标准五个二级类目。数据元标准主要包括铁路数据元及其编制、维护、管理等方面的标准；元数据标准主要包括铁路元数据注册、维护、管理等方面的标准；信息分类与编码标准主要包括铁路信息分类编码及其编制、维护、管理等方面的标准；业务文档格式标准主要包括用于描述技术定义的各种业务文档格式和非结构化数据格式等方面的标准；数据模型标准主要包括数据库、数据仓库、数据模型的建立、维护、管理等方面的标准。

4. 业务应用标准

业务应用标准分为应用支撑标准、应用系统标准两个二级类目。

应用支撑标准主要包括目录服务、描述技术、应用与流程集成、信息共享与交换等方面的标准。目录服务标准包括目录服务分级分类、目录服务的建立与维护等方面的标准；描述技术标准包括标准通用标记语言（SGML）、可扩展标记语言（XML）、超文本标记语言（HTML）等方面的标准；应用与流程集成标准包括信息集成平台、企业服务总线、应用系统集成、流程集成等方面的标准；信息共享与交互标准包括信息系统间、信息系统与外部系统间的数据接口、共享和交换机制、共享平台等方面的标准。

应用系统标准主要包括应用系统的技术条件、业务流程、用户界面、统一授权等方面的标准，由应用系统通用标准、应用系统专用标准两个三级类目组成。应用系统通用标准包括战略决策、资源管理、经营开发、智能运输、建设管理、综合业务协同等应用共同遵循的通用标准；应用系统专用标准包括一个或少数几个应用系统遵循的专用标准。

5. 信息安全标准

信息安全标准分为信息安全管理标准、信息安全等级保护规划建设标准、信息安全等级保护测评标准、关键基础设施信息安全规划建设标准、关键基础设施信息安全测评标准、信息安全风险评估标准六个二级类目。信息安全管理标准主要包括安全组织结构、人员安全、资产管理安全、物理环境安全、访问控制、通信和运营安全、采购开发和维护安全、信息安全紧急事件处置、业务连续安全保障、系统安全分级分类等方面的标准；信息安全等级保护规划建设标准主要包括信息系统等级保护规划、设计、验收等阶段所遵循的安全体系结构、安全工程规划设计、安全施工、安全保护策略、原则、框架、技术机制、产品及其配置要求等方面的标准；信息安全等级保护测评标准主要包括用于评估和确认信息系统达到信息安全等级保护规划和设计的安全功能和安全保证要求等方面的标准；关键基础设施信息安全规划建设标准主要包括关键基础设施信息安全保护规划、设计、实施、验收等阶段所遵循的安全体系结构、安全工程规划设计、安全施工、安全保护策略、原则、框架、技术机制、产品及其配置要求等方面的标准；关键基础设施信息安全测评标准主要包括用于评估和确认信息系统达到关键基础设施信息安全保护规划和设计的安全功能和安全保证等方面的标准；信息安全风险评估标准主要包括用于对信息系统运行环境、技术有效性变化、配置变化、政策变化、业务变化等进行风险评估等方面的标准。

6. 管理与服务标准

管理与服务标准分为工程管理标准、软件研发与管理标准、信息化水平评价标准、运维服务与管理标准四个二级类目。

工程管理标准主要包括铁路信息化规划、立项、设计、施工、测试、验收、评估、投产上线等方面的标准。规划与设计标准主要包括信息化规划、工程立项、可行性研究、工程设计、工程施工等方面标准。验收标准主要包括信息工程验收、投产上线等方面的标准。测试与评估标准主要包括信息系统测评、测试（含软件测试）、评估等方面的标准。

软件研发与管理标准主要包括软件研发过程与产品质量管理等方面的标准。

信息化水平评价标准主要包括信息化基础建设、信息资源质量、信息系统应用与效果、信息化管理与服务水平等方面的评价标准；运维服务与管理标准主要包括业务应用系统、系统软件、硬件设备、网络及相关基础设施的运行维护和管理等方面的标准。

运维服务标准主要包括基于IT基础架构库（ITIL）制定的计划管理、事件管理、问题管理、故障管理、变更管理、配置管理、应急管理、资产管理、备品备件管理等方面的标准。运维管理标准主要包括运维人员配置、运维定额、工作量与费用估算等方面的标准。

7. 新技术应用标准

新技术应用标准分为云计算标准、大数据标准、物联网标准、移动互联网标准、北斗卫星导航应用标准五个二级类目，涉及新技术应用及相关硬件、软件选型、配置等方面的标准。

第四节　智能高速铁路标准体系构建背景

智能高速铁路标准体系是从顶层规划角度对智能高速铁路各业务制定的规范和准则，用于在统一的标准指导下支撑业务应用系统互联互通、数据资源共享等，明确智能高速铁路未来标准化工作的目标和重点发展方向，为制定智能高速铁路标准化战略、分阶段编制智能高速铁路相关标准提供依据。

一、智能高速铁路标准体系特点

标准化是为了在一定范围内获得最佳秩序，对现实问题或潜在问题制定共同使用和重复使用的条款的活动（GB/T 20000.1—2002第2.1.1条）。智能高速铁路标准体系的制定是实现智能高速铁路建设和运营标准化、规范化的重要基础，涉及智能化规划、设计、研发、实施、运维等各项活动，覆盖移动装备、工务工程、通信信号、牵引供电、运输组织、设备运维、安全保障、客运服务等各业务领域，具有系统化要求高、覆盖范围广、标准数量多、编制难度大等特点。因此，有必要根据国家和铁路行业标准化工作相关要求，在智能高速铁路体系架构的总体指导下，结合智能高速铁路建设和运营对标准化工作的需求，构建一个层次清晰、结构合理、体系明确、要素齐全的智能高速铁路标准体系。与传统的信息化标准体系相比，智能高速铁路标准体系具有以下特点：

1. 智能高速铁路标准体系是物理高速铁路网和信息高速铁路网双网融合形成的标准体系。智能高速铁路标准体系是在既有铁路技术标准、铁路信息化标准，以及云计算、大数据、人工智能、北斗导航系统等新技术标准基础上形成的，在标准框架和标准明细表设计上应充分体现物理高速铁路网和信息高速铁路网的融合应用，需重点突出智能高速铁路在泛在互联、信息共享、智能决策等方面的信息网络特征。

2. 智能高速铁路标准体系是智能高速铁路技术创新和成果转化形成的标准体系。智能高速铁路标准体系与智能高速铁路技术体系一脉相承，充分吸收智能高速铁路在智能建造、智能装备、智能运营三大板块的技术创新成果，进行标准的凝练和提升，为智能高速铁路关键技术、产品、系统的标准化、规范化应用提供依据和评价手段。

3. 智能高速铁路标准体系是协调一致、不断完善的标准体系。智能高速铁路的构建是一项持续性、长期性的工作，既需要科技创新在关键“点”上实现突破，也需要通过标准化建设进行“面”上的协调推进。在根据智能高速铁路新成果、新应用制定新标准的同时，也应结合环境的变化、技术的发展、需求的调整等对既有标准的技术内容、关键技术指标进行修订完善。

二、智能高速铁路标准体系构建原则

智能高速铁路标准体系是智能高速铁路领域内各类标准按其内在联系形成的科学的有机整体，在构建过程中应遵循系统性、层次性、协调性、动态性、提升性等原则，如图 5—15 所示。

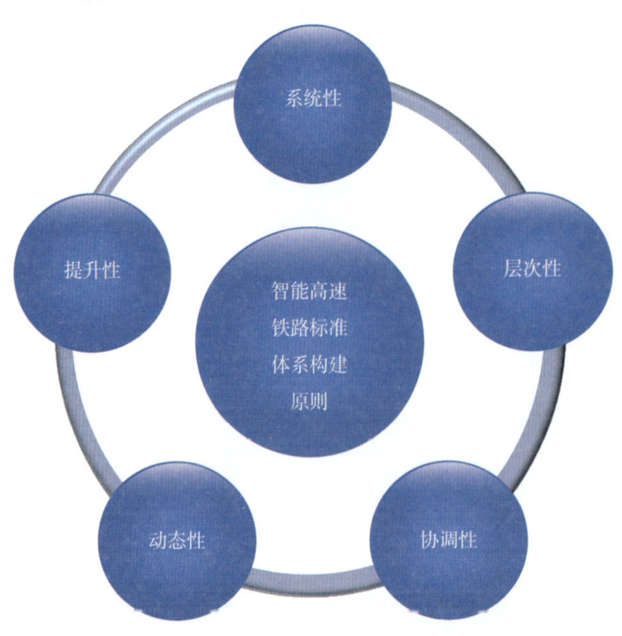

图 5—15　智能高速铁路标准体系构建原则

1. 系统性原则：智能高速铁路标准体系内部标准按照一定的结构进行逻辑组合，所有标准对象并不是简单叠加，而是相互补充、相互依存和相互服务的，共同构成一个完整、统一的整体。

2. 层次性原则：智能高速铁路标准体系各标准对象之间的关系大多为隶属或包含关系，是基于层次化标准体系结构和线性标准体系结构建立的。体系中的标准根据级别的不同分为若干个层次，将侧重抽象性和共性的标准对象置于较高的层次，侧重具体性和个性的标准对象置于较低的层次，同层次之间标准对象界限清晰分明。

3. 协调性原则：智能高速铁路建设涉及多业务、多部门、多系统，因而智能高速铁路标准体系内各项标准对象既相互独立，又具备较强的内在联系。在智能高速铁路标准体系中，同属于一个环节或者相互衔接环节的标准内容应衔接一致，相互配合。在智能高速铁路标准体系中修改任一标准，与之相关的标准也应做出相应的调整，避免冲突与矛盾。

4. 动态性原则：为始终保持可用性和先进性，智能高速铁路标准体系应随着社会环境的改变、科学技术的发展、用户需求的变化不断更新，是一个动态丰富和不断发展的体系。

5. 提升性原则：智能高速铁路标准体系工作是在现有的铁路技术标准、铁路工程建设标准、信息化标准等基础上，参考国家信息新技术相关标准及其他行业智能化标准情况，依据铁路技术标准构建要求，进一步扩展了智能化要素，是对现有的标准体系的补充和智能化提升。

第五节　智能高速铁路标准体系框架

智能高速铁路标准体系框架是从标准层面对智能高速铁路建造、装备、运营全产业链成套技术及相关基础和支撑标准进行的整体设计，是实现高速铁路智能化技术标准化、规范化的重要基础，用于指导智能高速铁路标准体系的建设和维护，确保各项工作统一规范、无缝衔接。

智能高速铁路标准体系框架主要由通用基础与管理标准、智能高速铁路技术标准、平台及支撑技术标准构成，主要包括三个一级类目、九个二级类目、二十六个三级类目和若干可扩展类目，如图 5—16 所示。

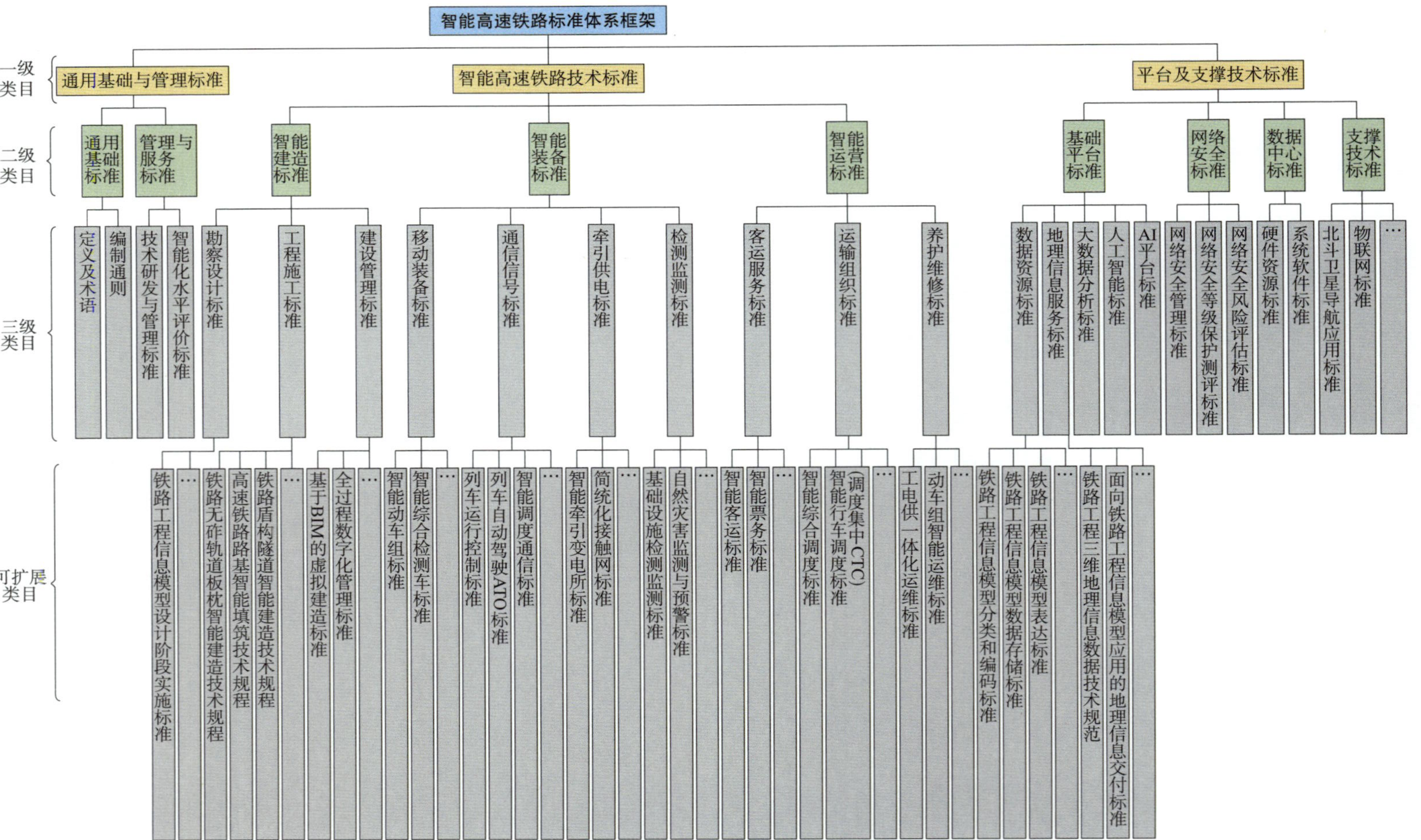

图 5—16 智能高速铁路标准体系框架

一、通用基础与管理标准

（一）内涵

通用基础与管理标准是指作为技术基础和管理服务基本要求，在智能高速铁路领域内普遍使用且具有广泛指导意义的标准。作为智能高速铁路标准体系中的基础，一方面是对智能高速铁路领域内标准化对象的共性因素（概念、数系、通则等）做出的统一规定，是制订标准过程中所必须遵循的依据或准则；另一方面是智能高速铁路技术研发与管理、智能化水平评价等方面的基本要求，在智能高速铁路标准体系内可以直接应用。

（二）涵盖范围及划分依据

通用基础与管理标准包含通用基础标准、管理与服务标准两个二级类目，具有广泛的适用范围。通用基础标准由定义及术语、编制通则两个三级类目组成；管理与服务标准由技术研发与管理标准、智能化水平评价标准两个三级类目组成，如图 5—17 所示。

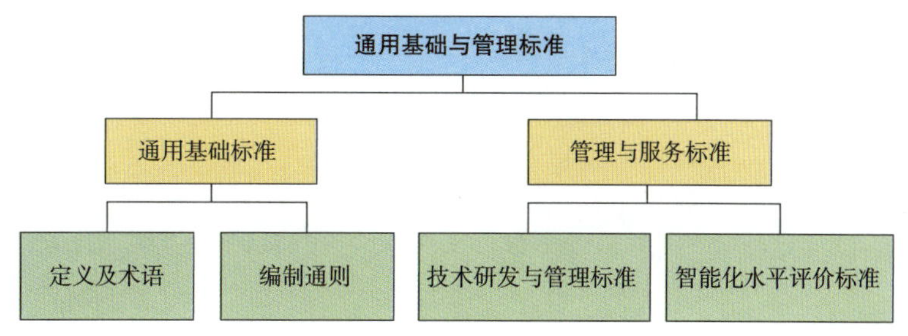

图 5—17　通用基础与管理标准框架

1. 定义及术语：对于一种事物的本质特征或一个概念的内涵和外延所做的确切表述；术语又称技术名词、科学术语、科技术语或技术术语，是在特定专业领域中一般概念的词语指称。定义及术语标准界定智能高速铁路相关的定义、内涵、构成和基础术语及专业术语，以统一高速铁路智能化建设中遇到的定义、主要名词、术语和技术词汇，避免对它们的歧义理解。

2. 编制通则：主要是规定编制标准应遵循的规则、步骤和方法等，是指导编制智能高速铁路标准体系及相关标准的标准。

3. 技术研发与管理标准：主要是在智能高速铁路相关系统软硬件开发与管理过程中所涉及的标准。

4. 智能化水平评价标准：主要是通过科学、客观、合理的智能化评价指标有效地评价智能高速铁路系统智能化水平的标准。

二、智能高速铁路技术标准

（一）内涵

智能高速铁路技术标准是贯穿智能高速铁路设计、建造、制造及运营全产业链的成套智能化标准的总称，是构建智能高速铁路全连接信息物理系统的规范和准则，是新一代技术与铁路技术的集成融合，是智能高速铁路标准化与智能化的具体体现。根据智能高速铁路技术体系框架，智能高速铁路主要由智能建造、智能装备、智能运营三大板块，勘察设计、工程施工、建设管理、移动装备、通信信号、牵引供电、检测监测、客运服务、运输组织、养护维修等十大领域构成。智能高速铁路应用标准主要是面向上述应用系统的功能组成、业务流程、用户界面、技术条件等方面的标准规范。

（二）涵盖范围及划分依据

智能高速铁路应用标准包含智能建造标准、智能装备标准、智能运营标准三个二级类目。智能建造标准由勘察设计标准、工程施工标准、建设管理标准三个三级类目组成；智能装备标准由移动装备标准、通信信号标准、牵引供电标准、检测监测标准四个三级类目组成；智能运营标准由客运服务标准、运输组织标准、养护维修标准三个三级类目组成，如图 5—18 所示。

1. 勘察设计标准：包含空天地一体化工程勘察标准、基于 BIM 工程设计标准等可扩展类目。空天地一体化工程勘察标准可细分为基于 GIS 的智能勘探、空天地一体化智能测绘、数字化勘察交付等方面的标准；基于 BIM 的工程设计标准可细分为 BIM 建模、协同设计和数字化设计交付等方面的标准。目前已形成或规划的相关标准包括铁路工程信息模型设计阶段实施标准等。

2. 工程施工标准：包含桥隧路轨智能化施工标准、客运站工程智能化施工标准、四电工程智能化施工标准等可扩展类目。桥隧路轨智能化施工标准可细分为路基智能化施工、桥梁智能化施工、隧道智能化施工、轨道智能化施工等方面的标准；客运站工程智能化施工标准可细分为客站智能施工、综合交通体系施工协同等方面的标准；四电工程智能化施工标准可细分为电气化工程、通信工程、信号工程、信息化工程等方面的标准。目前已形成或规划的相关标准包括铁路无砟轨道板枕智能建造技术规程、高速铁路路基智能填筑技术规程、铁路盾构隧道智能建造技术规程等。

3. 建设管理标准：包含基于 BIM 的虚拟建造标准、全过程数字化管理标准等可扩展类目。基于 BIM 的虚拟建造标准可细分为铁路工程信息模型、工程信息模型交付精度、BIM 模型服务技术、工程建设竣工 BIM 验收等相关标准；全过程数字化管理标准可细分为工程管理平台、前端监测设备、工程交付、应用验证等相关标准。

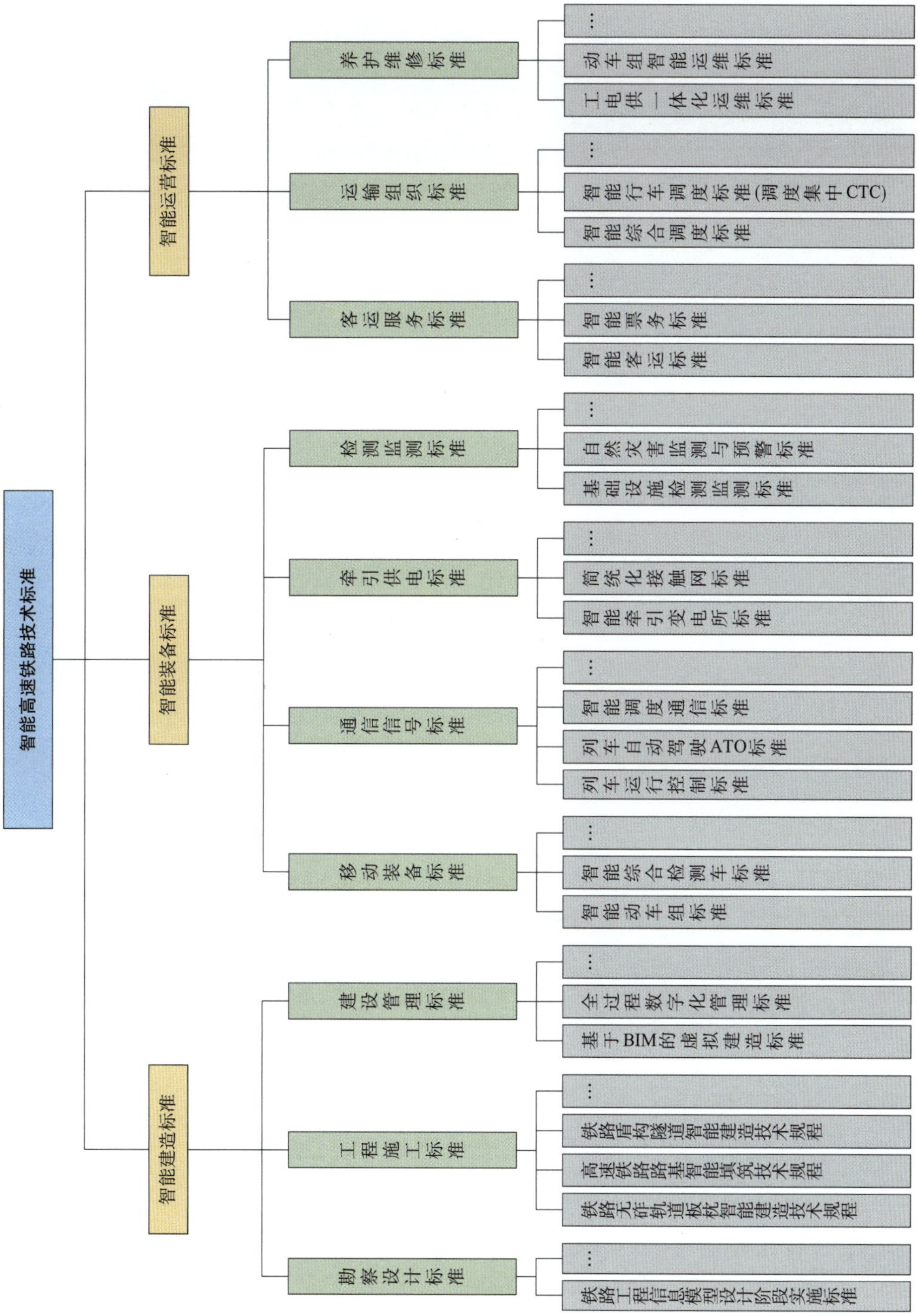

- 智能高速铁路技术标准
  - 智能建造标准
    - 勘察设计标准
      - 铁路工程信息模型设计阶段实施标准
      - …
    - 工程施工标准
      - 铁路无砟轨道板枕智能建造技术规程
      - 高速铁路路基智能填筑技术规程
      - 铁路盾构隧道智能建造技术规程
      - …
    - 建设管理标准
      - 基于BIM的虚拟建造标准
      - 全过程数字化管理标准
      - …
  - 智能装备标准
    - 移动装备标准
      - 智能动车组标准
      - 智能综合检测车标准
      - …
    - 通信信号标准
      - 列车运行控制标准
      - 列车自动驾驶ATO标准
      - 智能调度通信标准
      - …
    - 牵引供电标准
      - 智能牵引变电所标准
      - 简统化接触网标准
      - …
    - 检测监测标准
      - 基础设施检测监测标准
      - 自然灾害监测与预警标准
      - …
  - 智能运营标准
    - 客运服务标准
      - 智能客运标准
      - 智能票务标准
      - …
    - 运输组织标准
      - 智能综合调度标准
      - 智能行车调度标准(调度集中CTC)
      - …
    - 养护维修标准
      - 工电供一体化运维标准
      - 动车组智能运维标准
      - …

图5—18　智能高速铁路技术标准

4. 移动装备标准：包含智能动车组标准、智能综合检测车标准等可扩展类目。智能动车组标准可细分为动车组智能监控、动车组智能诊断、动车组智能服务等方面的标准；智能综合检测车可细分为智能检测设备、智能检测数据分析等方面的标准。

5. 通信信号标准：包含通信和信号两个方向。信号方向包括列车运行控制标准、列车自动驾驶ATO标准等可扩展类目，通信方向包含智能调度通信、车地高速移动通信等可扩展类目。列车运行控制标准和列车自动驾驶ATO标准可细分为功能需求、接口定义、试验验证等方面的标准。

6. 牵引供电标准：包含智能牵引变电所标准、简统化接触网标准等可扩展类目。智能牵引变电所标准可细分为智能一次设备、广域测控保护系统、辅助监控系统等方面的标准；简统化接触网标准可细分为新型腕臂和定位装置方案、装备服役性能等方面的标准。

7. 检测监测标准：包含基础设施检测监测标准、自然灾害监测与预警标准等可扩展类目。基础设施检测监测标准可细分为移动装备检测监测、工务设备设施智能检测监测、电务设备设施智能检测监测、供电设备设施智能检测监测等方面的标准；自然灾害监测与预警标准可细分为高速铁路沿线风、雨、雪等自然灾害监测、周界入侵监测、异物侵限监测、外部环境监测等方面的标准。

8. 客运服务标准：包含智能客运标准、智能票务标准等可扩展类目。智能客运标准可细分为客运一体化生产指挥管理、客运设备管理与监控智能化、站车重点服务、站车客运安全、站车智能服务等方面的标准；智能票务标准可细分为客票电子化、智能产品设计和售票组织、旅程规划、精准营销、综合交通信息共享等方面的标准。

9. 运输组织标准：包含智能综合调度标准、智能行车调度（调度集中CTC）标准等可扩展类目。智能综合调度标准可细分为运输态势感知、计划一体化协同、智能计划调整、智能应急调度等方面的标准；智能行车调度（调度集中CTC）标准可细分为列车运行计划自动调整、进路和命令卡控、行车调度综合仿真等方面的标准。

10. 养护维修标准：包含工电供一体化运维标准、动车组智能运维标准等可扩展类目。工电供一体化运维标准可细分为数字履历管理、故障智能诊断等方面的标准；动车组智能运维标准可细分为故障预测、健康评估、运维分析等方面的标准。

三、平台及支撑技术标准

（一）内涵

平台及支撑技术标准是以实现全面感知、泛在互联、融合处理、主动学习、科学决策为目标，围绕技术、平台、安全、数据等制定的一系列具有内在联系的标准，为智能建造、智能装备、智能运营三大板块的主要业务应用提供主数据、元数据、地理信息、大数据分析、人工智能等服务，提供运行稳定、保障有力、软硬兼备的信息基础设施，并跟踪采用区块链、量子计算、智联网等支撑技术，为新技术与高速铁路业务深度融合和技术创新提供支撑。

（二）涵盖范围及划分依据

平台及支撑技术标准包含基础平台标准、网络安全标准、数据中心标准、支撑技术标准四个二级类目。基础平台标准由数据资源标准、地理信息服务标准、大数据分析标准、人工智能标准、AI 平台标准五个三级类目组成；网络安全标准由网络安全管理标准、网络安全等级保护测评标准、网络安全风险评估标准三个三级类目组成；数据中心标准由硬件资源标准、系统软件标准两个三级类目组成；支撑技术标准由北斗卫星导航应用标准、物联网标准等三级类目组成，如图 5—19 所示。

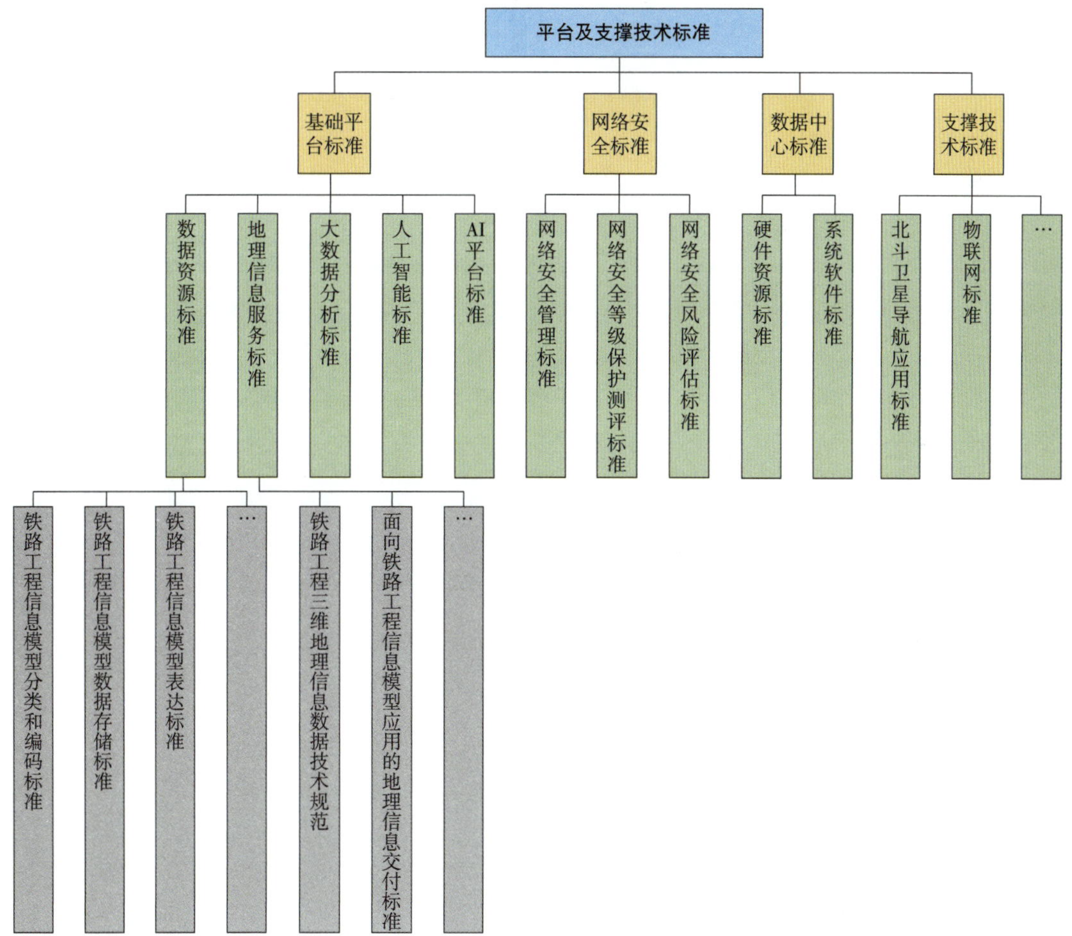

图 5—19　平台及支撑技术标准框架

1. 数据资源标准：是指高速铁路设计、建设、运营过程中所产生、传输、获取、存储、处理和应用的各类数据资源，用于规范贯穿高速铁路全生命周期的各类铁路内外部相关信息数据，以实现跨系统、跨部门、跨行业的信息资源共享，包括铁路工程信息模型分类和编码标准、铁路工程信息模型数据存储标准、铁路工程信息模型表达标准等可扩展类目。

2. 地理信息服务标准：是指铁路基础地理信息和专用地理信息数据的采集、更新、管理、服务等全过程涉及的标准，对铁路地理信息平台、铁路地理信息数据制作等进行规范，包含铁路工程三维地理信息数据技术规范、面向铁路工程信息模型应用的地理信息交付标准等可扩展类目。

3. 大数据分析标准：是指铁路各专业数据集成、数据共享、大数据存储与分析等过程涉及的标准，对数据服务平台的总体方案、功能性能要求、接口要求等进行规范。

4. 人工智能标准：是指铁路语音分析、文本分析、图像分析等领域涉及的标准，对相关技术、模型算法、服务开放等进行规范。

5. AI 平台标准：智能高速铁路 AI 平台是面向智能高速铁路各专业开展人工智能技术应用的一站式平台，融合了机器学习、深度学习、聚类分析、画像分析、知识图谱、分类分析、回归分析、关联分析等通用算法，以及铁路行业专业模型算法，为各类应用提供通用人工智能服务，对平台的总体方案、功能性能要求等进行规范。

6. 网络安全管理标准：是指确保信息和系统的保密性、完整性和可用性等方面的标准规范。

7. 网络安全等级保护测评标准：主要包括网络安全等级保护定级指南、网络安全等级保护基本要求、网络安全等级保护测评要求、网络安全等级保护测评过程指南、网络安全等级保护设计技术要求等。

8. 网络安全风险评估标准：主要包括网络安全风险评估计划、网络安全风险评估程序、网络安全风险评估指标体系等。

9. 硬件资源标准：是指数据中心设计与运营、灾备中心设计与运营、云计算、超融合、高性能计算等方面的标准。

10. 系统软件标准：主要包括智能监控运维平台、统一开发测试平台等方面的标准。

11. 北斗卫星导航应用标准：主要针对北斗卫星导航技术在铁路应用的需求，从基础标准、技术标准、设备标准、服务标准等方面进行规范。

12. 物联网标准：主要针对物联网技术在铁路应用的需求，从标识体系、数据和设备编码、接口通信等方面进行规范。

第六节　智能高速铁路标准明细表

标准明细表是一定时间、一定范围内的智能高速铁路标准体系框架所应包含的全部标准，其基本组成单元是标准，既包括应该保留的现有标准，也包括应该制订和修订的标准。制定智能高速铁路标准明细表的作用在于：

1. 定义智能高速铁路标准化活动的发展蓝图，确定工作重点。

2. 系统了解国际、国家标准，为采用国际标准和国家有关标准提供全面借鉴。

3. 指导制定智能高速铁路标准的制、修订计划。

标准体系框架反映了全局，便于甄别智能高速铁路标准体系框架中的空白领域，便于把握方向、合理安排标准化工作，避免智能高速铁路标准化活动的盲目性和重复性，节约人力、物力、财力，有助于推进智能高速铁路相关标准的制定和完善。

一、智能高速铁路标准明细表

根据智能高速铁路标准体系体系框架，结合国家、行业既有标准的相关情况，提出了智能高速铁路标准明细表，整理了新制定、继承、扩展三类智能高速铁路相关标准，见表 5—13，包含通用基础与管理标准 5 项，其中通用基础标准 1 项，管理与服务标准 4 项；智能高速铁路技术标准 113 项，其中智能建造标准 49 项，智能装备标准 38 项，智能运营标准 26 项；平台及支撑技术标准 31 项，其中基础平台标准 15 项，网络安全标准 3 项，数据中心标准 6 项，支撑技术标准 7 项。

二、优先开展研究的智能高速铁路相关标准

基于对现有铁路行业智能化相关标准现状的分析，目前智能化相关标准占有比率较少，其中大部分为 2015 年之后开始制定。在数据资源方面，国家已经出台多项大数据相关标准，但是针对铁路行业的数据标准仍较少。在业务应用方面，列车运行控制领域、BIM 建造领域标准较丰富，其他业务领域的标准不多。在平台和工具标准方面，急需围绕数据服务平台、AI 平台等制定相关标准。从标准的依赖性、基础性、紧迫性出发，当前急需开展制定的智能高速铁路相关标准主要包括以下七类。

1.《智能高速铁路　术语》：目前国内外对智能高速铁路尚未形成统一定义，

对智能高速铁路内涵和特征的理解各不相同，急需制定统一的术语标准，包括智能高速铁路、智能建造、智能装备、智能运营等通用术语及其定义。

2.《智能高速铁路　体系架构技术要求》：智能高速铁路是一个涵盖多专业、多领域、多项新技术的复杂信息物理系统，其建设不是一蹴而就，而是需要在统一的体系架构指导下分阶段分步骤有序推进。为确保不同时间、不同地域构建的智能高速铁路系统互联互通和标准一致，迫切需要开展智能高速铁路的顶层设计，指导新建智能高速铁路和既有高速铁路的智能化提升。有必要从技术体系、数据体系、标准体系等层面进行统一设计和规范。

3.《智能动车组总体技术方案》：在复兴号动车组基础上，通过增加安全状态监控、自动驾驶信息交互、列车协同控制、故障导向安全控制、故障预测与诊断、旅客信息服务等智能化功能，打造基于中国标准的智能动车组，当前急需加快智能动车组总体技术方案的研究与制定，为智能动车组的设计、运用、监控等提供指导。

4.《高速动车组自动驾驶（ATO）系统技术规范》：高速动车组自动驾驶技术是智能高速铁路关键核心技术，具有典型的智能化特征，是国际铁路在智能化领域的竞争热点和焦点。我国于 2019 年 12 月底在京张高速铁路首次实现 350 km/h 动车组自动驾驶，具备国际领先水平。因此，为推动中国高速铁路持续领跑，有必要尽快制定高速动车组自动驾驶（ATO）系统技术规范，进一步提升中国智能高速铁路国际影响力。

5.《铁路数据服务平台技术要求》：铁路数据服务平台是智能高速铁路重要的基础性支撑平台，统一为各业务应用系统提供基础数据、共享数据和大数据分析服务。为进一步规范铁路数据服务平台的总体设计、功能设计和建设研发，急需研究制定铁路数据服务平台的技术规范，明确平台的总体技术要求、功能性要求、非功能性要求和安装部署要求等。

6.《铁路数据服务平台　接口规范》：铁路数据服务平台是智能高速铁路 AI 平台的重要组成部分，平台从既有业务系统、智能高速铁路各业务系统，以及外部相关系统汇集数据，并为各业务系统提供统一的数据共享、大数据分析、数据可视化等服务，因此急需制定平台和各业务系统间接口的技术要求和相关规范。

7.《铁路大数据　分级分类规范》：智能高速铁路是一个有机整体，各应用系统之间数据的开放共享是实现系统协调统一的关键，但数据的敏感性是数据开放共享过程中需要重点关注的问题。数据分级分类是依据数据的敏感程度、重要程度等将数据分为不同的类别和级别，从而采取不同的开放共享及安全控制策略。铁路大数据分级分类规范将明确铁路数据分类原则、定级策略，并给出相应的脱敏、加密方法。

表 5—13　智能高速铁路标准明细

序号	一级类目	二级类目	三级类目	状　态	标准名称(暂定)	可参考的相关标准
1	1.1 通用基础与管理标准	1.1.1 通用基础标准	1.1.1.1 定义及术语	新研制	智能高速铁路　术语	《标准编写规则　第 1 部分:术语》(GB/T 20001.1—2001) 《信息技术　词汇　第 1 部分:基本术语》(GB/T 5271.1—2000)
2		1.1.2 管理与服务标准	1.1.2.1 技术研发与管理标准	继　承	智能高速铁路体系架构 1.0	《智能高速铁路体系架构 1.0》(TJ/QT 008—2020)
3			1.1.2.2 智能化水平评价标准	扩　展	智能高速铁路　应用软件研发与管理标准	
4				新研制	智能高速铁路　应用系统运维服务管理要求	
5				新研制	智能高速铁路　基础评价指标体系	
6	1.2 智能高速铁路技术标准	1.2.1 智能建造标准	1.2.1.1 勘察设计标准	继　承	铁路工程信息模型设计阶段实施标准	CRBIM 1010—2018
7				继　承	基于信息模型的铁路工程施工图设计文件编制办法	CRBIM 1006—2017
8				新研制	铁路工程勘察信息化技术规程	
9				新研制	空天地一体化智能测绘标准	
10				新研制	数字化勘察交付标准	
11				新研制	BIM 设计建模标准	
12				新研制	多专业协同设计标准	
13				新研制	数字化设计交付标准	
14				新研制	综合交通衔接深化设计标准	
15			1.2.1.2 工程施工标准	继　承	铁路工程信息模型施工阶段实施标准	CRBIM 1011—2018
16				新研制	铁路新一代移动通信系统设计规范	

续上表

序号	一级类目	二级类目	三级类目	状　态	标准名称(暂定)	可参考的相关标准
17				新研制	铁路无砟轨道板枕智能建造技术规程	
18				新研制	路基智能化施工标准	
19				新研制	桥梁智能化施工标准	
20				新研制	隧道智能化施工标准	
21				新研制	轨道智能化施工标准	
22				新研制	客站智能化施工标准	
23				新研制	电气化工程智能化施工标准	
24				新研制	通信工程智能化施工标准	
25				新研制	信号工程智能化施工标准	
26				新制定	信息化工程智能化施工标准	
27	1.2智能高速铁路技术标准	1.2.1智能建造标准	1.2.1.2工程施工标准	新研制	铁路工程施工信息化技术规程(铁路隧道工程施工信息化技术规程)	
28				新研制	高速铁路路基智能填筑技术规程	
29				新研制	铁路盾构隧道智能建造技术规程	
30				新研制	铁路隧道智能化地质预测预报技术规程	
31				新研制	铁路无砟轨道板(枕)智能建造技术规程	
32				新研制	铁路电力牵引供电及电力工程智能建造技术规程	
33				新研制	铁路智能牵引供电系统工程工程技术规范	

续上表

序号	一级类目	二级类目	三级类目	状　态	标准名称(暂定)	可参考的相关标准
34	1.2智能高速铁路技术标准	1.2.1智能建造标准	1.2.1.2工程施工标准	新研制	双块式无砟轨道智能制造及铺设标准	
35				新研制	智能梁场标准	
36				新研制	钢桁梁智能控制多点同步顶推及自动监测标准	
37				新研制	隧道施工机械化及信息化管理标准	
38				新研制	盾构隧道全预制拼装标准	
39				新研制	路基智能压实控制标准	
40				新研制	接触网腕臂吊弦自动化生产线智能组装预配标准	
41				继　承	铁路工程WBS工项分解指南(试行)	CRBIM 1007—2017
42				继　承	铁路工程数量标准格式编制指南	CRBIM 1008—2017
43				新研制	基于BIM的虚拟建造标准	
44				新研制	全过程数字化管理标准	
45				新研制	BIM模型服务技术要求	
46				新研制	工程建设竣工BIM验收标准	
47				新研制	前端监测设备技术要求	
48				新研制	工程交付标准	
49				新研制	应用验证标准	
50				新研制	铁路工程建设信息化应用技术规程	
51				新研制	智能站房建设管理系统技术条件	

续上表

序号	一级类目	二级类目	三级类目	状　态	标准名称(暂定)	可参考的相关标准
52	1.2智能高速铁路技术标准	1.2.1智能建造标准	1.2.1.2工程施工标准	新研制	基于BIM的铁路工程建设管理平台技术方案	
53				新研制	铁路BIM协同设计平台技术方案	
54		1.2.2智能装备标准	1.2.2.1移动装备标准	新研制	智能动车组总体技术方案	《时速350公里新一代动车组技术条件》(TJ/CL 002—2010)
55				新研制	动车组智能监控标准	
56				新研制	动车组智能诊断标准	
57				新研制	动车组智能服务标准	
58				扩　展	智能综合检测车总体技术方案	《CIT400高速检测列车动车组技术条件》(TJ/CL 003—2010)
59				新研制	智能检测设备技术要求	《CIT400高速检测列车动车组技术条件》(TJ/CL003—2010)
60				新研制	智能检测数据分析标准	《CIT400高速检测列车动车组技术条件》(TJ/CL 003—2010)
61			1.2.2.2通信信号标准	继　承	CTCS-3级列控系统总体技术规范	《CTCS-3级列控系统总体技术规范》(Q/CR 661—2018)
62				继　承	自主化CTCS-3级列控车载设备暂行技术条件	《自主化CTCS-3级列控车载设备暂行技术条件》(TJ/DW 205—2019)
63				继　承	自主化无线闭塞中心暂行技术条件	《自主化无线闭塞中心暂行技术条件》(TJ/DW 206—2018)
64				继　承	高速铁路ATO系统总体暂行技术规范	《高速铁路ATO系统总体暂行技术规范》(TJ/DW 202—2019)
65				继　承	高速铁路ATO系统与GSM-R网络接口暂行技术条件	《高速铁路ATO系统与GSM-R网络接口暂行技术条件》(TJ/DW 217—2019)
66				继　承	高速铁路ATO系统应答器设置及应用暂行技术条件	《高速铁路ATO系统应答器设置及应用暂行技术条件》(TJ/DW 221—2019)

续上表

序号	一级类目	二级类目	三级类目	状　态	标准名称(暂定)	可参考的相关标准
67	1.2智能高速铁路技术标准	1.2.2智能装备标准	1.2.2.2通信信号标准	继　承	高速铁路ATO系统临时限速服务器相关功能及接口暂行技术条件	《高速铁路ATO系统临时限速服务器相关功能及接口暂行技术条件》(TJ/DW 219—2019)
68				继　承	高速铁路ATO系统列控中心相关功能及接口暂行技术条件	《高速铁路ATO系统列控中心相关功能及接口暂行技术条件》(TJ/DW 220—2019)
69				继　承	高速铁路ATO系统车载设备接口暂行技术条件	《高速铁路ATO系统车载设备接口暂行技术条件》(TJ/DW 216—2019)
70				继　承	高速铁路ATO系统车地无线报文定义及应用原则暂行技术条件	《高速铁路ATO系统车地无线报文定义及应用原则暂行技术条件》(TJ/DW 218—2019)
71				继　承	高速铁路ATO系统测试案例(暂行)	《高速铁路ATO系统测试案例(暂行)》(TJ/DW 222—2019)
72				新研制	智能调度通信标准	
73				新研制	车-地高速移动通信标准	
74			1.2.2.3牵引供电标准	继　承	智能牵引变电所及智能供电调度系统总体技术要求	《智能牵引变电所及智能供电调度系统总体技术要求》(Q/CR 721—2019)
75				新研制	智能牵引变电所智能一次设备技术要求	
76				新研制	智能牵引变电所广域测控保护系统标准	
77				新研制	智能牵引变电所辅助监控系统标准	
78				继　承	高速铁路简统化接触网装备暂行技术条件	《高速铁路简统化接触网装备暂行技术条件》(TJ/GD 026—2018)
79				新研制	智能牵引变电所标准	
80				新研制	无人值守变电所标准	

续上表

序号	一级类目	二级类目	三级类目	状　态	标准名称(暂定)	可参考的相关标准
81	1.2 智能高速铁路技术标准	1.2.2 智能装备标准	1.2.2.3 牵引供电标准	新研制	智能供电调度系统　技术方案	
82				新研制	智能供电运营维护管理系统　技术方案	
83			1.2.2.4 检测监测标准	新研制	智能高速铁路　工务设备设施智能检测监测标准	
84				新研制	智能高速铁路　电务设备设施智能检测监测标准	
85				扩　展	智能高速铁路　供电设备设施智能检测监测标准	《接触网及供电设备地面监测装置(6C)暂行技术条件》(TJ/GC 009—2014) 《系统综合数据处理中心暂行技术条件》(TJ/GD 010—20146C)
86				继　承	高速铁路地震预警监测系统技术条件	《高速铁路地震预警监测系统技术条件》(Q/CR 633—2018)
87				扩　展	智能高速铁路　自然灾害及异物侵限监测系统技术规范	《高速铁路自然灾害及异物侵限监测系统　总体技术方案(暂行)》(TJ/GW 088—2013) 《高速铁路自然灾害及异物侵限监测系统　雪深监测设备暂行技术条件》(TJ/GW 105—2013) 《高速铁路自然灾害及异物侵限监测系统　雨量现场采集设备》(Q/CR 790—2020) 《高速铁路自然灾害及异物侵限监测系统　雪深现场采集设备》(Q/CR 766—2020) 《高速铁路自然灾害及异物侵限监测系统　风速风向现场采集设备》(Q/CR 789—2020)
88				新研制	智能高速铁路　外部环境智能监测分析系统技术要求	
89				扩　展	电务设备状态监控及运维标准	
90				新研制	基础设施检测监测一体化运维平台关键技术	

续上表

序号	一级类目	二级类目	三级类目	状　态	标准名称(暂定)	可参考的相关标准
91	1.2 智能高速铁路技术标准	1.2.3 智能运营标准	1.2.3.1 客运服务标准	新研制	客站旅客服务与生产管控平台(管控平台)总体技术方案	
92				新研制	智能客运　站车重点服务标准	
93				新研制	智能客运　站车客运安全标准	
94				新研制	智能客运　站车智能服务标准	
95				新研制	智能票务　客票电子化标准	
96				新研制	智能票务　智能产品设计和售票组织标准	
97				新研制	智能票务　旅程规划标准	
98				新研制	智能票务　精准营销标准	
99				新研制	智能票务　综合交通信息共享标准	
100				新研制	客运站智能视频监控分析标准	
101				新研制	铁路电子客票总体方案	
102				继　承	铁路电子客票门式自动检票机技术条件	《铁路电子客票门式自动检票机暂行技术条件》(TJ/KH 028—2019)
103				继　承	铁路自助实名制核验设备暂行技术条件	《铁路自助实名制核验设备暂行技术条件》(TJ/KH 027—2019)
104				新研制	站内电子导航标准	
105				新研制	自动售、取、退票机升级优化标准	

续上表

序号	一级类目	二级类目	三级类目	状态	标准名称(暂定)	可参考的相关标准
106	1.2 智能高速铁路技术标准	1.2.3 智能运营标准	1.2.3.2 运输组织标准	新研制	智能综合调度系统技术方案	
107				新研制	智能综合调度　运输态势感知标准	
108				新研制	智能综合调度　计划一体化协同标准	
109				新研制	智能综合调度　计划调整标准	
110				新研制	智能综合调度　应急调度标准	
111				继　承	智能调度集中系统暂行技术条件	《智能调度集中系统暂行技术条件》(TJ/DW 208—2019)
112			1.2.3.3 养护维修标准	新研制	智能运维　基础设施数字履历管理标准	
113				新研制	智能运维　基础设施故障智能诊断标准	
114				新研制	智能运维　动车组故障预测标准	
115				新研制	智能运维　动车组健康评估标准	
116				新研制	智能运维　动车组运维分析标准	
117	1.3 平台及支撑技术标准	1.3.1 基础平台标准	1.3.1.1 数据资源标准	新研制	铁路数据开放共享标准	
118				新研制	铁路数据安全要求	
119				新研制	铁路大数据分级分类规范	
120				继　承	铁路工程实体结构分解指南	CRBIM 001—2014
121				继　承	铁路工程信息模型分类和编码标准	CRBIM 1001—2014

续上表

序号	一级类目	二级类目	三级类目	状　态	标准名称(暂定)	可参考的相关标准
122	1.3 平台及支撑技术标准	1.3.1 基础平台标准	1.3.1.1 数据资源标准	继　承	铁路工程信息模型数据存储标准	CRBIM 1002-1—2015
123				继　承	铁路四电工程信息模型数据存储标准	CRBIM 1002-2—2016
124				继　承	铁路工程信息模型表达标准	CRBIM 1003—2016
125				继　承	铁路工程信息交换模板编制指南	CRBIM 1009—2017
126				继　承	铁路工程信息模型交付精度标准	CRBIM 1004—2017
127			1.3.1.2 地理信息服务标准	新研制	铁路地理信息服务标准	
128				继　承	铁路工程三维地理信息数据技术规范	《铁路工程三维地理信息数据技术规范》(Q/CR 9157—2020)
129				继　承	面向铁路工程信息模型应用的地理信息交付标准	CRBIM 1005—2017
130			1.3.1.3 大数据分析标准	新研制	铁路数据服务平台技术要求	
131				新研制	铁路数据服务平台接口规范	
132			1.3.1.4 AI 平台标准	新研制	铁路人工智能服务技术要求	
133		1.3.2 网络安全标准	1.3.2.1 网络安全等级保护测评标准	继　承	网络安全等级保护定级指南	《信息安全技术　网络安全等级保护定级指南》(GB/T 22240—2020)
134				继　承	网络安全等级保护基本要求	《信息安全技术　网络安全等级保护基本要求》(GB/T 22239—2019)
135				继　承	网络安全等级保护测评要求	《信息安全技术　网络安全等级保护测评要求》(GB/T 28448—2019)

续上表

序号	一级类目	二级类目	三级类目	状　态	标准名称(暂定)	可参考的相关标准
136	1.3 平台及支撑技术标准	1.3.3 数据中心标准	1.3.3.1 硬件资源标准	新研制	智能高速铁路　数据中心设计与运营标准	
137				扩　展	智能高速铁路　灾备中心设计与运营标准	《灾难恢复中心建设与运维管理规范》(GB/T 20285—2013)
138				新研制	智能高速铁路　云计算平台标准	《信息技术　云计算　参考架构》(GB/T 32399—2015)
139				新研制	智能高速铁路　高性能计算标准	
140			1.3.3.2 系统软件标准	新研制	智能高速铁路　智能监控运维平台标准	
141				新研制	智能高速铁路　统一开发测试平台标准	
142		1.3.4 支撑技术标准	1.3.4.1 北斗卫星导航应用标准	新研制	铁路北斗卫星导航基础标准	《卫星导航定位坐标系》(GB/T 30288—2013) 《卫星导航定位系统的时间系统》(GB/T 29842—2013) 《导航地理数据模型与交换格式》(GB/T 19711—2005)
143				新研制	铁路北斗卫星导航技术标准	《卫星导航定位坐标系》(GB/T 30288—2013) 《卫星导航定位系统的时间系统》(GB/T 29842—2013) 《导航地理数据模型与交换格式》(GB/T 19711—2005)
144				新研制	铁路北斗卫星导航设备标准	《卫星导航定位坐标系》(GB/T 30288—2013) 《卫星导航定位系统的时间系统》(GB/T 29842—2013) 《导航地理数据模型与交换格式》(GB/T 19711—2005)
145				新研制	铁路北斗卫星导航服务标准	《卫星导航定位坐标系》(GB/T 30288—2013) 《卫星导航定位系统的时间系统》(GB/T 29842—2013) 《导航地理数据模型与交换格式》(GB/T 19711—2005)
146			1.3.4.2 物联网标准	新研制	铁路物联网标识体系规范	《物联网　信息交换和共享　第 2 部分：通用技术要求》(GB/T 36478.2—2018)
147				新研制	铁路物联网数据和设备编码标准	
148				新研制	铁路物联网接口通信标准	《物联网　信息交换和共享　第 1 部分：总体架构》(GB/T 36478.1—2018)

第六章
中国智能高速铁路发展技术路线图

智能高速铁路已成为当前世界铁路的前沿发展方向，制定技术路线有助于加快推动智能高速铁路的战略实施。本章从需求、目标、关键技术、通用技术、应用示范工程等方面构建了智能建造、智能装备、智能运营三大板块和AI平台的技术路线图，为中国智能高速铁路发展建设提供技术实现路径，也为城市轨道交通等其他领域的智能化实践提供参考。

第一节 技术路线图概述与应用

一、技术路线图概述

技术路线图是一种先进的规划计划方法和战略管理工具，主要用于对重大项目、重要领域的发展方向、发展路径、关键事项、时间进程及资源配置进行科学设计和控制，其要义是围绕目标任务，强调需求牵引，选择技术路径，明确时间节点，对建设发展做出科学规划。

技术路线图最早出现在美国汽车行业，汽车企业为降低成本要求供应商提供产品技术路线图。20 世纪 70 年代后期和 80 年代初期，摩托罗拉和康宁公司先后采用了技术路线图管理方法对产品开发进行规划，其后微软、三星、朗讯等国际大公司广泛应用这项技术，许多国家政府、产业团体和科研单位也开始利用这种方法对技术进行规划。

目前，国际上已成立了普渡大学技术路线图研究中心（The Center for Technology Roadmapping at Purdue University）和剑桥大学技术管理中心（The Center for Technology Management within the Institute for Manufacturing at Cambridge University）两个专门的技术路线图研究中心。普渡大学技术路线图研究中心主要针对产业协会、研究机构和公司开发技术路线图数据库，实现资源共享，研究覆盖不同产业路线图的数据挖掘、技术路线图本体论及动态性分析等。剑桥大学技术管理中心是世界上研究和推广技术路线图的科研机构，提出了 T-Plan 技术路线图绘制方法，通过结合企业实际需求开展研究，协助企业建立更科学的技术管理体系。

技术路线图与一般规划、计划相比，主要是采用目标与现状对比分析的方法，使需求与建设发展更加紧密结合实际；采用优选关键技术和实现路径的方法，使建设项目的安排更加科学合理；采用图文结合的表现形式，使规划内容更加简明直观；采用动态更新的方法，使路线图的针对性和指导性更强。

技术路线图根据其执行层次或规模可以分为公司层、行业层、计划层和项目层，根据绘制过程的不同可以分为市场驱动型、技术驱动型和科学驱动型。

二、技术路线图典型应用

技术路线图方法已经在政府、企业和科学技术等方面开展了广泛应用，并产生了良好效果。

1. 中国制造2025重点领域技术路线图

国家制造强国建设战略咨询委员会于2015年发布《中国制造2025重点领域技术路线图》，明确了新一代信息技术产业等十大领域及二十三个重点发展方向。该路线图将成为中国制造业未来发展的重要参考，进一步促进中国制造业的转型升级和整体水平提升。

技术路线图围绕经济社会发展和国家安全重大需求，包含十大优势和战略产业（新一代信息技术产业、高档数控机床和机器人、航空航天装备、海洋工程装备及高技术船舶、先进轨道交通装备、节能与新能源汽车、电力装备、农业装备、新材料、生物医药及高性能医疗器械），提出了我国制造业由大变强的“三步走”战略目标，明确了建设制造强国的战略任务和重点，力争到2025年达到国际领先地位或国际先进水平。

2. 节能与新能源汽车技术路线图

为推进汽车强国建设，中国汽车工程学会于2016年发布《节能与新能源汽车技术路线图》。该技术路线图综合评估分析了当前国际汽车产业技术发展的主要动向，并对节能汽车、纯电动和插电式混合动力汽车、燃料电池汽车、智能网联汽车、汽车制造技术、汽车轻量化技术及动力电池技术领域分别进行了评估分析，包括现状情况、目标达成情况、年度标志性进展及距离目标存在的挑战等内容，描绘了我国汽车产业技术未来15年发展蓝图。

节能与新能源汽车产业总体技术路线图（图6—1）指出：中国汽车市场的产业规模方面，2020年产销达到3 000万辆，2025年产销达到3 500万辆，2035年产销达到3 800万辆；乘用车新车整体每百公里油耗值方面，2020年达到5 L并满足国五排放标准，2025年达到4 L并满足国六排放标准，2030年达到3.2 L并满足调整测试循环后的国七排放标准；商用车平均油耗累计下降百分比值方面，2020年下降占比10%+，2025年下降占比15%+，2030年下降占比20%+；新能源汽车销量占总销量比值方面，2020年上升至7%+，2025年上升至15%+，2030年上升至40%+；智能网联汽车市场占有率方面，2020年驾驶辅助（DriverAssistance，简称DA）与部分自动驾驶（Partially Autonomous，简称PA）车辆市场占有率约50%，2025年驾驶辅助与部分自动驾驶车辆占有率保持稳定及高度自动驾驶（HighlyAutonomous，简称HA）车辆占有率10%～20%，2030年完全自主驾驶（FullyAutonomous，简称FA）车辆市场占有率近10%；单位GDP能耗水平下降百分比值方面，2020年下降20%+，2025年下降35%+，2030年下降50%+。

	2015—2020	2020—2025	2025—2030
市场需求	汽车年产销规模达到3 000万辆	汽车年产销规模达到3 500万辆	汽车年产销规模达到3 800万辆
	乘用车新车整体油耗降至5 L/100 km	乘用车新车整体油耗降至4 L/100 km	乘用车新车整体油耗降至3.2 L/100 km
	乘用车国五排放标准	乘用车国六排放标准	测试循环调整，乘用车国七排放标准
	商用车平均油耗累计降低10%以上	商用车平均油耗累计降低15%以上	商用车平均油耗累计降低20%以上
	消费者对信息化与智能化产品需求的持续增强	低碳化、信息化和智能化成为解决“能源、污染、拥堵、安全”	
产品应用	节能汽车年销量占比超过30%	节能汽车年销量占比超过40%	节能汽车年销量占比超过50%
	新能源汽车年销量超过总销量7%	新能源汽车年销量超过总销量15%	新能源汽车年销量超过总销量40%
	远程通信互联终端整车装备率将达50%	远程通信终端整车装备率增至80%，近距通讯互联终端整车装备率达到30%	智慧交通系统基础设施建设完成，信息化、智能化法律法规与标准完善
	驾驶辅助(DA)、部分自动驾驶(PA)车辆市场占有率约50%	DA、PA车辆占有率保持稳定，高度自动驾驶(HA)车辆占有率约10%~20%	完全自主驾驶(FA) 车辆市场占有率近10%
产业基础	形成低碳消费与管理体系	形成全国生命周期低碳管理体系	汽车碳排放总量在2028年前达到峰值
	单位GDP能耗水平下降20%	单位GDP能耗水平下降35%	单位GDP能耗水平下降50%
	初步形成以企业为主体、市场为导向政产学研用紧密结合，跨产业协同发展的汽车自主创新体系	基本建成自主可控完整的汽车产业链与绿色、智慧交通体系	普通道路的交通效率提高80%，交通事故数减少80%，交通事故死亡人数减少90%，汽车交通碳排放减少20%
	启动智慧交通城市建设，基于网络的设计、制造、服务一体化工程	实现汽车全生命周期的数字化网络化智能化，初步完成汽车产业转型升级	初步形成可实现“超低碳、零伤亡、零拥堵”的智能化道路体系
	突破动力电池、电控系统、传感器等核心关键技术	以智能网联汽车为重点形成产业共性技术创新中心	形成完善的汽车技术创新体系，围绕产业链形成完备的创新链与资源链

图 6—1　节能与新能源汽车产业总体技术路线图

3. 美国国家输电技术路线图

2004 年，美国能源部发布了《国家输电技术路线图》(National Electricity Delievery Roadmap)，总结了美国实现电网现代化的主要问题和挑战，并提出相关建议。

《国家输电技术路线图》提出通过五种途径实现《Grid 2030》的愿景，包括设计“Grid 2030”体系结构、发展关键技术、加速市场接受度、加强电力市场运作、建立更强有力的公共/私营合作关系。路线图还详细介绍了美国国家电网实现现代化需要开展的一系列活动，如图 6—2 所示。

路线图将 2004—2010 年设计为第一阶段，优先发展先进的导体、电力电子等关键技术，加速先进电网概念的教育与普及，加强企业协调和国际合作，完成 Grid2030 输电技术概念与原型设计并实地测试；将 2010—2020 年设计为第二阶段，进一步扩大实地测试和部署范围，引进先进电网制造等技术，完成 Grid2030 输电技术发展和市场接受等目标；将 2020—2030 年设计为第三阶段，持续扩大先进输电技术的地方部署，扩大国家、国际应用，实现输电技术的全球化应用。

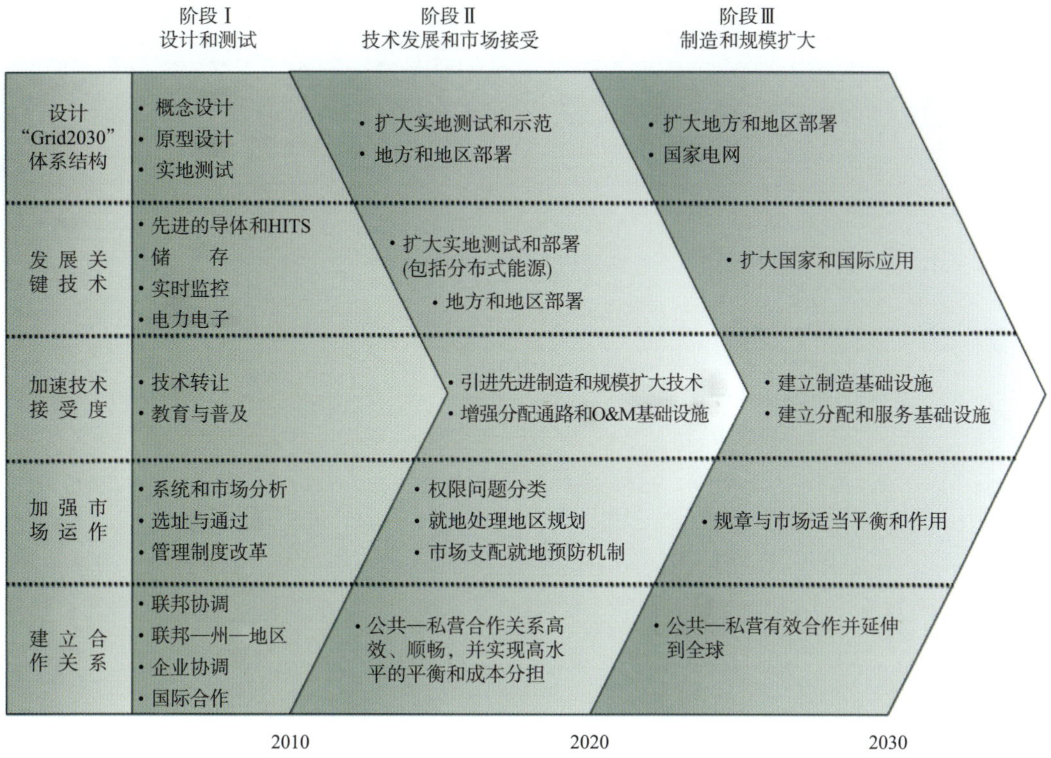

	阶段Ⅰ 设计和测试	阶段Ⅱ 技术发展和市场接受	阶段Ⅲ 制造和规模扩大
设计“Grid2030”体系结构	• 概念设计 • 原型设计 • 实地测试	• 扩大实地测试和示范 • 地方和地区部署	• 扩大地方和地区部署 • 国家电网
发展关键技术	• 先进的导体和HITS • 储　存 • 实时监控 • 电力电子	• 扩大实地测试和部署(包括分布式能源) • 地方和地区部署	• 扩大国家和国际应用
加速技术接受度	• 技术转让 • 教育与普及	• 引进先进制造和规模扩大技术 • 增强分配通路和O&M基础设施	• 建立制造基础设施 • 建立分配和服务基础设施
加强市场运作	• 系统和市场分析 • 选址与通过 • 管理制度改革	• 权限问题分类 • 就地处理地区规划 • 市场支配就地预防机制	• 规章与市场适当平衡和作用
建立合作关系	• 联邦协调 • 联邦—州—地区 • 企业协调 • 国际合作	• 公共—私营合作关系高效、顺畅，并实现高水平的平衡和成本分担	• 公共—私营有效合作并延伸到全球

2010　　2020　　2030

图 6—2　美国国家输电技术路线图

第二节　智能建造技术路线图

在智能高速铁路总体技术路线图指导下，智能建造技术路线图纵向上分为智能建造需求与目标、关键专用技术、关键通用技术和应用示范工程，横向上分为2018—2020 年、2021—2025 年、2026—2035 年三个发展阶段，如图 6—3 所示。

一、高速铁路建造需求与目标

高速铁路建造过程中涉及技术领域较多，对铁路勘查、设计、施工等系统的协同性要求也越来越高。铁路基础设施建设过程中对质量、进度、安全、成本一体化管理的需求极为迫切。

智能建造目标包括形成 BIM 智能建造标准体系，实现基于 BIM 的协同设计与智能施工，建立 BIM＋GIS 工程管理平台，最终形成无人智慧工地。

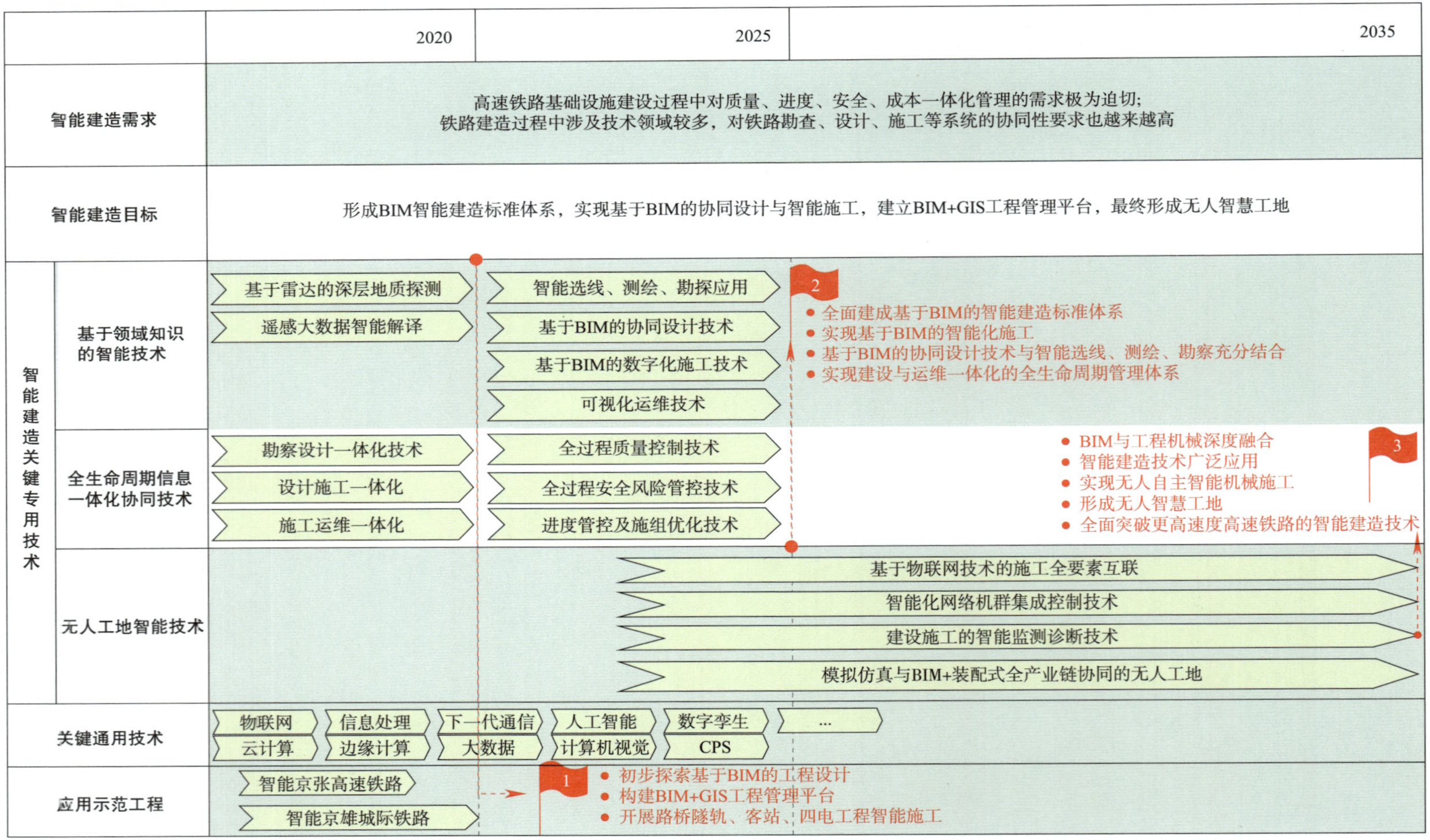

		2020	2025	2035
智能建造需求		高速铁路基础设施建设过程中对质量、进度、安全、成本一体化管理的需求极为迫切； 铁路建造过程中涉及技术领域较多，对铁路勘查、设计、施工等系统的协同性要求也越来越高		
智能建造目标		形成BIM智能建造标准体系，实现基于BIM的协同设计与智能施工，建立BIM+GIS工程管理平台，最终形成无人智慧工地		
智能建造关键专用技术	基于领域知识的智能技术	基于雷达的深层地质探测 遥感大数据智能解译	智能选线、测绘、勘探应用 基于BIM的协同设计技术 基于BIM的数字化施工技术 可视化运维技术	2 ● 全面建成基于BIM的智能建造标准体系 ● 实现基于BIM的智能化施工 ● 基于BIM的协同设计技术与智能选线、测绘、勘察充分结合 ● 实现建设与运维一体化的全生命周期管理体系
	全生命周期信息一体化协同技术	勘察设计一体化技术 设计施工一体化 施工运维一体化	全过程质量控制技术 全过程安全风险管控技术 进度管控及施组优化技术	3 ● BIM与工程机械深度融合 ● 智能建造技术广泛应用 ● 实现无人自主智能机械施工 ● 形成无人智慧工地 ● 全面突破更高速度高速铁路的智能建造技术
	无人工地智能技术		基于物联网技术的施工全要素互联 智能化网络机群集成控制技术 建设施工的智能监测诊断技术 模拟仿真与BIM+装配式全产业链协同的无人工地	
关键通用技术		物联网　信息处理　下一代通信　人工智能　数字孪生　… 云计算　边缘计算　大数据　计算机视觉　CPS		
应用示范工程		智能京张高速铁路 智能京雄城际铁路	1 ● 初步探索基于BIM的工程设计 ● 构建BIM+GIS工程管理平台 ● 开展路桥隧轨、客站、四电工程智能施工	

图 6—3　智能建造技术路线图

二、智能建造关键专用技术、通用技术与示范工程

智能建造关键专用技术主要包括基于领域知识的智能技术、全生命周期信息一体化协同技术、无人工地智能技术三个方面。基于领域知识的智能技术主要研究基于雷达的深层地质探测以及遥感大数据智能解译，实现智能选线应用、基于BIM的协同设计和数字化施工及可视化运维等；全生命周期信息一体化协同技术主要研究勘察设计一体化、设计施工一体化、施工运维一体化、全过程质量控制、全过程安全风险管控、进度管控及施工组织优化等；无人工地智能技术主要实现基于物联网技术的施工全要素互联、智能化网络机群集成控制技术、建设工地的智能监测诊断技术、模拟仿真与BIM＋装配式全产业链协同的无人工地等。

智能建造关键通用技术包括物联网、信息处理、下一代通信、人工智能、数字孪生、云计算、边缘计算、大数据、计算机视觉、CPS等。

智能建造以智能京张、智能京雄及其他典型示范工程为依托，逐步推进智能建造关键技术深化。

三、智能建造里程碑

到2020年底，初步探索基于BIM的工程设计，构建BIM＋GIS工程管理平台，开展路桥隧轨、客站、四电工程智能施工。

到2025年底，全面建成基于BIM的智能建造标准体系，实现基于BIM的智能化施工，将基于BIM的协同设计技术与智能选线、测绘、勘察充分结合，实现建设与运维一体化的全生命周期管理体系。

到2035年底，BIM与工程机械深度融合，智能建造技术广泛应用，实现无人自主智能机械施工，形成无人智慧工地，全面突破更高速度高速铁路的智能建造技术。

第三节　智能装备技术路线图

在智能高速铁路总体技术路线图指导下，智能装备技术路线图纵向上分为智能装备需求与目标、关键专用技术、关键通用技术和应用示范工程，横向上分为2018—2020年、2021—2025年、2026—2035年三个发展阶段，如图6—4所示。

一、高速铁路装备需求与目标

高速铁路动车组运行速度越来越快，对状态监测与预警、运行控制与安全、

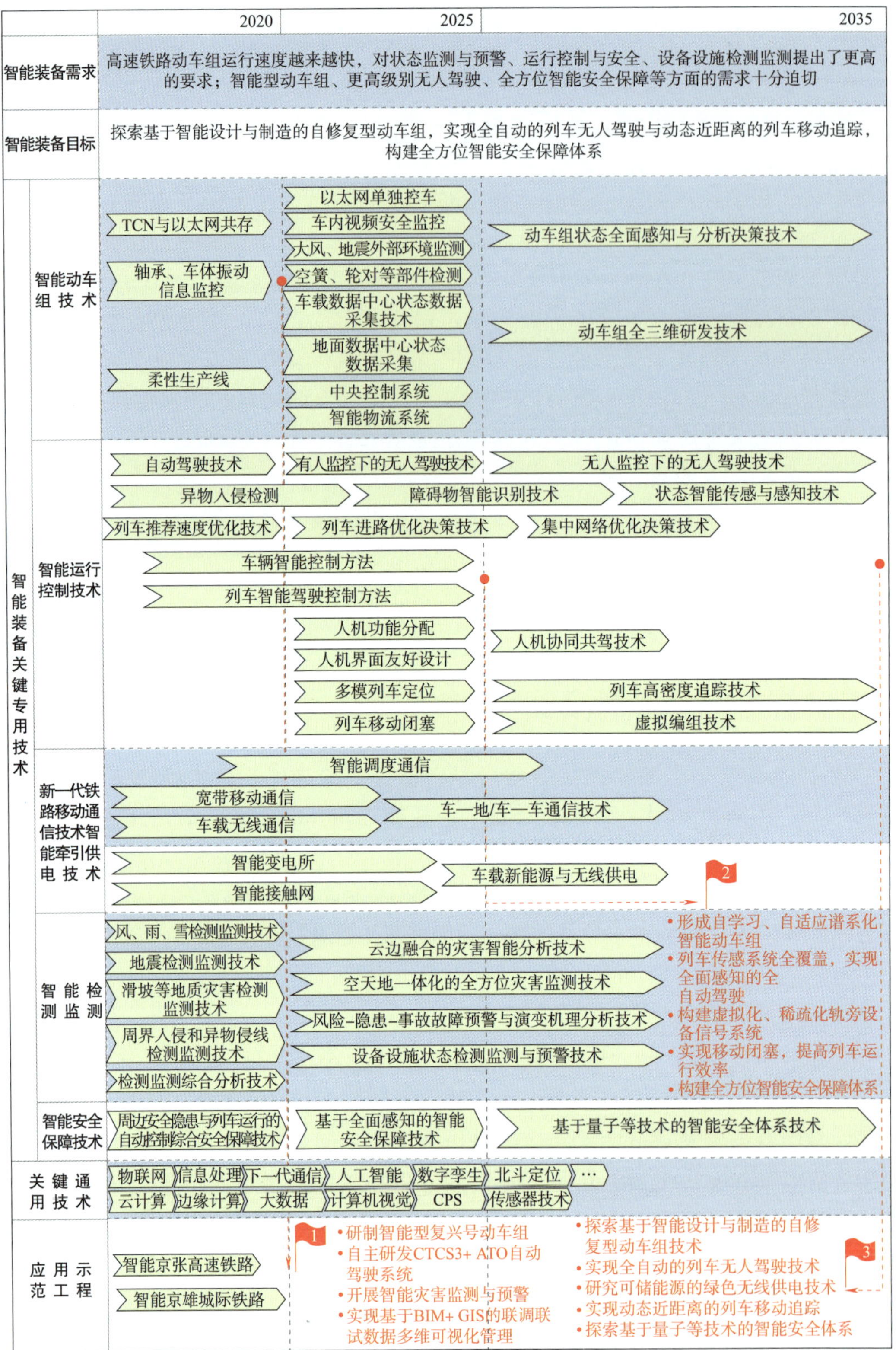

图 6—4　智能装备技术路线图

设备设施检测监测提出了更高的要求。智能型动车组、更高级别无人驾驶、全方位智能安全保障等方面的需求十分迫切。

智能装备目标包括探索基于智能设计与制造的自修复型动车组，实现全自动的列车无人驾驶与动态近距离的列车移动追踪，构建全方位智能安全保障体系等。

二、智能装备关键专用技术、通用技术与示范工程

智能装备关键专用技术主要包括基于领域知识的智能动车组技术、智能运行控制技术、新一代铁路移动通信技术、智能牵引供电技术、智能检测监测技术、智能安全保障技术六个方面。智能动车组技术主要研究 TCN 与以太网共存，轴承、车体振动信息监控，柔性生产线，以太网单独控车，车内视频安全监控，大风、地震外部环境监测，空簧、轮对等部件检测，车载数据中心状态数据采集技术，地面数据中心状态数据采集，中央控制系统，智能物流系统，动车组状态全面感知与分析决策技术，动车组全三维研发技术等；智能运行控制技术主要研究自动驾驶技术，异物入侵检测，列车推荐速度优化技术，车辆智能控制方法，列车智能驾驶控制方法，人机功能分配，人机界面友好设计，多模列车定位，列车移动闭塞，有人监控下的无人驾驶技术，障碍物智能识别，列车进路优化决策技术，无人监控下的无人驾驶技术，状态智能传感与感知技术，集中网络优化决策技术，人机协同共驾技术，列车高密度追踪技术，虚拟编组技术等；新一代铁路移动通信技术主要研究宽带移动通信，车载无线通信，智能调度通信，车—地/车—车通信技术等；智能牵引供电技术主要研究智能变电所，智能接触网，车载新能源与无线供电等；智能检测监测技术主要研究风、雨、雪检测监测技术，地震检测监测技术，滑坡等地质灾害检测监测技术，周界入侵和异物侵线检测监测技术，检测监测综合分析技术，云边融合的灾害智能分析技术，空天地一体化的全方位灾害监测技术，风险—隐患—事故故障预警与演变机理分析技术，设备设施状态检测监测与预警技术等；智能安全保障技术主要研究周边安全隐患与列车运行的自动控制综合安全保障技术，基于全面感知的智能安全保障技术，基于量子等技术的智能安全体系技术等。

智能装备关键通用技术包括物联网、信息处理、下一代通信、人工智能、数字孪生、云计算、边缘计算、大数据、计算机视觉、CPS 等。

智能装备以智能京张、智能京雄及其他典型示范工程为依托，逐步推进智能装备关键技术深化。

三、智能装备里程碑

到2020年底，研制智能型复兴号动车组，自主研发CTCS3+ATO自动驾驶系统，开展智能灾害监测与预警，实现基于BIM+GIS的联调联试数据多维可视化管理。

到2025年底，形成自学习、自适应谱系化智能动车组；列车传感系统全覆盖，实现全面感知的全自动驾驶；构建虚拟化、稀疏化轨旁设备信号系统；实现移动闭塞，提高列车运行效率；构建全方位智能安全保障体系。

到2035年底，探索基于智能设计与制造的自修复型动车组技术，实现全自动的列车无人驾驶技术，研究可储能源的绿色无线供电技术，实现动态近距离的列车移动追踪，探索基于量子等技术的智能安全体系。

第四节　智能运营技术路线图

在智能高速铁路总体技术路线图指导下，智能运营技术路线图纵向上分为智能运营需求与目标、关键专用技术、关键通用技术和应用示范工程，横向上分为2018—2020年、2021—2025年、2026—2035年三个发展阶段，如图6—5所示。

一、高速铁路运营需求与目标

旅客出行服务需求丰富多变，路网规模与运输体量快速增长，基础设施与移动装备运维一体化、协同化等对高速铁路运营服务要求越来越高。旅客门到门、个性化旅程服务，温馨舒适、方便快捷、安全可靠的站车服务，复杂路网智能协同调度，一体化自主智能检修等方面的需求极为迫切。

智能运营目标包括实现全面电子客票，提供全方位、全行程的门到门服务，构建无人条件下的站车智能服务，实现复杂路网综合协同指挥的智能调度，探索基础设施与移动装备的无人运维。

二、智能运营关键专用技术、通用技术与示范工程

智能运营关键专用技术主要包括智能票务技术、智能客站技术、智能调度技术、智能运维技术四个方面。智能票务技术主要研究客票电子化技术，客流预测技术，动态开行方案技术，延伸服务定制化技术，收益智能管理技术，客运产品智能设计，多种交通方式的行程智能规划，多种交通方式的综合客流预测，门到

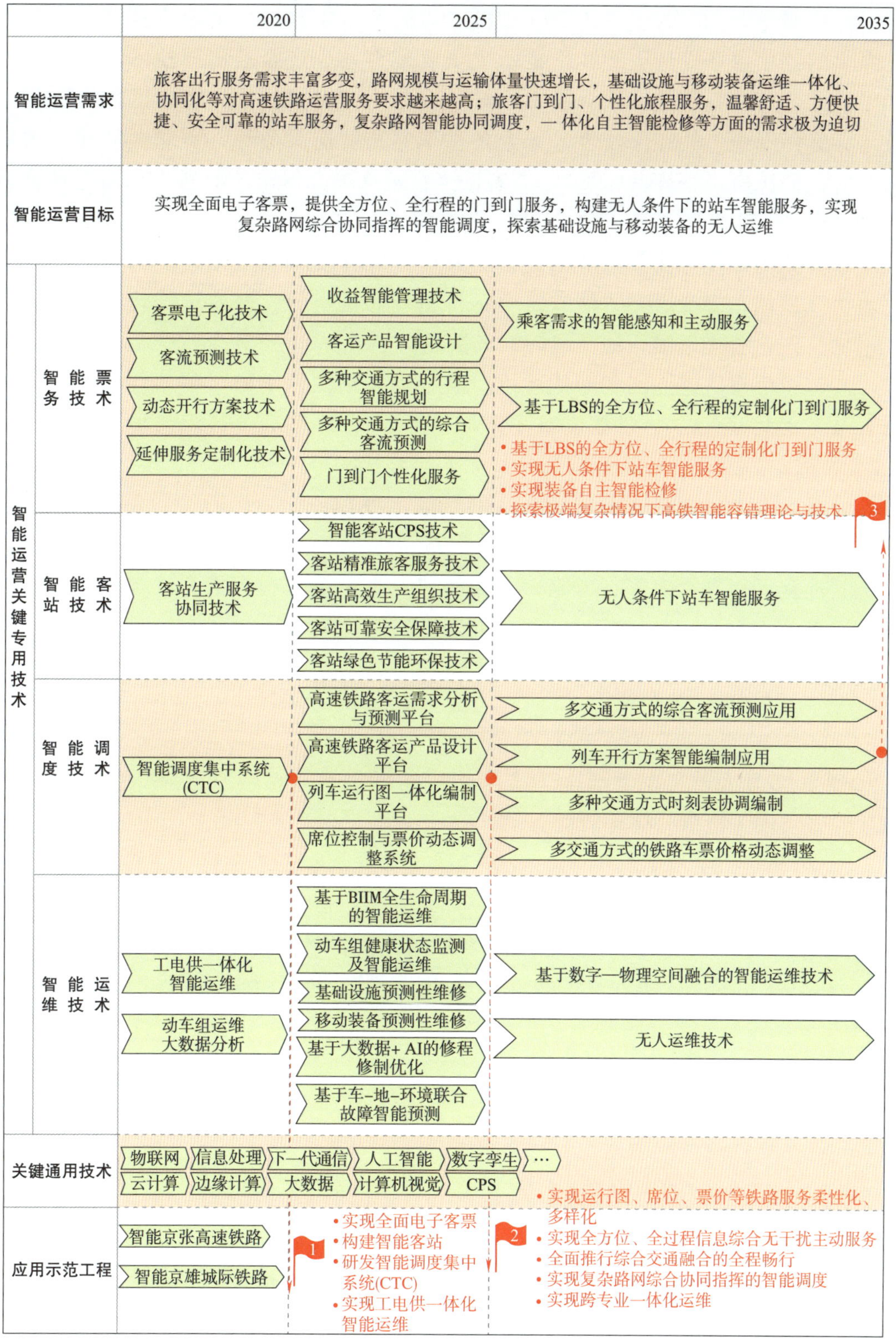

		2020	2025	2035
智能运营需求		旅客出行服务需求丰富多变，路网规模与运输体量快速增长，基础设施与移动装备运维一体化、协同化等对高速铁路运营服务要求越来越高；旅客门到门、个性化旅程服务，温馨舒适、方便快捷、安全可靠的站车服务，复杂路网智能协同调度，一体化自主智能检修等方面的需求极为迫切		
智能运营目标		实现全面电子客票，提供全方位、全行程的门到门服务，构建无人条件下的站车智能服务，实现复杂路网综合协同指挥的智能调度，探索基础设施与移动装备的无人运维		
智能运营关键专用技术	智能票务技术	客票电子化技术 客流预测技术 动态开行方案技术 延伸服务定制化技术	收益智能管理技术 客运产品智能设计 多种交通方式的行程智能规划 多种交通方式的综合客流预测 门到门个性化服务	乘客需求的智能感知和主动服务 基于LBS的全方位、全行程的定制化门到门服务
	智能客站技术	客站生产服务协同技术	智能客站CPS技术 客站精准旅客服务技术 客站高效生产组织技术 客站可靠安全保障技术 客站绿色节能环保技术	无人条件下站车智能服务
	智能调度技术	智能调度集中系统(CTC)	高速铁路客运需求分析与预测平台 高速铁路客运产品设计平台 列车运行图一体化编制平台 席位控制与票价动态调整系统	多交通方式的综合客流预测应用 列车开行方案智能编制应用 多种交通方式时刻表协调编制 多交通方式的铁路车票价格动态调整
	智能运维技术	工电供一体化智能运维 动车组运维大数据分析	基于BIIM全生命周期的智能运维 动车组健康状态监测及智能运维 基础设施预测性维修 移动装备预测性维修 基于大数据+ AI的修程修制优化 基于车–地–环境联合故障智能预测	基于数字—物理空间融合的智能运维技术 无人运维技术
关键通用技术		物联网、信息处理、下一代通信、人工智能、数字孪生、… 云计算、边缘计算、大数据、计算机视觉、CPS		
应用示范工程		智能京张高速铁路 智能京雄城际铁路	1 • 实现全面电子客票 • 构建智能客站 • 研发智能调度集中系统(CTC) • 实现工电供一体化智能运维	2 • 实现运行图、席位、票价等铁路服务柔性化、多样化 • 实现全方位、全过程信息综合无干扰主动服务 • 全面推行综合交通融合的全程畅行 • 实现复杂路网综合协同指挥的智能调度 • 实现跨专业一体化运维

3
• 基于LBS的全方位、全行程的定制化门到门服务
• 实现无人条件下站车智能服务
• 实现装备自主智能检修
• 探索极端复杂情况下高铁智能容错理论与技术

图 6—5　智能运营技术路线图

门个性化服务，乘客需求的智能感知和主动服务，基于LBS的全方位、全行程的定制化门到门服务等；智能客站技术主要研究客站生产服务协同技术，智能客站CPS技术，客站精准旅客服务技术，客站高效生产组织技术，客站可靠安全保障技术，客站绿色节能环保技术，无人条件下站车智能服务等；智能调度技术主要研究智能调度集中系统（CTC），高速铁路客运需求分析与预测平台，高速铁路客运产品设计平台，列车运行图一体化编制平台，席位控制与票价动态调整系统，多交通方式的综合客流预测应用，列车开行方案智能编制应用，多种交通方式时刻表协调编制，多交通方式的铁路车票价格动态调整等；智能运维技术主要研究工电供一体化智能运维，动车组运维大数据分析，基于BIM全生命周期的智能运维，动车组健康状态监测及智能运维，基础设施预测性维修，移动装备预测性维修，基于大数据+AI的修程修制优化，基于车-地-环境联合故障智能预测，基于数字-物理空间融合的智能运维技术，无人运维技术等。

智能运营关键通用技术包括物联网、信息处理、下一代通信、人工智能、数字孪生、云计算、边缘计算、大数据、计算机视觉、CPS等。

智能运营以智能京张、智能京雄及其他典型示范工程为依托，逐步推进智能运营关键技术深化。

三、智能运营里程碑

到2020年底，实现全面电子客票，构建智能客站，研发智能调度集中系统（CTC），实现工电供一体化智能运维。

到2025年底，实现运行图、席位、票价等铁路服务柔性化、多样化，实现全方位、全过程信息综合无干扰主动服务，全面推行综合交通融合的全程畅行，实现复杂路网综合协同指挥的智能调度，实现跨专业一体化运维。

到2035年底，为旅客提供基于LBS的全方位、全行程的定制化门到门服务，实现无人条件下站车智能服务，实现装备自主智能检修，探索极端复杂情况下高铁智能容错理论与技术。

第五节 AI平台技术路线图

在智能高速铁路总体技术路线图指导下，AI平台技术路线图纵向上分为AI平台需求与目标、关键专用技术和应用示范工程，横向上分为2018—2020年、2021—2025年、2026—2035年三个发展阶段，如图6—6所示。

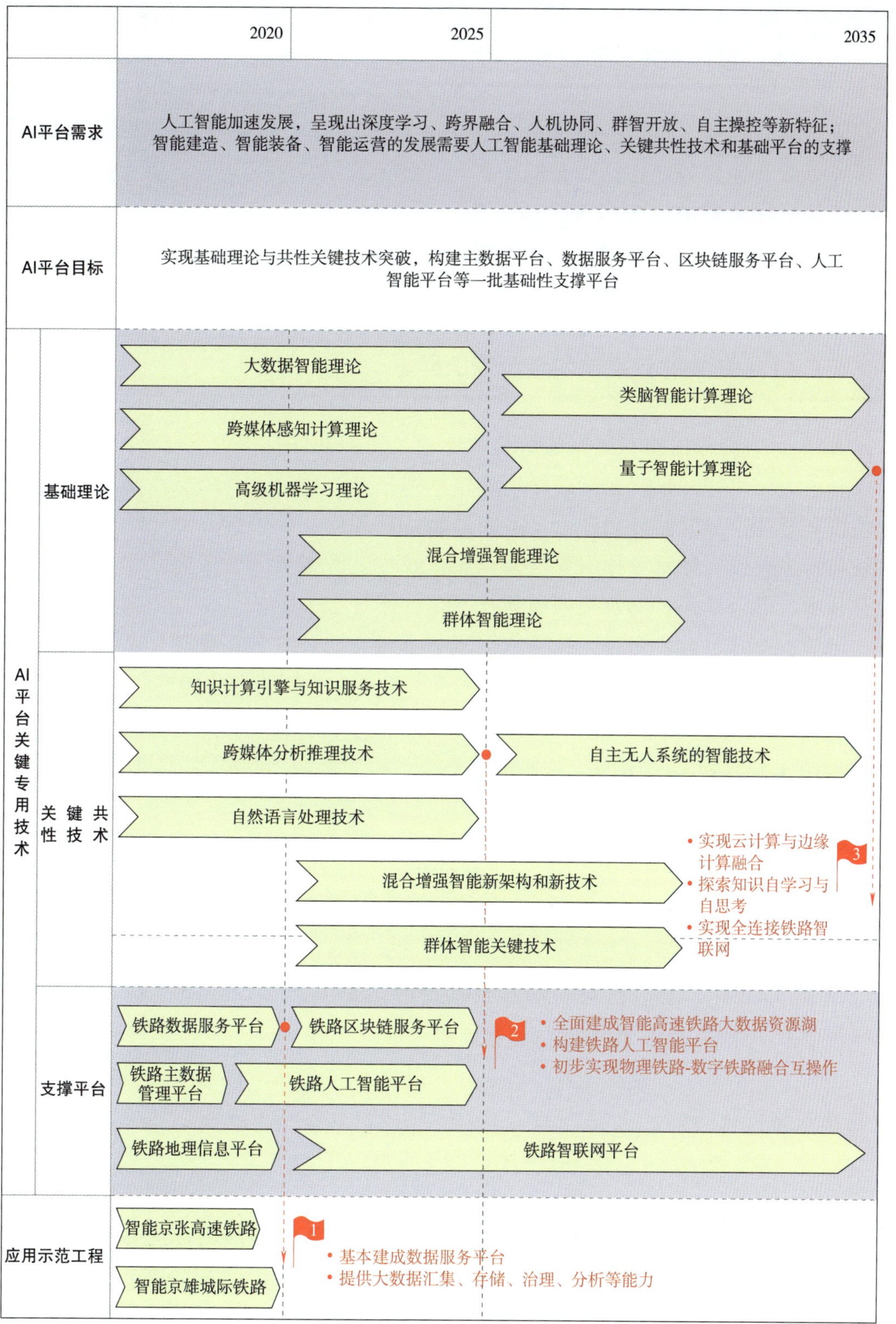

图 6—6　AI 平台技术路线图

一、AI 平台需求与目标

人工智能加速发展，呈现出深度学习、跨界融合、人机协同、群智开放、自主操控等新特征。智能建造、智能装备、智能运营的发展需要人工智能基础理论、关键共性技术和基础平台的支撑。

AI 平台目标包括实现基础理论与共性关键技术突破，构建主数据平台、数据服务平台、区块链服务平台、人工智能平台等一批基础性支撑平台。

二、AI 平台关键专用技术与示范工程

AI 平台关键专用技术主要包括基础理论、关键共性技术、支撑平台三个方面。基础理论主要研究大数据智能理论，跨媒体感知计算理论，高级机器学习理论，混合增强智能理论、群体智能理论、类脑智能计算理论、量子智能计算理论等；关键共性技术主要研究知识计算引擎与知识服务技术，跨媒体分析推理技术，自然语言处理技术，混合增强智能新架构和新技术，群体智能关键技术，自主无人系统的智能技术等；支撑平台主要研究铁路数据服务平台、铁路主数据管理平台、铁路地理信息平台、铁路区块链服务平台、铁路人工智能平台、铁路智联网平台等。

AI 平台以智能京张、智能京雄及其他典型示范工程为依托，逐步推进 AI 平台关键技术深化。

三、AI 平台里程碑

到 2020 年底，基本建成数据服务平台，提供大数据汇集、存储、治理、分析等能力。

到 2025 年底，全面建成智能高速铁路大数据资源湖，构建铁路人工智能平台，初步实现物理铁路-数字铁路融合互操作。

到 2035 年底，实现云计算与边缘计算融合，探索知识自学习与自思考，实现全连接铁路智联网。

第六节　智能高速铁路总体技术路线图

在技术体系框架顶层设计的指导下，对智能建造、智能装备、智能运营和 AI 平台的技术路线图进行融合，制定了中国智能高速铁路总体技术路线图，如

图 6—7 所示。纵向上分为智能建造、智能装备、智能运营三大板块和 AI 平台，横向上分为创新示范、加速突破、全面提升三个发展阶段，根据各板块需求制定创新发展目标，引导中国智能高速铁路快速发展。

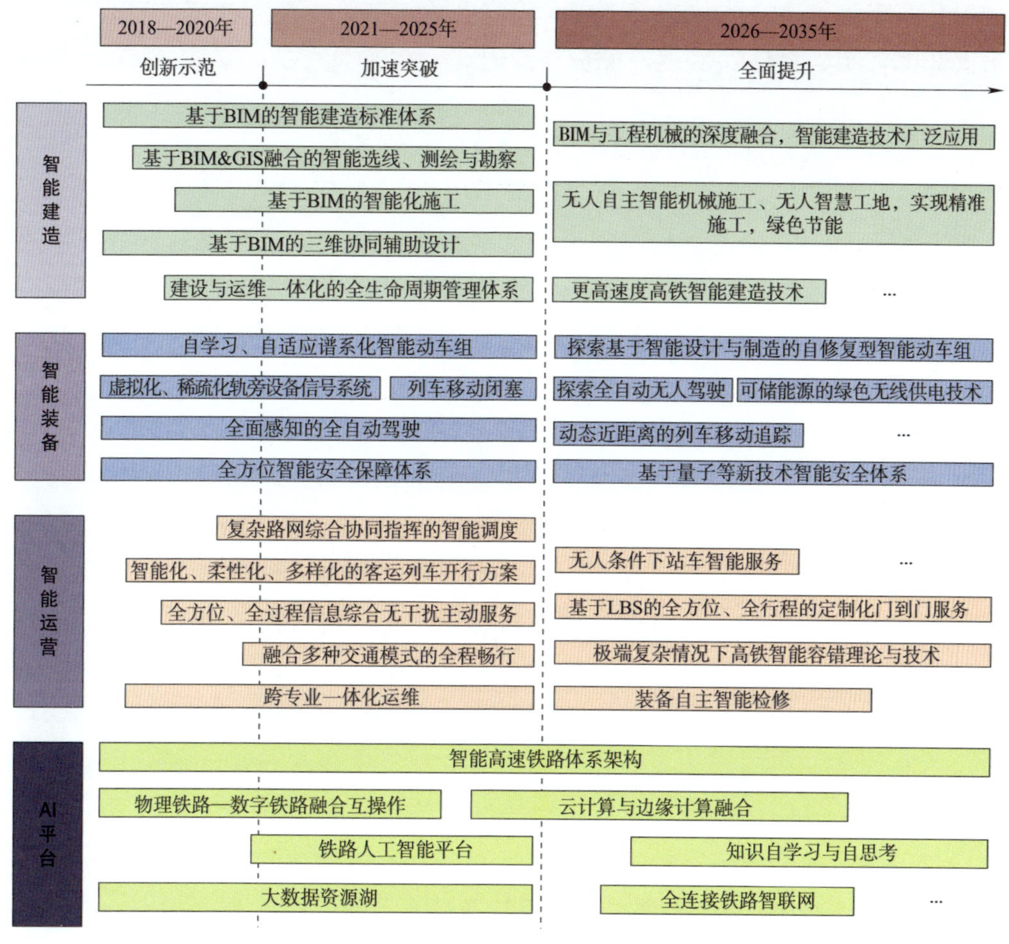

图 6—7　中国智能高速铁路总体技术路线图

一、智能高速铁路创新示范阶段：2018—2020 年

1. 阶段目标：打造智能高速铁路示范工程。以智能京张、智能京雄为试点，广泛开展智能高速铁路技术应用与工程实践。

2. 里程碑时间：2020 年底。

3. 里程碑事件：完成智能高速铁路体系架构 1.0 设计，并在京张高速铁路和京雄城际铁路开展应用示范。在智能建造方面，初步探索基于 BIM 的工程设计，构建 BIM＋GIS 工程管理平台，开展路桥隧轨、客站、四电工程智能施工。在智能装备方面，研制智能型复兴号动车组，自主研发CTCS3＋ATO自动驾驶系统，开展智能灾害监测与预警，实现基于BIM＋GIS的联调联试数据多维可视化管理。在智能运营方面，实现全面电子客票，构建智能客站，研发智能调度集中系统（CTC），实现工电供一体化智能运维。在AI平台方面，基本建成数据服务平台，提供大数据汇集、存储、治理、分析等能力。

二、智能高速铁路加速突破阶段：2021—2025年

1. 阶段目标：智能高速铁路理论与技术实现重大突破、全面掌握智能高速铁路设计、建造、运营全产业链技术。该阶段是智能高速铁路发展的关键时期，深化智能建造、智能装备、智能运营、AI平台等关键核心技术研究，实现智能高速铁路技术突破。

2. 里程碑时间：2025年底。

3. 里程碑事件：完成智能高速铁路体系架构2.0设计，并选取典型线路开展应用示范。在智能建造方面，全面建成基于BIM的智能建造标准体系，实现基于BIM的智能化施工，将基于BIM的协同设计技术与智能选线、测绘、勘察充分结合，实现建设与运维一体化的全生命周期管理体系。在智能装备方面，形成自学习、自适应谱系化智能动车组；列车传感系统全覆盖，实现全面感知的全自动驾驶；构建虚拟化、稀疏化轨旁设备信号系统；实现移动闭塞，提高列车运行效率；构建全方位智能安全保障体系。在智能运营方面，实现运行图、席位、票价等铁路服务柔性化、多样化；实现全方位、全过程信息综合无干扰主动服务；全面推行综合交通融合的全程畅行；实现复杂路网综合协同指挥的智能调度；实现跨专业一体化运维。在AI平台方面，全面建成智能高速铁路大数据资源湖，构建铁路人工智能平台，初步实现物理铁路-数字铁路融合互操作。

三、智能高速铁路全面提升阶段：2026—2035年

1. 阶段目标：持续深化智能建造、智能装备、智能运营和AI平台的研究与应用，推动智能高速铁路应用由辅助协同向自主操控升级，实现铁路运营全面自主操控、无人化。

2. 里程碑时间：2035年底。

3. 里程碑事件：完成智能高速铁路体系架构3.0及以上版本的设计，并选取典型线路开展应用示范。在智能建造方面，BIM技术与工程机械深度融合，智能建造技术广泛应用，实现无人自主智能机械施工，形成无人智慧工地，全面突破

更高速度高速铁路的智能建造技术。在智能装备方面，探索基于智能设计与制造的自修复型动车组技术，实现全自动的列车无人驾驶技术，研究可储能源的绿色无线供电技术，实现动态近距离的列车移动追踪，探索基于量子等技术的智能安全体系。在智能运营方面，为旅客提供基于 LBS 的全方位、全行程的定制化门到门服务，实现无人条件下站车智能服务，实现装备自主智能检修，探索极端复杂情况下高速铁路智能容错理论与技术。在 AI 平台方面，实现云计算与边缘计算融合，探索知识自学习与自思考，实现全连接铁路智联网。

参 考 文 献

[1]中国国家铁路集团有限公司.智能高速铁路体系架构1.0:铁科信〔2020〕159号[S].

[2]王同军.中国智能高铁发展战略研究[J].中国铁路,2019(1):9-14.

[3]王同军.智能铁路总体架构与发展展望[J].铁路计算机应用,2018,27(7):1-8.

[4]王同军.中国铁路大数据应用顶层设计研究与实践[J].中国铁路,2017(1):8-16.

[5]何华武,朱亮,李平,等.智能高铁体系框架研究[J].中国铁路,2019(3):1-8.

[6]李平,邵赛,薛蕊,等.国外铁路数字化与智能化发展趋势研究[J].中国铁路,2019(2):25-31.

[7]史天运,张洪宇,贾利民.日本铁路智能运输系统(RITS):CyberRail框架及研究现状[J].中国铁道科学,2003,24(6):82-88.

[8]史天运,王英杰,李平.数字铁路框架体系的研究[J].交通运输系统工程与信息,2010,10(6):29-33.

[9]贾利民,聂阿新,王富章.铁路智能运输系统:现状、挑战与发展[J].交通运输系统工程与信息,2001,1(3):207-211.

[10]贾利民,秦勇,李平.新一代轨道智能运输系统总体框架与关键技术[J].中国铁路,2015(4):14-19.

[11] 贾利民,李平.铁路智能运输系统:体系框架与标准体系[M].北京:中国铁道出版社,2004.

[12] 刘伯鸿.中国铁路信息化发展研究[J].中国西部科技,2014,13(5):7-8,11.

[13] 吴冲.我国铁路信息化建设现状及发展方向[J].物流工程与管理,2013,35(1):82-84.

[14] 岳雪梅,高春霞,张文塔.中国铁路总公司信息化标准体系建设研究[J].中国铁路,2015(5):11-15.

[15] 丁娅琳.光辉历程中国计算机发展50年专栏·铁路信息化应用之一 铁轨上的流金岁月[J].中国计算机用户,2006(23):57-58.

[16] 丁娅琳,徐健淞.光辉历程中国计算机发展50年专栏·铁路信息化应用之二 信息化列车驶远方[J].中国计算机用户,2006(24):61-62.

[17] 周济.智能制造:"中国制造2025"的主攻方向[J].中国机械工程,2015,26(17):2273-2284.

[18] 李平,赵冰,刘艺飞.面向全生命周期的铁路大数据安全保障技术体系研究[J].中国铁路,2018(2):32-36.

[19] 杨连报,李平,薛蕊,等.基于不平衡文本数据挖掘的铁路信号设备故障智能分类[J].铁道学报,2018,40(2):59-66.

[20] 郑金子,薛蕊,吴艳华,等.国外铁路大数据研究与应用现状[J].中国铁路,2018(2):54-62.

[21] 张晓栋,马小宁,李平,等.人工智能在我国铁路的应用与发展研究[J].中国铁路,2019(11):32-38.

[22] 杨连报,李平.基于本体的高速铁路车载设备智能维护决策树模型[J].铁道运输与经济,2017,39(2):55-59.

[23] 李平,杨连报.铁路大数据分析挖掘研究及应用[M].北京:中国铁道出版社有限公司,2020.

[24] 史天运,刘军,李平,等.铁路大数据平台总体方案及关键技术研究[J].铁路计算机应用,2016,25(9):1-6.

[25] 马小宁,邹丹,吴艳华.铁路主数据管理平台解决方案及应用实践[J].中国铁路,2017(1):17-23.

[26] 马小宁,李平,史天运.铁路大数据应用体系架构研究[J].铁路计算机应用,2016,25(9):7-13.

[27] 马小宁.铁路大数据应用实践及展望[J].铁路计算机应用,2019,28(4):8-13.

[28] 黄群.德国2020高科技战略:创意·创新·增长[J].科技导报,2011,29(8):15-21.

[29] 虞笑晨.盘点欧洲高速铁路[J].交通与运输,2017,33(6):44-47.

[30] 耿枢馨,姜惠峰.欧洲的数字化铁路发展[J].综合运输,2017,39(10):31-34,75.

[31] 李拓.俄罗斯数字化铁路初具规模[J].国外铁道车辆,2018,55(4):5-7.

[32] 蔡苍苍.俄罗斯数字铁路建设规划初现端倪[J].铁道通信信号,2018,54(2):95.

[33] 徐孝新,刘戒骄.美国高速铁路发展战略与挑战分析[J].现代商贸工业,2013,25(18):85-88.

[34] 李春香.美国铁路未来30年的发展趋势与战略研究[J].经济研究参考,2015(58):109-112.

[35] LIU J,MA H B,REN X M,et al. The continuous-discrete PSO algorithm for shape formation problem of multiple agents in two and three dimensional space[J]. Applied Soft Computing Journal,2018(67):409-433.

[36] Institute of Electrical and Electronics Engineers,Inc. Systems and software engineering—Architecture description:ISO/IEC/IEEE 42010:2011(E)[S]. Switzerland,2011.

[37] 李平，杨峰雁，张莉艳，等. 关于中国铁路智能运输系统的研究[C]//中国自动化学会智能自动化专业委员会. 2005 年中国智能自动化会议论文集. 青岛，2005：977-982.

[38] LI P, JIA L M. The service architecture of Chinese RITS[C]//Eastern Asia Society for Transportation Studies. Proceedings of the Eastern Asia Society for Transportation Studies. Tokyo, 2005: 126-135.

[39] CRAWLEY E, CAMERON B, SELVA D. System architecture: strategy and product development for complex systems[M]. Hoboken: Pearson Higher Education, 2016.

[40] 郭歌，史天运. 智能铁路内涵与特征的探讨[J]. 铁路计算机应用，2012，21(6)：7-10.

[41] 聂阿新. 铁路智能运输系统应用前景、框架体系和关键技术研究[J]. 中国铁道科学，2002，23(2)：15-20.

[42] 聂阿新，贾利民，李平，等. 中国铁路智能运输系统体系框架的研究[C]//中国科协 2002 年学术年会论文集. 成都，2002：280-286.

[43] JIA F, LEI Y G, LIN J, et al. Deep neural networks: a promising tool for fault characteristic mining and intelligent diagnosis of rotating machinery with massive data[J]. Mechanical Systems and Signal Processing, 2016(72-73): 303-315.

[44] FALCONER G, MITCHELL S. Smart city framework: a systematic process for enabling smart+connected communities[J]. Cisco IBSG, 2012: 1-11.

[45] SEKI K, OGINO T, SATO Y, et al. Construction of future railway system utilizing information and telecommunication technologies [C]//In Proceedings of World Congress on Railway Research. Colonia, 2001.

[46] OGINO T, SATO Y, SEKI K, et al. CyberRail—the fabric of ITS enhanced by railway transport[C]//In Proceedings of World Congress on Railway Research. Colonia, 2001.

[47] TSUCHIYA R, OGINO T, SEKI K, et al. User services of CyberRail-toward system architecture of future railway[C]//In Proceedings of World Congress on Railway Research. Colonia, 2001.

[48] SADEK A W, CHAMBERLIN R, KEATING P R. Use of the national architecture to develop an intelligent transportation systems strategic plan: case study for a medium-sized area[J]. Transportation Research Record, 2001, 1774(1): 71-79.

[49] CHIAO K A, INSIGHARES M. NYMTC ITS Integration strategy: mainstream ITS into the transportation process[C/CD]//Transportation Research Board 83rd Annual Meeting. Washington D. C., 2004.

[50] U. S. Department of Transportation. New framework for ITS architectures ARC IT. [Z/OL]. https://local.iteris.com/arc-it/.

[51] 陈旭梅,于雷,郭继孚,等.美、欧、日智能交通系统(ITS)发展分析及启示[J].城市规划,2004,28(7):75-79,84.

[52] 万俊希.成都智能交通系统体系框架研究[D].成都:西南交通大学,2009.

[53] 镇雷,王峰.我国智慧交通的发展现状及其框架构建策略[J].产业创新研究,2018(7):124-125.

[54] 张公中,郭维钧.浅谈智慧城市体系架构[J].智慧城市,2014(2):62-65.

[55] 张可,齐彤岩,刘冬梅,等.中国智能交通系统(ITS)体系框架研究进展[J].交通运输系统工程与信息,2005,5(5):6-11.

[56] 潘思辰.智慧城市信息服务平台成熟度评价研究[D].哈尔滨:东北林业大学,2018.

[57] 巫细波,杨再高.智慧城市理念与未来城市发展[J].城市发展研究,2010,17(11):56-60,40.

[58] 沈振江,李苗裔,林心怡,等.日本智慧城市建设案例与经验[J].规划师,2017,33(5):26-32.

[59] 杨鸿宾.智能电网的信息化体系架构和相关技术研究[J].中国新技术新产品,2010(5):171.

[60] 李睿.智能电网信息系统体系结构研究[J].企业技术开发(学术版),2016,35(7):97-98,107.

[61] SILVER D,HUANG A,MADDISON C J,et al. Mastering the game of Go with deep neural networks and tree search[J]. Nature,2016,529(7587):484-489.

[62] SILVER D,SCHRITTWIESER J,SIMONYAN K,et al. Mastering the game of Go without human knowledge[J]. Nature,2017,550(7676):354-359.

[63] BROWN N,SANDHOLM T. Superhuman AI for multiplayer poker[J]. Science,2019,365(6456):885-890.

[64] ZHENG N N,LIU Z Y,REN P J,et al. Hybrid-augmented intelligence:collaboration and cognition[J]. Frontiers of Information Technology & Electronic Engineering,2017,18(2):153-179.

[65] 范琼,吴长锋.AlphaGo赢了,但其实它远不及人脑:探秘"类脑智能技术及应用国家工程实验室"[J].创新时代,2017(7):15-16.

[66] 徐波,刘成林,曾毅.类脑智能研究现状与发展思考[J].中国科学院院刊,2016,31(7):793-802.

[67] 曾毅,刘成林,谭铁牛.类脑智能研究的回顾与展望[J].计算机学报,2016,39(1):212-223.

[68] 郭睿.智慧城市构建的关键技术及总体架构设计研究[J].科技创新导报,2018,15(13):171-172.

[69] 曾鸣,王雨晴,李明珠,等.泛在电力物联网体系架构及实施方案初探[J].智慧电力,2019,47(4):1-7,58.

[70] 王飞跃,孙奇,江国进,等.核能5.0:智能时代的核电工业新形态与体系架构[J].自动化学报,2018,44(5):922-934.

[71] 余涛,程乐峰,张孝顺.基于信息-物理-社会系统融合和群体机器学习的弱中心化微元网:理论研究与关键科学问题分析[J].中国科学(技术科学),2019,49(12):1541-1569.

[72] 汪霜玲,黄松华,易侃,等.类脑智能及其在下一代指挥信息系统中应用[J].指挥信息系统与技术,2018,9(5):25-30.

[73] 刘峰.崛起的超级智能:互联网大脑如何影响科技未来[M].北京:中信出版集团股份有限公司,2019.

[74] 赵冰,代明睿,李平,等.基于深度学习的铁路关键部件缺陷检测研究[J].铁道学报,2019,41(8):67-73.

[75] 周雯,史天运,李平,等.基于卷积神经网络的动车组行车安全图像缺陷检测与分割[J].铁道学报,2019,41(10):76-83.

[76] 赵冰,李平,代明睿,等.基于深度学习的铁路图像场景分类优化研究[J].计算机系统应用,2019,28(6):228-234.

[77] DIPPLE A,RAYMOND K,DOCHERTY M. General theory of stigmergy:modelling stigma semantics[J]. Cognitive Systems Research,2014 (31-32):61-92.

[78] IOCCHI L,NARDI D,PIAGGIO M,et al. Distributed coordination in heterogeneous multi-robot systems[J]. Autonomous Robots,2003,15(2):155-168.

[79] HEYLIGHEN F. Stigmergy as a universal coordination mechanism I:definition and components[J]. Cognitive Systems Research,2016(38):4-13.

[80] HEYLIGHEN F. Stigmergy as a universal coordination mechanism II:varieties and evolution[J]. Cognitive Systems Research,2016(38):50-59.

[81] KEEGAN B C, LEV S, ARAZY O. Analyzing organizational routines in online knowledge collaborations: a case for sequence analysis in CSCW [C]//ACM. Proceedings of the 19th ACM Conference on Computer-Supported Cooperative Work & Social Computing. New York,2016:1065-1079.

[82] DABBISH L,STUART C,TSAY J,et al. Social coding in GitHub:transparency and collaboration in an open software repository[C]//ACM. Proceedings of the ACM 2012 Conference on Computer Supported Cooperative Work. New York, 2012:1277-1286.

[83] ZHANG W,YI L,ZHAO H Y,et al. Feature-oriented stigmergy-based collaborative requirements modeling: an exploratory approach for requirements elicitation and evolution based on web-enabled collective intelligence[J]. Science China Information Sciences,2013,56(8):1-18.

[84] LAZAROIU G C,ROSCIA M. Definition methodology for the smart cities model[J]. Energy,2012,47(1):326-332.

[85] XU M,CHENG W,ZHAO Q,et al. Facial expression recognition based on transfer learning from deep convolutional networks[C]//IEEE. Proceedings of the 11th International Conference on Natural Computation(ICNC). Zhangjiajie,2015:702-708.

[86] AL-STOUHI S,REDDY C K. Transfer learning for class imbalance problems with inadequate data[J]. Knowledge and Information Systems,2016,48(1):201-228.

[87] POUYANFAR S,TAO Y,MOHAN A,et al. Dynamic sampling in convolutional neural networks for imbalanced data classification[C]//IEEE. The First IEEE Conference on Multimedia Information Processing and Retrieval (MIPR). Florida,2018:112-117.

[88] AHMED U,KHAN A,KHAN S H,et al. Transfer learning and meta classification based Deep churn prediction system for telecom industry[Z]. arXiv preprint arXiv:1901.06091,2019.

[89] SMITH V,CHIANG C K,SANJABI M,et al. Federated multi-task learning[C]//NIPS. Advances in Neural Information Processing Systems 30. LA,2017:4424-4434.

[90] CHEN X,HASSAN A,HASSAN H,et al. Multi-source cross-lingual model transfer: learning what to share[C]//Association for Computational Linguistics. Proceedings of the 57th Conference of the Association for Computational Linguistics. Florence,2019:3098-3112.

[91] SABBAGHIA,HUANG Q. Model transfer across additive manufacturing processes via mean effect equivalence of lurking variables[J]. The Annals of Applied Statistics,2018,12(4):2409-2429.

[92] HUANG Y K,LI E Y,CHEN J S. Information synergy as the catalyst between information technology capability and innovativeness: empirical evidence from the financial service sector[J]. Information Research,2009,14(1):298-311.

[93] GONZALEZ-IBANEZ R,HASEKI M,SHAH C. Time and space in collaborative information seeking:the clash of effectiveness and uniqueness[J]. Proceedings of the Association for Information Science & Technology,2012,49(1):1-10.

[94] SHAH C. Evaluating the synergic effect of collaboration in information seeking [C]//ACM. SIGIR′ 11:Proceedings of the 34th International ACM SIGIR Conference on Research and Development in Information Retrieval. New York,2011:913-922.

[95] GOLOVCHINSKY G,PICKENS J,BACK M. A taxonomy of collaboration in online information seeking[C]//ACM. The Proceedings of the International Workshop on Collaborative Information Retrieval. New York,2012.

[96] HANSEN P,WIDEN G. The embeddedness of collaborative information seeking in information culture[J]. Journal of Information Science,2017,43(4):554-566.

[97] HYLDEGARD J. Beyond the search process:exploring group members′ information behavior in context[J]. Information Processing & Management,2009,45(1):142-158.

[98] SHAH C,GONZALEZ-IBANEZ R. Exploring information seeking processes in collaborative search tasks[J]. Proceeding of the American Society for information Science & Technology,2010,47(1):1-7.

[99] EVANS B M,KAIRAM S,PIROLLI P. Do your friends make you smarter? An analysis of social strategies in online information seeking[J]. Information Processing and Management,2010,46(6):679-692.

[100] SHAPIRA B,KANTOR P B,MELAMED B. The effect of extrinsic motivation on user behavior in a collaborative information finding system[J]. Journal of the American Society for Information Science and,Technology,2001,52(11):879-887.

[101] TALJA S. Information sharing in academic communities:types and levels of collaboration in information seeking and use[J]. New Review of Information Behaviour Research,2002,3(1):143-160.

[102] POLTROCK S E,GRUDIN J,DUMAIS S T,et al. Information seeking and sharing in design teams [C] //ACM. International ACM Siggroup Conference on Supporting Group Work. Florida,2003:239-247.

[103] BARUT M,FAISST W,KANET J J. Measuring supply chain coupling:an information system perspective[J]. European Journal of Purchasing & Supply Management,2002,8(3):161-171.

[104] 张薇薇.社群环境下用户协同信息行为研究述评[J].中国图书馆学报,2010,36(4):90-100.

[105] 张莉.社会网络视域下的用户协同信息行为与图书馆信息服务新趋势[J].图书情报工作,2012,56(7):49-53.

[106] 邱瑾,吴丹.用户协同信息检索行为与系统评价研究:以任务类型和协同能力为视角[J].现代图书情报技术,2012(9):62-68.

[107] 严炜炜.科研合作中的信息需求结构与协同信息行为[J].情报科学,2016,34(12):11-16.
[108] 马捷,胡漠,连明.基于多元主体协同的智慧城市信息生态链设计[J].情报科学,2016(12):70-74,81.
[109] 叶艳,代君.跨学科情境下协同信息行为诱发因素分析:基于信息视域的视角[J].情报科学,2017,35(5):20-24.
[110] 谢守美.基于图书馆创客空间服务的协同信息行为研究[J].情报杂志,2017,36(9):197-201,152.
[111] 叶艳,代君.跨学科协同信息行为模式及特征研究[J].图书馆学研究,2017(4):68-73.
[112] 程国平,汪波,程秀平.供应链中信息协同评价初探[J].中国机械工程,2003,14(22):1951-1953.
[113] 朱文平.供应链中信息协同度度量研究[D].北京:北京交通大学,2010.
[114] 赵冬梅.企业关系资本、信息协同与技术创新绩效关系的实证研究[D].衡阳:南华大学,2013.
[115] 赵杨.国家创新系统中的信息资源协同配置研究[D].武汉:武汉大学,2010.
[116] 张晴,刘志学.供应链信息协同及 agent 在其中的应用:研究综述[J].计算机应用研究,2008,25(8):2265-2269.
[117] 赵杨,郭明晶.分布式信息资源协同配置机制研究[J].图书情报工作,2008,52(6):71-74,123.
[118] 张向先,国佳,马捷.企业信息生态系统的信息协同模式研究[J].情报理论与实践,2010,33(4):10-13.
[119] 陈锐,贾晓丰,赵宇.智慧城市运行管理的信息协同标准体系[J].城市发展研究,2015,22(6):40-46.
[120] 吴伟,朱洁琳,徐力,等.我国铁路技术标准体系分析[J].铁道技术监督,2016,44(11):1-4.
[121] 李华良,杨绪坤,王长进,等.中国铁路 BIM 标准体系框架研究[J].铁路技术创新,2014(2):12-17.
[122] 朱纯瑶,杨绪坤.建筑信息分类编码体系对铁路 BIM 的借鉴作用[J].铁路技术创新,2014(5):35-38,41.
[123] 胡北.基于 BIM 核心的物联网技术在运维阶段的应用[J].四川建筑,2016,36(6):89-91.
[124] 吴志刚.我国信息化标准体系建设的思考[J].信息技术与标准化,2005(8):50-55.
[125] 李平,裴坤寿.关于统一铁路信息化标准的研究[J].铁道技术监督,2005(4):1-4.
[126] 刘占省,李轩直.BIM+智能建造面面观[J].施工企业管理,2018(11):84-87.
[127] 邵长虹.高速铁路客运服务质量维度探析[J].铁道运输与经济,2018,40(10):8-12.

[128] 孙强，葛旭波，刘林，等. 国内外智能电网评价体系对比分析[J]. 电力系统及其自动化学报，2011，23(6)：105-110.

[129] 张宇. 浅议高校智慧校园建设评价指标体系的构建[J]. 电脑知识与技术，2017，13(34)：124-125.

[130] 贺耀宜. 智慧矿山评价指标体系及架构探讨[J]. 工矿自动化，2017，43(9)：16-20.

[131] 王思雪，郑磊. 国内外智慧城市评价指标体系比较[J]. 电子政务，2013(1)：92-100.

[132] 陈铭，王乾晨，张晓海，等."智慧城市"评价指标体系研究：以"智慧南京"建设为例[J]. 城市发展研究，2011(5)：84-89.

[133] 崔婧.《智慧北京行动纲要》诞生记[J]. 中国经济和信息化，2012(7)：75-79.

[134] 中华人民共和国国家质量监督检验检疫总局，中国国家标准化管理委员会. 新型智慧城市评价指标：GB/T 33356—2016[S]. 北京：中国质检出版社，2016.

[135] 钱海，费科峰，沈剑峰. 国家智慧医疗评价指标体系的构建[J]. 中国医院，2016，20(8)：18-21.

[136] EKEDEBE N，LU C，YU W. Towards experimental evaluation of intelligent transportation system safety and traffic efficiency[C]//IEEE. 2015 IEEE International Conference on Communications. London，2015：3757-3762.

[137] ODECK J，WELDE M. Economic evaluation of intelligent transportation systems strategies：the case of the Oslo toll cordon [J]. IET Intelligent Transport Systems，2010，4(3)：221-228.

[138] BARFOD M B，LELEUR S. Multi-criteria decision analysis for use in transport decision making [M]. DTU Lyngby：Technical University of Denmark，2014.

[139] KOURTIT K，MACHARIS C，NIJKAMP P. A multi-actor multi-criteria analysis of the performance of global cities[J]. Applied Geography，2014(49)：24-36.

[140] DEBNATH A K，CHIN H C，HAQUE M M，et al. A methodological framework for benchmarking smart transport cities[J]. Cities，2014(37)：47-56.

[141] 胡明伟，史其信. 智能运输系统(ITS)评价方法研究[J]. 公路交通科技，2001，18(5)：46-50.

[142] 杨晓光，云美萍，周雪梅，等. 中国智能交通系统评价方法研究[J]. 交通运输系统工程与信息，2006，6(6)：14-20.

[143] 高利，吴绍斌，赵亚男. 智能运输系统[M]. 北京：北京理工大学出版社，2016.

[144] SHI H B，TSAI S-B，LIN X W，et al. How to evaluate smart cities' construction? A comparison of chinese smart city evaluation methods based on PSF[J]. Sustainability，2018，10(1)：37.

[145] 顾德道,乔雯.我国智慧城市评价指标体系的构建研究[J].未来与发展,2012,35(10):79-83.

[146] 郭曦榕,吴险峰.智慧城市评估体系的研究与构建[J].计算机工程与科学,2013,35(9):167-173.

[147] 尹峰.智能制造评价指标体系研究[J].工业经济论坛,2016,3(6):632-641.

[148] 史其信,胡明伟,郑为中.智能交通系统评价技术与方法[M].北京:中国铁道出版社,2005.

[149] 邵赛,李平,马小宁.智能铁路评价指标体系构建研究[J].铁路计算机应用,2018,27(7):21-24,29.

[150] 王喆,马小宁.铁路大数据应用规划及实施策略研究[J].铁路计算机应用,2018,27(9):44-47.

[151] 武威,马小宁,刘彦军,等.铁路数据服务平台安全策略研究[J].中国铁路,2019(8):63-68.

[152] 邹丹,马小宁,王喆.铁路大数据平台架构研究[J].铁路计算机应用,2019,28(8):1-4.

[153] 邓贤峰."智慧城市"评价指标体系研究[J].发展研究,2010,27(12):111-116.